QUWEI BAICAO WENHUA
趣味百草文化

农 子 编著

河南大学出版社
中国·郑州

图书在版编目(CIP)数据

趣味百草文化/农子编著.—郑州：河南大学出版社，2013.10
ISBN 978-7-5649-1380-9

Ⅰ.①趣… Ⅱ.①农… Ⅲ.①中草药－基本知识 Ⅳ.①R28

中国版本图书馆 CIP 数据核字(2013)第 255278 号

责任编辑	马　博			
责任校对	张　悦			
封面设计	郭　灿			

出版发行	河南大学出版社			
	地址：郑州市郑东新区商务外环中华大厦 2401 号　邮编：450046			
	电话：0371-86059701(营销部)　网址：www.hupress.com			
印　　刷	开封日报社印务中心			
版　　次	2013 年 10 月第 1 版	印　次	2013 年 10 月第 1 次印刷	
开　　本	890mm×1240mm　1/32	印　张	8.5	
字　　数	244 千字	定　价	20.00 元	

(本书如有印装质量问题，请与河南大学出版社营销部联系调换)

前　言

宇宙洪荒，开天辟地，山脉形成，江河漫流。大自然林木茂盛，百草丛生。随后动物出现，人类衍化，创造文化，进入文明。

自秦汉时代《神农本草经》问世以来，"本草"二字就有了特殊的含义，成为所有中医药的总称。药物学专著被称为"本草史"，明代李时珍有《本草纲目》。那么为什么称为"本草"呢？因为"诸药中草类最多也"（《本草纲目·第一卷·序例·历代诸家本草》），这也是长期以来人们公认的解释。古代以"草"或"草木"作为植物的代称，而中药中又以植物类药为主。《说文解字·草部》云："药，治病草。"所以"本草"既有植物之性能，也包含兽、禽、虫、贝壳、矿物等之功能。"百草"之称也就是本草繁多之意。百草文化也就是本草文化。

中华民族有五千多年的文化史，百草文化是其中一颗璀璨的明珠，伴随祖先文化演化至今。据考古专家研究，文字记载很可能始于大汶口文化时期。《淮南子·本经训》记载："昔者苍颉作书，而天雨粟，鬼夜哭。"这就是说当初苍颉造出了汉字，天下起了粟米，鬼神在黑夜里哭泣。然而，这只能是个传说。汉字的出现为什么会惊天地、泣鬼神呢？"天雨粟"的寓意是中华民族因为有了文字，变得更加聪明，创造能力也大大提升。"鬼夜哭"的寓意是汉字的产生揭开了天地奥秘，中华民族智慧增强，鬼神再也难以主宰人类的命运，只能在黑夜里哭泣。在没有文字之前，古人又怎样记载文化呢？那只能采用记忆和复述的形式把一些事情传下来，代代相传，这就是孔子在《论语·述而》中提出的一个论点："述而不作，信而好古。"这个"古"不是当今人们所说的"复古"之"古"，而是对优秀历史文化传统的记忆和复述。

2. 趣味百草文化

百草不仅是祖国医学治病之神草,还是一种古文化之艺术。百草文化既有医疗之特性,又有文学之描述,其文化内涵意味非凡,使人赞叹不已。笑读百草,乐在其中。百草名组成的诗词,读后使人感慨万千;百草名之谜语,使人笑逐颜开;百草名的情信,使人缠绵情深;百草的典故传说,令人久久难忘、意味深长;文坛名人与百草之缘,让人感叹人生沧桑,品味文医之理脉脉相通。

所谓文化,一般特指精神财富。百草作为一种文化应具有严密的科学体系。所谓财富,专指那些具有一定价值的东西,百草的实用价值众所周知。疟疾是一种古老的病,至今仍然威胁着人类安全。五十年前,包括中国科学家和美国科学家在内的科研人员在寻找抗疟疾药物的过程中,曾经筛选出二十多万种化合物,却没有找到一种他们认为合格的抗疟疾药物。最后还是在中国古书《本草纲目》和《肘后备急方》中找到服用青蒿草鲜汁治疗疟疾的记载,《肘后备急方·卷三·治寒热诸疟方第十六》中清楚记载着有关青蒿草抗疟疾的一句话:"青蒿一握,以水二升渍,绞取汁,尽服之。"提示高温可能破坏青蒿草的抗疟疾药效。受此启发,科研人员采用低温的办法,提取到抗疟疾成分青蒿素,挽救了世界上数百万人的生命。2011年,此成果获得美国拉斯克临床医学研究奖。如今,严重威胁人类生命的两大疾病——癌症和艾滋病,正在全球范围内迅速蔓延,各国医疗卫生保健部门花费了大量人力物力进行科学研究,但收效甚微,于是人们把目光投向了有着五千多年历史的东方神草医药宝库。其中两棵草——灵芝、冬虫夏草成为研究的热门课题。1991年,北京召开了世界灵芝研讨会,西方学者用现代化科研手段,揭开了灵芝几千年来被中国人称为"还魂草"、"长生不老药"的奥妙。研究表明,灵芝除了含有珍贵的多糖类之外,还含有大量的有机锗。多糖是举世公认的目前防癌治癌有效的良药,而锗被称为人体血液的"清道夫"。锗的神奇功能在于它能把人体血液中的有害物质带出体外,因此对于人体内部一切与血液有关的疾病,诸如脑血管病、心血管病、高脂血症等有独到的药效。冬虫夏草是调整内分泌的良药,可以控制人体各种激素分泌的总指挥机关——下丘脑和垂体,促其发布激素分泌的命令。

许多研究成果及其反复的临床实践证明,灵芝草和冬虫夏草对抗治艾滋病、肿瘤等顽症有着不可思议的奇效,这种奇效是通过增强和调动人体免疫功能来实现的。

在我国丰富的传统中医药宝库中,有各种奇花异草和名医验方值得发掘研究,同时它们的文化艺术价值又使人们娱赏精神。几千年来,前辈们在这方面留下了浩如烟海的医籍名著和优美动听的神话传说,在国际学术界和科学研究领域备受重视。这是我们得天独厚的优势,我们不能妄自菲薄,丢失这些珍贵的科学遗产,而应花大力气去整理和研究它。《趣味百草文化》一书,就是收集散在的百草文化,尽量系统地加以整理,使人们欣赏的同时,从中获得一些科普知识。在收编过程中,力求科学性、知识性、趣味性,尽量做到构思新颖、情节生动、内容广博、说理透彻。在编写过程中,广泛收集、参考了现已出版的诸多有关百草文化著作的不同版本及相关资料,在此向原作者或编者表示衷心的感谢!同时,也感谢协助收集整理资料的各位同志。

由于本人能力有限,书中难免有疏漏和不足之处,敬请各位专家学者及广大读者朋友们批评指正!

农 子
2012 年 12 月

百 草 说

开天辟地先育我,
兄弟姐妹尤其多。
自然世界若缺席,
人类动物难存活。

目　录

1	前言
4	百草说

第一篇　百草诗词

2	辛弃疾的百草词
4	药名连缀的情诗
5	药名入诗趣味多
6	用百草花名填诗词
8	百草名四季歌
9	"五德禽"入诗
12	白居易与地黄诗
13	陆龟蒙和皮日休的药名离合诗
15	苏东坡美辞说黄芪
17	泽兰、佩兰诗意浓
19	《离骚》中的百草知识
20	文天祥的两首医药诗
22	诗说丁香
23	咏蝉诗
28	名诗赞牡丹
30	古人的纳凉诗和西瓜诗

第二篇　百草谜与诗联

33	巧隐妙藏的百草谜

34	处方谜语
35	药诗谜
36	药谜故事
36	娱赏药名联
38	话说药名诗联
40	奇趣绝妙"鸡"字联
41	白牡丹巧对吕洞宾
43	稚童对联羞名医
44	陶渊明解荷花谜
45	罗贯中猜咏莲词
46	诗人王维考药店伙计
47	草药"灯笼"谜
48	两味中药救公爹
49	纪晓岚巧辩"梨"、"离"与"柿"、"事"
50	袁世凯的"送终汤"
51	草药对联蕴乾坤
52	耿鉴庭撰联劝欢饮

第三篇　百草处方文化

54	方名探幽
55	君臣佐使
56	百草的四"性"五"味"
58	徐灵胎用药如用兵
59	世医得效方
60	漫谈玉屏风散
61	孙思邈广集民间验方
62	中成药的命名
63	补药"四大家族"
65	草药"黄家军"
66	百草名中的百科知识

67	石头做药引
68	古瓷瓶也能做药引
69	唐伯虎巧开药方
70	李时珍巧开药方戏贪官
71	"三两半"滋补方
72	唐太宗求医治痢疾
72	六神丸的传说
73	失笑散的传说
74	乾隆与定坤丹
75	传信方
76	华佗妙方治贪吏
77	《汉宫怨》与附子汤
78	百草堂"诗圣"悬壶戏奸官
79	古代铃医与百草
80	本草激素话秋石
81	百草药性赋
82	百草治病主药歌
83	百草名方衍化

第四篇　百草与文坛名人

87	陆游善医识药
88	苏辙帮苏轼改荷叶对
88	苏东坡乱改菊花诗
89	苏东坡夸张圣散子方
90	文坛医家杨升庵
91	刘禹锡的赞枸杞诗
92	杜甫与百草
94	白居易吟诗治目疾
95	贫病诗人与款冬花
96	漫话医者改行成为文学大师

97	鲁迅和医学的难解之缘
99	林则徐和医林人物的交往
100	《神农本草经》中有谬误

第五篇　百草故事

103	益母草
104	老姜
105	古今沧桑话珍珠
106	"神树"厚朴
107	龙树身上的"血"
109	园林花卉中的本草奇药——仙人掌
110	浪漫的银杏
111	柴胡的由来
112	蛇床子的传说
113	车前草的由来
114	乌贼的传说
115	中秋说桂花
116	"金蝉脱壳"化作药
117	蒙汗药小考
119	我国古代对海洋药物的利用
120	三七仙子
121	龙涎香
122	乌鸡传奇
124	民俗中的鸡文化
125	酉鸡的故事
126	樱桃——春果第一枝
128	名花良药话紫荆
130	说蛇话医
131	好药者必误
132	老佛爷的菊花延龄膏

133	话说牡丹
134	牡丹由来
138	牡丹的生日
140	中药名避讳浅说
141	康熙偏爱金鸡纳
142	张仲景用姜之说
143	水中仙子
145	古代帝王与中草药
146	夏日话冰
147	张从正与山葱的传说
149	雅意的薄荷
150	从朱元璋赐鹅谈忌口
150	丹溪翁巧施妙灵丹
151	史国公药酒的传说
152	八仙草
153	了哥王
154	白头翁
154	云南白药
155	天麻
156	太子参
157	牛蒡子
158	"白给"就是"白及"
159	白花蛇
160	百合
161	当归
162	刘寄奴
163	防风
164	红娘子
165	杜鹃花
166	杏林

166	辛夷
167	郁李仁
168	佩兰
169	金莲花
170	鱼腥草
172	威灵仙
172	禹馀粮
173	秦皮
174	桔梗
176	徐长卿
177	海马
178	海蜇
179	黄连姻缘
180	铜绿
181	银鱼
182	薏苡仁
183	一枯一碧有科学
184	古医药绝唱《草木传》
186	神奇的舞草

第六篇　百草与文学名著

第一章　《红楼梦》中百草情

189	薛宝钗服冷香丸
190	益气养荣补脾和肝汤
191	虎狼药
192	龟大何首乌
194	林黛玉喝合欢花酒
195	贾宝玉和桂圆汤
196	白玉钏亲尝莲叶羹
197	秦可卿吃枣泥馅山药糕

198	自古桃花尽是情
199	秋风万里芙蓉国
200	咏梅
202	吟菊
203	草芍药
204	艳冠群芳
205	《红楼梦》与肺结核
206	百草药美容
207	**第二章 《西游记》中的百草诗**
209	**第三章 《镜花缘》中百草趣**
209	《镜花缘》之来龙去脉
211	枯枝牡丹和洛阳牡丹
212	单方治大病
213	大黄治烧伤
214	平安散
214	百草妙方治痢疾
215	痈疽妙方
216	斗百草令除旧套
217	中医学奇观
218	**第四章 《三国演义》中的中医药**
218	看三国说"风疾"
219	趣说"神医"与"神将"
220	曹操的养生观
221	诸葛亮巧用百草
222	曹孟德借酒试皇叔
223	从诸葛亮气死周瑜说起

第七篇 神奇的东方树叶

226	颂茶诗语
229	卢仝烹茶图

230	卢仝故里的碑名之威
231	水磨官茶
232	茶艺高手曹雪芹
234	中华名茶
235	普洱茶成新宠
236	神奇的东方树叶
237	茶韵联趣
240	从《清明上河图》看宋代茶艺

第八篇　百草美食

245	牡丹美食名天下
246	牡丹菜谱摘抄
248	几道百草特色菜
254	百草佳肴传说

257　**结束语**

258　**后记**

第一篇　百草诗词

辛弃疾的百草词

辛弃疾(1140~1207年),南宋著名爱国将领、政治家、词人,字幼安,号稼轩,山东历城人。著有大量感情热烈、充满爱国主义精神的词作,如《永遇乐·京口北固亭怀古》、《水龙吟·登建康赏心亭》等,词风以豪放为主,对后世影响很大。辛弃疾还有几首以百草药名写成的词广为流传,读起来很有趣味。他用双关、谐音等手法写下了著名的《定风波·山路风来草木香》词:

山路风来草木香。雨馀凉意到胡床。泉石膏肓吾已甚,多病,堤防风月费篇章。 孤负寻常山简醉,独自,故应知子草《玄》忙。湖海早知身汗漫,谁伴?只甘松竹共凄凉。

词中含数味药名,如木香、禹馀粮(雨馀凉)、石膏、防风、常山、栀子(知子)、海藻(海早)、甘松、竹等。词人借用这些中草药的名称不仅组成词,而且还准确表达了内心情感——乐忧悲孤之情。作者行走在高山峡谷之中,受风吹雨打而不顾,还闻到草木之香气,彰显出内心的乐观精神。可是风雨又引发了疾病,而且病势还很重:"泉石膏肓吾已甚……"这时词人又出现忧孤之情:"孤负寻常山简醉,独自,故应知子草《玄》忙。"然而作者不灰心丧气,以"只甘松竹共凄凉"表达了爱国忧民的思想感情和百折不挠的豪迈气概。

相传辛弃疾新婚不久即远离家乡妻

甘松

子,驰骋沙场。当夜深人静举首望明月时,特别思念家乡和娇妻,浮想联翩,夜不能寐,择用许多中药名写了脍炙人口的《满庭芳·静夜思》:

云母屏开,珍珠帘闭,防风吹散沉香。离情抑郁,金缕织流黄。柏影桂枝交映,从容起,弄水银塘。连翘首,惊过半夏,凉透薄荷裳。　一钩藤上月,寻常山夜,梦宿沙场。早已轻粉黛,独活空房。欲续断弦未得,乌头白,最苦参商。当归也,茱萸赤熟,地老菊花荒。

全词用草药名二十五个:云母、珍珠、防风、沉香、郁金、硫黄(流黄)、(黄)柏、桂枝、苁蓉(从容)、水银、连翘、半夏、薄荷、钩藤、常山、缩砂(宿沙)、轻粉、独活、续断、乌头、苦参、当归、茱萸、熟地、菊花。

辛弃疾把自己的一生献给了抵抗金兵和收复中原的正义事业。他的作品多为爱国及复国之作。直到今天,这些词句仍然闪烁着耀眼的光辉,在文学史上占有突出的地位,是极其珍贵的遗产之一。

苁蓉

请欣赏他的另一首词《定风波·仄月高寒水石乡》:

仄月高寒水石乡。倚空青碧对禅房。白发自怜心似铁,风月,使君子细与平章。　平昔生涯筇竹仗,来往,却惭沙鸟笑人忙。便好剩留黄绢句,谁赋?银钩小草晚天凉。

这首词中用了很多中药名,如寒水石、空青、莲心(怜心)、使君子、竹、蚕沙(惭沙)、硫黄(留黄)、远志(小草为远志苗的别称,根为远志)。词中的筇竹,是一种竹名,可做手杖。词中的银钩小草,指晋朝王羲之的书法,人称"铁面银钩"。

辛弃疾用双关、谐音的方法,把药物名编织于词中。表面上看,所谈无非是花草、泉石、松竹等,其实透过景物的描写,曲折而又深刻地反映了作者忧国忧民的严肃态度,跟一般吟风弄月的闲适作品截然不同。

药名连缀的情诗

清人褚人获在他撰写的笔记小说《坚瓠集·丙集·卷二·药名尺牍》中,记述了两封由苏州詹氏夫妇所写的用药名连缀而成的情诗。一位叫做詹爱云的女子因思念久别不归的丈夫,无以表述,遂用中药名给丈夫周心恒写了一封情诗:

槟榔一去,已过半夏,更不当归耶?盼望天南星,大腹皮忍冬藤矣。谁史君子,效寄生草,缠绕他枝,使故园芍药花无主耶?妾盼不见白芷书,茹不尽黄连苦。诗云:"豆蔻不消心上恨,丁香空结雨中愁。"奈何,奈何?

信中巧妙地运用槟榔、半夏、当归、天南星、忍冬藤、使(史)君子、寄生、芍药、白芷、黄连、豆蔻、丁香等十二味中药名,天衣无缝、淋漓尽致地表达了她对丈夫哀怨忧郁的思念,缠绵悱恻之情跃然纸上。熟读医书的丈夫读罢,心潮澎湃,思妻之情油然而生,亦用中药名回书一封,情真意切,感人肺腑:

红娘子一别,桂枝香已凋谢矣。几思菊花茂盛,欲归紫苑,奈常山路远,滑石难行。况今木贼窃发,巴戟森森,岂不远志乎?姑待从容耳。卿勿使急性子,骂我曰苍耳子狠心哉!

不至白头翁而亡,则不佞回乡时自有金银花相赠也。

丈夫在回信中,借助红娘子、桂枝、菊花、紫菀(苑)、常山、滑石、木贼、巴戟天、远志、苁蓉(从容)、急性子、苍耳子、白头翁、金银花这十四味中药名,将自己思念、艰辛和对爱情的忠贞不渝传神地抒发了出来,可谓妙语连珠、韵味无穷。这两首情诗皆用药名连缀,竞相生辉,文辞纤巧,妙趣天成,让人读后回味无穷。

巴戟天

药名入诗趣味多

中草药名不同于西药名,大都名称短小、形象生动,取名亦有一定的来源和含义。这种蕴含中国文化独特韵味的药名,常常被当作特殊的语言广泛用于他途。一些具有医药知识的文人常把药名用于诗词之中,使之风趣幽默、独具风采。

《坚瓠集·丙集·卷二·蜂螫诗》记载:"江道行夏日遭蜂螫之毒,检方无得,戏作药名诗曰:'蝉蜕连翘才半夏,柴胡逞毒肉从容。蒺藜刺若细辛箭,荆芥芒同大戟锋。独活急当归草果,苦生还续断蜈蚣。破故纸同香白纸,从今防己更防蜂。'"短短八句诗,就巧妙地融进了蝉蜕、连翘、半夏、柴胡、苁蓉(从容)、蒺藜、细辛、荆芥、大戟、独活、当归、草果、苦参(苦生)、续断、蜈蚣、破故纸、白芷、防己、防风(防蜂)等十九味草药名,这些药名本身的语义又构成了诗的内涵。由于运用得流畅娴熟、自然贴切,草药名与诗意有机地融为一体,让人既感受到诗人遭蜂螫后的痛苦和困窘的自我解嘲之状,又让人获得中草药方面的知识。

无独有偶,清代尤侗作过一首《南乡子》词,也是以药名为基本根据表情达意的。其词云:

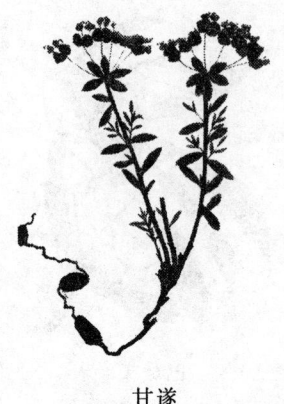

甘遂

> 弱骨怯天冬,满地黄花憔悴同。云母屏边休伫立,防风,乌头却似白头翁。　自笑寄生穷,愁脉难将草木通。泉石膏肓甘遂老,从容,领取云山药饵功。(《坚瓠集·癸集·卷二·病集药名》)

同样,细心的读者可以从这首词中找出天冬、黄花、云母、防风、乌头、白头翁、寄生、木通、石膏、甘遂、苁蓉(从容)、山药等药名。相较于上一首药名诗,它显得更加自然深沉,使词更富有一种让人咀嚼回味的魅力。

用百草花名填诗词

1. 人闲____落,夜静春山空。
2. 待到重阳日,还来就____。
3. 接天莲叶无穷碧,映日____别样红。
4. 竹外____三二枝,春江水暖鸭先知。
5. ____香里说丰年,听取蛙声一片。
6. 簌簌衣巾落____,村南村北响缫车。
7. 日暮平原风过处,____香杂____香。
8. 他年我若为青帝,报与____一处开。

9. ____院落溶溶月,柳絮池塘淡淡风。
10. 西塞山前白鹭飞,____流水鳜鱼肥。
11. 天地寂寥山雨歇,几生修得到____。
12. 沾衣欲湿____雨,吹面不寒杨柳风。
13. 中庭地白树栖鸦,冷露无声湿____。
14. 试问春风何处好,____如雪柘冈西。
15. 青菜萝卜糙米饭,瓦壶天水____。
16. 细数____因坐久,缓寻芳草得归迟。
17. 朱雀桥边_____,乌衣巷口夕阳斜。
18. 商女不知亡国恨,隔江犹唱_____。
19. 万户千门成____,只缘一曲_____。
20. 紫陌红尘拂面来,无人不道看__回。
21. ____青青江水平,闻郎江上唱歌声。
22. 山桃____满上头,蜀江春水拍山流。____易衰似郎意,水流无限似侬愁。
23. 塞北____羌笛吹,淮南桂树小山词。请君莫奏前朝曲,听唱新翻_____。
24. 百亩庭中半是苔,____净尽____开。种桃道士归何处?前度刘郎今又来。
25. ____新叶催陈叶,流水前波让后波。
26. 借问春风何处好,____深巷马头斜。
27. 竹影横斜水清浅,____浮动月黄昏。
28. ____倒影柳三变,____飘香张九成。
29. 春天春日春水流,春原____放春牛。____开在春山上,春鸟落在春树头。
30. 春水春池满,春时____生。春人饮春酒,春鸟弄春声。
31. 借问酒家何处有,牧童遥指____村。
32. 造物无言却有情,每于寒尽觉春生。_____安排着,只待新雷第一声。
33. 万事莫如为善乐,____争比读书香。
34. 宠辱不惊,看庭前__开__落。

35. 苏小门前__满株,苏公堤上女当垆。
36. 高树秋声早,长廊暑气微。不须河朔饮,____自忘归。
37. 荷尽已无擎雨盖,__残犹有傲霜枝。
38. 日照纱窗,莺蝶飞来,映出____牡丹。雪落板桥,鸡犬行过,踏成竹叶____。
39. 豆叶荒田鸡腿壮,____归路马蹄香。
40. 直须看尽洛城__,始共春风容易别。

答案:

1. 桂花	2. 菊花	3. 荷花	4. 桃花
5. 稻花	6. 枣花	7. 菜花,豆花	8. 桃花
9. 梨花	10. 桃花	11. 梅花	12. 杏花
13. 桂花	14. 辛夷	15. 菊花茶	16. 落花
17. 野草花	18. 后庭花	19. 野草,后庭花	20. 花
21. 杨柳	22. 红花,花红	23. 梅花,杨柳枝	24. 桃花,菜花
25. 芳林	26. 绿杨	27. 桂香	28. 露花,桂子
29. 春草,春花	30. 春草	31. 杏花	32. 千红万紫
33. 百花	34. 花,花	35. 花	36. 煮茗
37. 菊	38. 芙蓉,梅花	39. 杏花	40. 花

百草名四季歌

　　春、夏、秋、冬四季,是古代诗人经常咏诵的内容。清代名医叶天士也写过以春、夏、秋、冬四季为题的诗,巧妙地将多味药名缀于诗中,不仅方便熟记药名,读起来也是别有一番情趣。

　　　春风和煦满常山,芍药天麻及牡丹。远志去寻使君子,当

归何必问泽兰。(春)

端阳半夏五月天,菖蒲制酒乐半年。庭前娇女红娘子,笑与槟榔同采莲。(夏)

秋菊开花遍地黄,一回雨露一茴香。扶童去取国公酒,醉到天南星大光。(秋)

冬来无处可防风,白芷糊窗一层层。待到雪消阳起石,门外户悬白头翁。(冬)

这四首诗中,分别嵌入了常山、芍药、天麻、牡丹、远志、使君子、当归、泽兰、半夏、菖蒲、红娘子、槟榔、莲子、菊花、地黄、茴香、国公酒、天南星、防风、白芷、阳起石和白头翁二十二味中药,以中药名来写景谈药述情,突出四季,颇具特色。

下面用四季名花对四大名星(启明星、长庚星、南极星、北斗星)作楹联一副:"春牡丹夏芍药秋菊冬梅,东启明西长庚南极北斗。"

"五德禽"入诗

禽类与人生活关系最为密切的,鸡应为其首。

在我国最早的诗歌总汇《诗经》中,就有许多记载鸡的句子,如"风雨凄凄,鸡鸣喈喈"(《诗经·郑风·风雨》)、"风雨潇潇,鸡鸣胶胶"(《诗经·郑风·风雨》),以及"鸡栖于埘"(《诗经·王风·君子于役》)和"鸡栖于桀"(《诗经·王风·君子于役》)。"埘"指鸡窝,"桀"乃木桩。这说明那个时候人们对鸡就已经实行"埘"、"桀"并养了。

鸡，不仅食之味美，而且有一种高贵精神。汉代人韩婴在《韩诗外传·卷二·第二十三章》中称鸡有"五德"："头戴冠者，文也；足傅距者，武也；敌在前敢斗者，勇也；见食相呼者，仁也；守夜不失时者，信也。"因此，鸡有"五德禽"之称。历代的诗人和画家将其入诗入画者甚多：

李频云："不为风雨变，鸡德一何贞。在暗长先觉，临晨即自鸣。"（《府试风雨闻鸡》）

杜甫云："纪德名标五，初鸣度必三。"（《鸡》）

陆游云："峨峨赤帻声甚雄，意气不与其曹同。我求长鸣久未获，一见便觉千群空。"（《新买啼鸡》）

崔道融云："买得晨鸡共鸡语，常时不用等闲鸣，深山月黑风雨夜，欲近晓天啼一声。"（《鸡》）

由于鸡守夜不失时，"临晨即自鸣"，因此历代志士便以鸡鸣为晨钟，鸡鸣而起，勤奋不息。《晋书·卷六十二·祖逖传》载："（祖逖）与司空刘琨俱为司州主簿，情好绸缪，共被同寝。中夜闻荒鸡鸣，蹴琨觉曰：'此非恶声也。'因起舞。"从此"闻鸡起舞"便成为"天行健，君子以自强不息"（《周易·乾》）的警世之典。

陆游诗曰："刘琨晚抱闻鸡恨，安得英雄共着鞭。"（《蜀州大阅》）

蒲松龄诗曰："半夜闻鸡欲起舞，把酒问天天不语。"（《夜坐悲歌》）

谭嗣同诗曰："有约闻鸡同起舞，灯前转恨漏声迟。"（《和仙槎除夕感怀四篇并叙·其四》）

柳亚子诗曰："尚有椎秦遗恨在，闻鸡超舞亦因缘。"（《吊刘烈士炳生即步其兄霖生哭弟诗原韵·其八》）

中国画讲求意境，意境是客观与主观相熔铸的产物，是情与景、意与境的统一。"花鸟即人"此说极是。鸡有"五德",形象又美,所以许多画家便把鸡当作寄情写意的重要载体。明代著名画家唐寅画过一幅《雄鸡图》,其题画诗是这样写的:

  头上红冠不用裁,满身雪白走将来。平生不敢轻言语,一叫千门万户开。(《画鸡》)

  这真叫画如诗、诗若画。雄鸡红白相映、优美高洁、轻易不鸣、鸣则惊人的形象何等生动!
  令人难忘的是一代艺术宗师徐悲鸿作于1937年的《风雨鸡鸣图》。当时,日寇入侵,国难沉重。画家借鸡鸣抒发胸中忧心如焚的爱国激情。画面上,雄鸡红冠似火,身披雪羽,昂首挺立于巨岩之巅,向着前方无限空旷处引吭高啼,形象而深刻地表现了画家在特定的历史条件下对未来光明世界的呼唤和渴望!
  鸡不仅入诗入画供人欣赏,使人获得精神财富,而且全身是药。就鸡蛋来说,中药学名鸡子,具有滋阴润燥、养血安胎的功用,治热病烦闷、燥咳声哑、目赤咽痛、胎动不安、产后口渴、下痢、烫伤等。鸡子白(即鸡蛋清)可润肺利咽、清热解毒,治喉痛、目赤、咳逆、下痢、疟疾、烧伤、热毒肿痛等。鸡蛋黄能滋弱润燥、养血熄风,治心烦不得眠、热病痉厥、虚劳吐血、呕逆、下痢、胎漏下血、烫伤、热疮、肝炎、小儿消化不良等。鸡蛋壳的内膜称凤凰衣,具有养阴、清肺之功能,治久咳、咽痛失声、瘰疬结核、溃疡不敛。就连鸡蛋的外壳也是一种良好的中药材,治停饮腹痛、胃酸、小儿佝偻病、各种出血、眼生翳膜、头身疮疖、聤耳流脓等。总之鸡蛋中的蛋清、蛋黄、蛋膜、蛋壳都是宝贵的药材。鸡肉、鸡血、鸡肝、鸡胆、鸡中金的功用如下。
  鸡肉:温中益气,补精添髓。治虚劳消瘦、中虚食少、下痢、消渴、水肿、小便频数、崩漏带下、产后少乳、病后体弱等。
  鸡血:祛风,活血,通络。治小儿惊风、口面歪斜、痿痹、折伤、目赤流泪、痈疽疮癣等。
  鸡肝:补肝肾。治肝虚目暗、小儿疳积、妇人胎漏等。

公鸡

鸡胆：消炎，止咳，祛痰，解毒，明目。治百日咳、慢性支气管炎、中耳炎、小儿菌痢、砂淋、目赤流泪、白内障、耳后湿疮、痔疮等。

鸡中金：消积滞，健脾胃。治食积胀满、呕吐反胃、泻痢、疳积、消渴、遗溺、喉痹乳蛾、牙疳口疮等。

因此，自古以来人们对鸡都非常爱护。杜甫诗《缚鸡行》曰："小奴缚鸡到市卖，鸡被缚急相喧争。家中厌鸡食虫蚁，不知鸡卖还遭烹。虫鸡于人其厚薄，我斥奴人解其缚。鸡虫得失无了时，注目寒江倚山阁。"南宋洪迈《容斋随笔·三笔·卷五》引此诗并评论曰："此诗自是一段好议论，至结句之妙，非他人所能跂及也。"这首诗可以说是一首哲理诗，从中也可以看出作者对鸡的疼爱，由于"家中厌鸡食虫蚁，不知鸡卖还遭烹"，因此立即"我斥奴人解其缚"。

一言之，鸡既是人们的精神食粮，又是餐桌上的美味佳肴，更是健身治病的宝贵药材。

白居易与地黄诗

唐代著名诗人白居易曾写一首名叫《采地黄者》的诗，全文如下：

麦死春不雨，禾损秋早霜。岁晏无口食，田中采地黄。采之将何用？持以易糇粮。凌晨荷插去，薄暮不盈筐。携来朱门家，卖与白面郎。与君啖肥马，可使照地光。愿易马残粟，救此苦饥肠。

诗中描写的是灾荒之年,断炊的农民采挖地黄卖给富人喂马,以换回马食"残粟",充饥度荒。诗中说的"地黄"是一种颇有名气的中药。

自古以来,地黄就被视为久服可延年益寿的上等中药品。自东汉时期起,用地黄、蜂蜜煎膏服用以图养生长寿之风就已盛行。或许是受了白居易的感染,到了宋代,苏东坡与陆游等大诗人竟也相继写起有关中药地黄的诗文来。明代大医药家李时珍甚至断言:"以干地黄末入膏,丸服亦可。百日面如桃花,三年身轻不老。"(《本草纲目·第十六卷·草部·地黄》)明代名医张景岳更是偏爱地黄,他所创《新方八阵·补阵》二十九个方子,其中用地黄的方子竟有二十四个之多。

地黄

当然,把地黄说成是长生不老之药也是不科学的。然而,地黄可延年益寿却并非虚夸,现代免疫学的研究证明,长期服用地黄可增加机体的免疫力。

若欲长期服用地黄,最方便稳妥的方法之一莫过于服用以地黄为主的中成药,有代表意义的为六味地黄丸和八味地黄丸。经药理研究,地黄丸还可用于慢性肾炎、高血压、糖尿病、神经衰弱、早期老年性白内障以及肺结核等病的治疗。

陆龟蒙和皮日休的药名离合诗

诗人陆龟蒙和皮日休是好友,二人在晚唐齐名,人称"皮陆",

经常用诗酬唱往来。一日,二人去河边散步,看到景色很美,陆龟蒙诗兴大发,即吟七言绝句《药名离合夏日即事三首》:

乘屐著来幽砌滑,石罂煎得远泉甘。草堂只待新秋景,天色微凉酒半酣。

避暑最须从朴野,葛巾筠席更相当。归来又好乘凉钓,藤蔓阴阴著雨香。

窗外晓帘还自卷,柏烟兰露思晴空。青箱有意终须续,断简遗编一半通。

陆龟蒙吟罢便问皮日休:"我这诗中每首当中各隐三味中药,请你猜一猜。"

陆龟蒙诗中所隐的草药名字,都嵌在诗句当中,分别是滑石、甘草、景天,野葛、当归、钓藤,卷柏、空青、续断,其巧妙之处在于:上一句的末字与下一句的首字连在一起,离合而成一味药名。

皮日休自然明白个中道理,于是顺口也吟了《奉和鲁望药名离合夏日即事三首》:

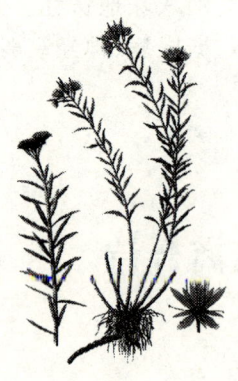

景天

季春人病抛芳杜,仲夏溪波绕坏垣。衣典浊醪身倚桂,心中无事到云昏。

数曲急溪冲细竹,叶舟来往尽能通。草香石冷无辞远,志在天台一遇中。

桂叶似草含露紫,葛花如绶蘸溪黄。连云更入幽深地,骨录闲携相猎郎。

其巧与陆龟蒙的诗一样,每首诗也各含三味草药名,这就是杜仲、垣衣、桂心、竹叶、通草、远志、紫葛、黄连、地骨。

随后二人兴致勃勃走到村头小酒肆中,饮酒小憩,直至醉意方归。

此外,皮日休还有《怀锡山药名离合二首》,陆龟蒙亦有《和袭美怀锡山药名离合二首》相奉,和上面所述类似,也是运用离合法所作。他二人还同晚唐另一位名叫张贲的诗人共同创作了一首叫做《药名联句》的诗,读起来也十分有趣,有兴趣的可以找来细细品读一番。

苏东坡美辞说黄芪

某年立春,苏东坡得病了,郁郁寡欢。于是邀请老友安国、禹功、成伯等人,在家设宴,饮酒为乐。苏东坡因病不能喝酒,却也扶着拐杖倚在桌边,望着老友们且饮且乐、醉态百出的情景,心境渐渐地开朗起来。然而高兴之余,他又难免觉得晚年生活孤独忧愁,于是不禁吟道:

孤灯照影夜漫漫,拈得花枝不忍看。白发敧簪羞彩胜,黄耆煮粥荐春盘。东方烹狗阳初动,南陌争牛卧作团。老子从来兴不浅,向隅谁有满堂欢。(《立春日,病中邀安国,仍请率禹功同来。仆虽不能饮,当请成伯主会,某当杖策倚几于其间,观诸公醉笑,以拨滞闷也。二首·其一》)

"黄耆煮粥荐春盘"一句中的"黄耆"即黄芪,是一味为人们熟知的补益中药,素有"药中羊肉"之称。古时候,"芪"字写作"耆"。

黄芪

李时珍《本草纲目·第十二卷·草部·黄耆》云："耆,长也。黄耆色黄,为补药之长,故名。"黄芪性味甘,微温。元代著名医学家刘元素指出黄芪的作用有五："补诸虚不足,一也;益元气,二也;壮脾胃,三也;去肌热,四也;排脓止疼,活血生血,内托阴疽,为疮家圣药,五也。"(《本草纲目·第十二卷·草部·黄耆》)有守有攻,守中有攻,攻中有守,真可谓"黄奇"。

《旧唐书·卷一百九十一·方伎·许胤宗》载:许胤宗"初事陈为新蔡王外兵参军。时柳太后病风不言,名医治皆不愈,脉益沉而噤。胤宗曰:'口不可下药,宜以汤气薰之。令药入腠理,周理即差。'乃造黄耆防风汤数十斛,置于床下,气如烟雾,其夜便得语"。此属熏蒸疗法,可见黄芪伍以他药,还有祛风开窍之功。

民间常用黄芪泡酒治疗偏枯,用黄芪蒸鸡补益身体。李东垣的当归补血汤(黄芪、当归)既简便又实效。《世医得效方》中的玉屏风散(黄芪、白术、防风)深得已故名老中医蒲辅周的推崇,常感冒者研末少量多次服用效果显著。

清代名医陆以湉在《冷庐医话·卷四·肿》中记载了这样的一个医案:王某患肿胀病,自顶至踵,大倍常时,气喘声嘶,大小便不通,危在旦夕,求医于海宁许珊林。许珊林诊断后,采用生黄芪四两、糯米一酒钟,煎至一大碗汤药,令病家用小匙呷服。不久王某喘平,便通而肿消,竟至痊愈。

据说,胡适曾患消渴,请北京协和医院诊治,西医认为"无药可治",后经当时北京名中医陆仲安先生以黄芪汤治之,方中大剂量地使用黄芪等药物,结果消渴告愈。向来反对中药的胡适不得不从内心赞叹黄芪功效之大!

泽兰、佩兰诗意浓

闲读古诗,常感芳香袭人。待仔细品味,原来是诗中香药所致。用芳香草药来依诗取兴、引类比喻,是我国古典诗词特有的浪漫主义特色。在上古诗词中最典型的是屈原的《离骚》,诗中反复出现可供药用的香草达四十多种,其中以"兰"、"蕙"为最多。"兰"、"蕙"(非今日具有极高观赏价值的君子兰等)本来是具有芳香性的多年生草本植物,主要供药用,至今很多地区仍将它们称作"泽兰"、"佩兰"入药,有化湿解暑、醒脾和中之功效,但历代诗人却常常信手拈来,将其镶嵌诗中。仅以汉魏六朝及以前的诗为例析之,就可见其妙用有三。

其一,赞颂忠贤并自喻志行纯美高洁。这种比喻用法大概自屈原《离骚》始,如"纫秋兰以为佩"、"夕餐秋菊之落英"等,一直影响后世,像晋代左思颂扬志行高洁忠贤之隐士的诗句"秋菊兼糇粮,幽兰间重襟"(《招隐二首·其一》),借用的痕迹就很明显。再如汉代古诗"兰草自然香,生于大道旁。要镰八九月,俱在束薪中"(《古乐府》),以及"兰若生春阳,涉冬犹盛滋"(《兰若生春阳》),也都见此用意。前者说芳兰不生于幽谷而生长在道旁,到秋天就难免和杂草被同割,混置在束薪之中,比喻那些志行高洁但不善于自处的人;后者说"兰若"虽生于阳春温暖的时季,但经历寒冬仍然滋盛,也就是受风霜摧残并不枯萎,比喻尽管历经辛苦但不忘志向的人。

泽兰

兰花

其二,比喻人之青春韶华及毕生精力。如汉代古诗"伤彼蕙兰花,含英扬光辉。过时而不采,将随秋草萎"(《冉冉孤生竹》),用"蕙兰"比喻女主人公。蕙兰以芳香和颜色称胜,过时不采就会和秋草一起枯萎。言外之意是说人的青春也是有限的,若不珍惜和充分利用,就会光阴虚度而一事无成。

再者汉代古诗"香风难久居,空令蕙草残"(《四坐且莫喧》),以及"新树兰蕙葩,杂用杜蘅草。……馨香易销歇,繁华会枯槁"(《新树兰蕙葩》)。前者说把蕙草放入香炉燃烧取烟,香气不会长久不散,可惜毁掉了蕙草,以此讥讽势利小人为追求一时浮名徒耗毕生精力;后者说兰蕙等香草尽管刚刚采集到,但终究也会香消花谢,借此比喻人的青春不能久保,而是有时限的。

其三,比喻心意相投的言论和美好纯洁的事物。如南朝梁代诗人吴均的"有客告将离,赠言重兰蕙"(《酬别江主簿屯骑》),即以"兰蕙"比喻挚友离别之际的赠言之美。这种以"兰"喻言之纯美的方式,最早见于"二人同心,其利断金,同心之言,其臭如兰"(《周易·系辞上》),后经历代沿用不衰,至今仍有"兰言"一词通行。

形容美好事物的诗句有曹植的"顾盼遗光彩,长啸气若兰"(《美女篇》),以及嵇康的"息徒兰圃,秣马华山"(《赠秀才入军十九首·其十四》)等。

总之,用"兰"、"蕙"等芳香药草象征品德高洁,使诗歌生动形象,给人以美感,这体现了我们中华民族爱美的传统道德风貌。通读之余,还可从中了解中国古代的芳香草木梗概。

《离骚》中的百草知识

屈原是我国伟大的爱国诗人,他的不朽名作《离骚》表达了忧国忧民、坚贞不屈的爱国精神。在诗中,他巧妙地借用香草来比喻自己的高雅、清白和忠贞。正如汉代王逸评论说:"《离骚》之文,依《诗》取兴,引类譬谕。故善鸟香草,以配忠贞;恶禽臭物,以比谗佞。"(《楚辞章句·离骚经章句第一》)不过,人们却很少知道《离骚》中还蕴含着极丰富的中草药知识。

《离骚》共记载了近二十味香草药物,其中有芷、椒、菌桂、秋菊、芙蓉、杜蘅等。这些香草大多具有浓烈的芳香气味。如杜蘅,《拾遗记·前汉上》中有这样的记载,汉武帝一日在延凉室休息,睡梦中得到李夫人赠送的蘅芜,醒后其香气在衣枕里数月仍不散。这虽是个传说,但是足以说明其芳香的浓烈和持久。

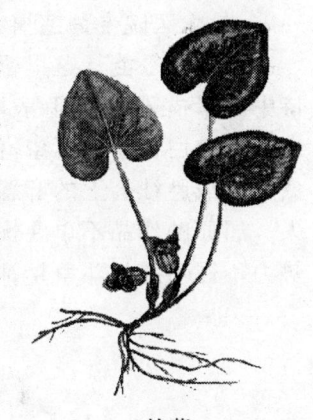

杜蘅

《离骚》对中药的应用包括佩香药、食花粉等,它们既具有欣赏和食用价值,又达到防病治病的目的。

佩戴香药在我国有悠久的历史。屈原在诗中就多次说到配挂香药。他在诗的第一段说:"扈江离与辟芷兮,纫秋兰以为佩。""扈"是楚国方言,即"披"的意思。这句话是说,将生长在江边的离草、生长在幽僻处的白芷以及佩兰三味药合在一起,装进香袋,随身配挂。据后人考证,那时人们佩挂的香药可能主要包括泽兰和白芷等。在长沙马王堆一号汉墓出土文物中,有四个绣花香囊、六个绢袋、一个绣花香枕和两个熏炉等,盛放着茅香、花椒、辛夷、佩兰、桂皮、高良姜、姜、藁本、杜蘅等九种香药,它们都具有芳香辟秽驱邪的作用。这些一直流传下来,成为我国的民间习俗。每到端午节,不少姑娘、老太太常在胸前佩挂一种桃形小袋,袋中盛满香料,香气四溢,沁人心脾。选在端午节佩戴,据说还与纪念屈原有关。

屈原在诗中还提到了食用花粉和花露。"朝饮木兰之坠露兮,夕餐秋菊之落英。"这完全符合中医养生法则。现代科学家们发现,花粉中富含多种氨基酸、维生素、矿物质、微量元素、酶核酸、糖等,总含量达二百余种,营养价值远远超过人们日常食用的肉类、禽类等。

屈原在诗中提到服用菊花花瓣,到清朝时竟成了慈禧太后的保健专方。在清宫秘方中有一种菊花延龄膏,只用一味鲜菊花瓣,以水煎透,去渣再煎浓汁,加适量蜂蜜收膏而成,每次用开水冲服一匙,是太医院专为慈禧太后制备的。

我们似乎能从这里悟出屈原作品的另一个主题思想:屈原在诗中大量描述香草,除表明自己的清白、忠贞外,更想通过配香药、食花粉表白自己的愿望,像中医用香草扶正祛邪一样,借香草的凛然正气战胜社会上的邪恶势力,除掉那些祸国殃民、投机钻营的小人。屈原的作品不单在忧、在怨,亦在鼓角、在怒吼,表现了对邪恶势力不屈不挠的斗争精神。

文天祥的两首医药诗

南宋爱国诗人文天祥,宝祐四年(1256年)进士及第,官居宰相。元兵渡江,他举兵抗元,失败后被执,不屈而死。文天祥著有《文山诗集》等,他的诗沉郁悲壮,表现出坚贞不屈的品格。这里选录两首与草药有关的诗,虽言医,然寓意深远,实为论政之作,足以窥见他爱国忧民之心。

其中,《赠蜀医钟正甫》曰:

炎皇览众草,异种多西州。为君望峨岷,使我泪双流。向来秦越人,朝洛夕邯郸。子持鹊经来,自西亦徂南。江南有羁羽,岂不怀故营。何当同皇风,六气和且平。

诗中"炎皇览众草"是指神农氏(炎帝)尝百草,发现了药材。"西州"指四川。"鹊经"即《难经》,传为扁鹊所作。"羁羽"是指被缚的鸟类,这里借指作者自己。"何当同皇风"其意是何时才能享受太平之生活。"六气"即阴、阳、风、雨、晦、明,也指风、寒、暑、湿、燥、火。

《和朱松坡》曰:

学医未至大医王,笑杀年年折臂伤。屏里江山如出色,亭皋松菊已成行。细参不语禅三昧,静对无弦琴一张。多谢岭头诗寄我,满院梅意弄春光。

诗中的"大医王"是佛教菩萨名,能治身疾和心疾,泛指医病的高手。"折臂伤"出自"三折肱知为良医"(《左传·定公十三年》),本比喻医生阅历之可贵,这里自嘲学医不精。"亭皋"即水边的亭台。"细参"指悟道。"三昧"是佛家语,即"正定"、"精义"、"妙道"的意思。"无弦琴"典出《晋书·卷九十四·隐逸传·陶潜》云:"性不解音,而畜素琴一张,弦徽不具,每朋酒之会,则抚而和之,曰:'但识琴中趣,何劳弦上声!'""多谢岭头诗寄我"典出陆凯与范晔,南北朝时,他二人相善,陆凯自江南寄梅花一枝于正

梅花

在长安的范晔,并题诗相赠:"折花逢驿使,寄与陇头人。江南无所有,聊赠一枝春。"(《赠范晔诗》)此事传出,被人传为佳话。后人以"一枝春"代称梅花,并用作咏梅和别后相思的典故。

诗说丁香

去过哈尔滨的人,可能都会知道和平屯宾馆院内有一棵高大粗壮的老丁香树。据说是1897年前后栽植的,至今依然枝繁叶茂,欣欣向荣。作为市花,哈尔滨的大街小巷、角落庭院到处可见丁香花盛开,清香宜人。有人热情洋溢地赞美说:"君不见此花含吐如瓶瓻,欲开不开殊有情。一夜东风起蘋末,纷纷霰雪铺檐楹。"(刘大櫆《吴大椿置酒丁香花下》)丁香外朴而内秀,不独花色明晰,又兼香气郁馥,具有"花中君子"之美誉。

丁香,又名百结,雅称素客。原产于我国,为落叶灌木或小乔木。其叶似茉莉,花有白、紫、红、黄等色。据载,早在东汉后期,就有了丁香的栽培,距今已有近两千年的历史。三国时期,才高八斗的曹植,就曾在《妾薄命行二首·其二》中说:"御巾裹粉君傍,中有霍纳都梁,鸡舌五味杂香,进者何人齐姜,因重爱深难忘。"这里所说的"鸡舌"也称鸡舌香,即丁香的别称,可见丁香的历史悠久。

说到丁香文化,可谓丰富多彩、源远流长。继曹植之后,大诗人杜甫是唐代第一位写丁香的人。他的《江头五咏》第一首便是《丁香》:"丁香体柔弱,乱结枝犹垫。细叶带浮毛,疏花披素艳。深栽小斋后,庶使幽人占。晚堕兰麝中,休怀粉身

丁香

念。"借物抒怀,以励晚节,写得很形象,也很深刻。稍晚于杜甫的钱起的《赋得池上双丁香树》也是一篇佳作:"得地移根远,交柯绕指柔。露香浓结桂,池影斗蟠虬。黛叶轻筠绿,金花笑菊秋。何如南海外,雨露隔炎洲。"

晚唐陆龟蒙的《丁香》为托物寄寓之作,为世所传:"江上悠悠人不问,十年云外醉中身。殷勤解却丁香结,从放繁枝散诞春。"

宋朝的丁香诗,当首推苏轼《留题显圣寺》:"幽人自种千头橘,远客来寻百结花。"

元明清三朝,丁香诗也有不少名作。如元好问的《赋瓶中杂花七首·其二》:"香中人道瑞香浓,谁信丁香臭味同。一树百枝千万结,更应薰染费春工。"许邦才的《丁香花》:"苏小西陵踏月回,香车白马引郎来。当年剩绾同心结,此日春风为剪开。"孔尚任除有一首《咏紫丁香花》外,还有一首更好的《海棠院咏白丁香》:"海棠花下赏春光,一树冰姿向粉墙。都爱红妆吟又醉,风飘满院是谁香?"陈至言也有一首《咏白丁香花》:"几树瑶花小院东,分明素女傍帘栊。冷垂串串玲珑雪,香送丝丝丽飐风。稳称轻奁匀粉后,细添薄鬓洗妆中。最怜千结朝来坼,十二阑干玉一丛。"

咏 蝉 诗

"忘却当初粪土生,而今得志把名更。高枝换了新衣帽,也敢人前唱几声。"这首七言诗让人一看就是个谜面,它的谜底就是蝉。这便是今人王元君写的一首《咏蝉》诗。作者用朴实无华的语言描写出一种现象:本来是土生土长的小动物,一旦爬上高枝,换了新衣帽,就敢得意洋洋地在人们面前大喊大叫起来。这是对无德无才却又身居高位之人的讽刺。作者用简单的语句把蝉的生性与特征非常形象地描绘出来,使人读后从内心发出一种感慨。

蝉不仅是一种良药,古代文人还把它誉为高洁的象征,常作诗歌咏之,而且不同作者给予了它不同的寓意。历史上著名的咏蝉诗代表,应为唐朝的"咏蝉三绝",分别出自虞世南、李商隐和骆宾王之手。

虞世南的咏蝉诗:

> 垂緌饮清露,流响出疏桐。居高声自远,非是藉秋风。(《蝉》)

诗中的"緌"指古人系在帽带下边处打结后下垂的部分,蝉的头部有伸出的触须,形状像下垂的冠缨。在古人的眼中,蝉生性高洁,栖高饮露,"垂緌"二字暗示显宦身分。"流响出疏桐"句中,"疏桐"是指枝干高而挺拔的桐树,"流响"形容蝉声长鸣不已、悦耳动听,作者使用"出"字,使人感到蝉声的强度与力度。"居高声自远,非是藉秋风"句是全诗的高峰,为点睛之笔,所强调的是人格的魅力和力量,诗中的"自"、"非"两字,一正一反,相互呼应,表达出对人内在品格的热情赞美和高度自信,显示出一种雍容不迫的风度气韵。所以唐太宗曾多次称赞虞世南有"五绝"(即德行、忠直、博学、文词、书翰)。诗人笔下人格化的蝉,明显带有作者自我描摹的意味。

李商隐的咏蝉诗可就没有虞世南的那种心态了:

> 本以高难饱,徒劳恨费声。五更疏欲断,一树碧无情。薄宦梗犹泛,故园芜已平。烦君最相警,我亦举家清。(《蝉》)

李商隐,字义山,河南沁阳人。他生活年代正是"牛李党争"的激烈年代。因娶李党王茂元的女儿而得罪牛党,长期受排挤,潦倒终生,所以他的咏蝉诗就别有一番苦涩的味道:首句用蝉鸣起兴,蝉栖高树吸风饮霜却"难饱",喻诗人身世。由"难饱"引出"声"来,哀中有恨。这样的鸣声是徒劳的,这是多么动人心弦啊!而且又从"恨费声"中引出"五更疏欲断",显得悲伤憔悴。诗人托物言志,表达非常明朗。"薄宦梗犹泛,故园芜已平。"诗人抛开咏蝉,转到言己,因为诗人是个幕僚小官,所以称"薄宦",意为我这小小的幕僚像桃梗木偶一样在水中漂流,而家乡田园里的杂草早已荒芜成一片了。末句"烦君最相警,我亦举家清"中的"君"是指蝉,"君"与"我"对比,把咏物寄情密切结合,首尾呼应。蝉的"难饱"正与"我"的举家清贫相应,蝉的鸣叫声,又提醒"我"是个与蝉境况相似的小官,不免勾起归乡之念。同为咏蝉,所抒发之情感,显然与虞世南不同。

骆宾王的咏蝉诗:

　　西陆蝉声唱,南冠客思侵。那堪玄鬓影,来对白头吟。露重飞难进,风多响易沉。无人信高洁,谁为表予心?(《在狱咏蝉》)

至于骆宾王,显得更惨了。他是浙江义乌人,因罪入狱,获释后被贬为临海县丞。徐敬业起兵反对武则天,骆宾王为之代写《为徐敬业讨武曌檄》("曌"是武则天为自己名字造的字),名满天下。徐敬业兵败后,骆宾王下落不明。这首咏蝉诗是他在长安做侍御史时被关进牢狱后写的,故名《在狱咏蝉》。诗句中"西陆"指秋天,"南冠"即楚冠,是囚犯的代称,"客思"即作客时产生的思乡情绪,所以这句诗意为诗人坐在狱中产生了思乡之情。"玄鬓"指蝉,"白头"指诗人自己。作者因罪入狱,忧心沉重,未老先衰(此时诗人不足四十岁,何言老?)。"吟"指蝉鸣。下接两句以蝉处寒露、秋风渐紧喻作者含冤入狱。末句"高洁",古人以蝉栖高树、餐风饮露为清高纯洁的象征。这是诗人以蝉自喻,表明自己的无辜和无奈。末句更进一步表明诗人是清白的。

以上四位诗人都是以蝉为吟,其寓意却是如此迥异,如此悬殊。这是由于诗人的地位、气质和身世的不同,对蝉产生了不同的感受,也就表现出了不同的艺术风韵。虞世南的咏蝉诗是"春风得意"之作,李商隐的咏蝉诗是"感时伤世"之作,骆宾王的咏蝉诗则是"愤世嫉俗"之作,而王元君,则是在"借物讽人"。

除此之外，还有许多咏蝉名作。唐代诗人白居易即有五首，其中以《早蝉》为题的有两首，其一为：

六月初七日，江头蝉始鸣。石楠深叶里，薄暮两三声。一催衰鬓色，再动故园情。西风殊未起，秋思先秋生。忆昔在东掖，官槐花下听。今朝无限思，云树绕湓城。

其二为：

月出先照山，风生先动水。亦如早蝉声，先入闲人耳。一闻愁意结，再听乡心起。渭上村蝉声，先听浑相似。衡门有谁听？日暮槐花里。

下面是《六月三日夜闻蝉》：

荷香清露坠，柳动好风生。微月初三夜，新蝉第一声。乍闻愁北客，静听忆东京。我有竹林宅，别来蝉再鸣。不知池上月，谁拨小船行？

还有一首为《闻新蝉，赠刘二十八》：

蝉发一声时，槐花带两枝。只应催我老，兼遣报君知。白发生头速，青云入手迟。无过一杯酒，相劝数开眉。

而《答梦得闻蝉见寄》则是白居易的相思之作：

开缄思浩然，独咏晚风前。人貌非前日，蝉声似去年。槐花新雨后，柳影欲秋天。听罢无他计，相思又一篇。

另外一位诗人赵嘏，也写有两首咏蝉诗，其一是《听蝉》：

噪蝉声乱日初曛,弦管楼中永不闻。争奈愁人数茎发,故园秋隔五湖云。

另一首为《风蝉》：

风蝉旦夕鸣,伴夜送秋声。故里客归尽,水边身独行。噪轩高树合,惊枕暮山横。听处无人见,尘埃满甑生。

著名的"推敲"诗人贾岛,亦有《病蝉》、《早蝉》、《风蝉》、《闻蝉感怀》等许多有关蝉的诗。历代还有许多咏蝉名句,诸如：

"鸣蝉厉寒音,时菊耀秋华。"(潘岳《河阳县作二首》)
"哀蝉无留响,丛雁鸣云霄。"(陶渊明《己酉岁九月九日》)
"园柳吟凉久,嘶蝉应序惊。"(王由礼《赋得高柳鸣蝉》)
"高蝉多远韵,茂树有余音。"(朱熹《南安道中》)
"清吟晓露叶,愁噪夕阳枝。忽尔弦断绝,俄闻管参差。"(刘禹锡《酬令狐相公新蝉见寄》)
"泉溜潜幽咽,琴鸣乍往还。长风剪不断,还在树枝间。"(卢仝《新蝉》)
"明月别枝惊鹊,清风半夜鸣蝉。"(辛弃疾《西江月·夜行黄沙道中》)
"听秋蝉,秋蝉非一处。细柳高飞夕,长杨明月曙；历乱起秋声,参差搅人虑。单吟如转箫,群噪学调笙；风飘流曼响,多含断绝声。"(颜之推《和阳纳言听鸣蝉篇》)
"听鸣蝉,此听悲无极。群嘶玉树里,回噪金门侧；长风送晚声,清露供朝食。晚风朝露实多宜,秋日高鸣独见知。轻身蔽数叶,哀鸣抱一枝。"(卢思道《听鸣蝉篇》)

在五千年的中华文明史里,仅"蝉"这个小动物,就被文人们吟出数以千计的文章,使人读后回味无穷。

名诗赞牡丹

牡丹芳
白居易

牡丹芳,牡丹芳,黄金蕊绽红玉房。千片赤英霞烂烂,百枝绛艳灯煌煌。照地初开锦绣段,当风不结兰麝囊。仙人琪树白无色,王母桃花小不香。宿露轻盈泛紫艳,朝阳照耀生红光。红紫二色间深浅,向背万态随低昂。映叶多情隐羞面,卧丛无力含醉妆。低娇笑容疑掩口,凝思怨人如断肠。秾姿贵彩信奇绝,杂卉乱花无比方。石竹金钱何细碎,芙蓉芍药苦寻常。遂使王公与卿士,游花冠盖日相望。庳车软舆贵公主,香衫细马豪家郎。卫公宅静闭东院,西明寺深开北廊。戏蝶双舞看人久,残莺一声春日长。共愁日照芳难驻,仍张帷幕垂阴凉。花开花落二十日,一城之人皆若狂。三代以还文胜质,人心重华不重实。重华直至牡丹芳,其来有渐非今日。元和天子忧农桑,恤下动天天降祥。去岁嘉禾生九穗,田中寂寞无人至。今年瑞麦分两岐,君心独喜无人知。无人知,可叹息。我愿暂求造化力,减却牡丹妖艳色。少回卿士爱花心,同似吾君忧稼穑。

牡 丹
徐 凝

何人不爱牡丹花,占断城中好华物。疑是洛川神女作,千娇万态破朝霞。

洛阳牡丹图
欧阳修

洛阳地脉花最宜,牡丹尤为天下奇。我昔所记数十种,于今十年半忘之。开图若见故人面,其间数种昔未窥。客言近岁花特异,往往变出呈新枝。洛人惊夸立名字,买种不复论家赀。比新较旧难优劣,争先擅价各一时。当时绝品可数者,魏红窈窕姚黄妃。寿安细叶开尚少,朱砂玉版人未知。传闻千叶昔未有,只从左紫名初驰。四十年间花百变,最后最好潜溪绯。今花虽新我未识,未信与旧谁妍媸。当时所见已云绝,岂有更好此可疑。古称天下无正色,但恐世好随时移。鞓红鹤翎岂不美,敛色如避新来姬。何况远说苏与贺,有类异世夸嫱施。造化无情宜一概,偏此著意何其私。又疑人心愈巧伪,天欲斗巧穷精微。不然元化朴散久,岂特近岁尤浇漓。争新斗丽若不已,更后百载知何为。但应新花日愈好,唯有我老年年衰。

渔家傲·三月清明天婉娩
欧阳修

三月清明天婉娩。晴川祓禊归来晚。况是踏青来处远。犹不倦,秋千别闭深庭院。　　便值牡丹开欲遍。酴醾压架清香散。花底一尊谁解劝。增眷恋,东风回晚无情绊。

醉中咏牡丹
徐积

此花未开时,美子藏深闺。香心若无有,深浅何由知。前日花忽开,美人放出深闺来。春风尽日不相管,莺是郎兮蝶是媒。谁将金钱掷西子,笑中不掩胭脂腮。君王亲执紫金盏,太真以醉白瑶台。此花万态不可说,莫教容易为尘埃。我心虽然淡如水,为花一醉何辞哉。

古人的纳凉诗和西瓜诗

夏日炎炎,热浪滚滚,古人为了驱除烦热,便通过各种途径逐凉降温。当时无电扇、空调之类的现代化设备,只有品茗吟诗、吃西瓜、傍水而居或在树荫下纳凉。因此留下了许多耐人寻味的纳凉诗、西瓜诗。

古人纳凉,多到水池边畔。宋代陆游《桥南纳凉》诗云:"曳杖来追柳外凉,画桥南畔倚胡床。月明船笛参差起,风定池莲自在香。"诗人曳杖追凉到桥南,此时月明风清,星河半落,夜凉袭人,使人十分爽快。晚清书法家何绍基的《慈仁寺荷花池》则这样写道:"坐看倒影浸天河,风过栏干水不波。想见夜深人散后,满湖萤火比星多。"读者很容易从中感受到微风吹来的无限快感。

古代自然环境保护较好,到处树茂林密,成了人们纳凉的好去处。唐代名人高骈《山亭夏日》诗云:"绿树阴浓夏日长,楼台倒影入池塘。水精帘动微风起,满架蔷薇一院香。"山亭古树参天,人迹罕见,蔷薇飘香,周身凉爽,好一幅别开生面的山中消夏风俗画。元代僧英《山中景》诗云:"六月山深处,松风冷袭衣。遥知城市里,扑面火尘飞。"山中树木青翠,峰高气清,微风绕屋,凉意拂人,在此消暑,使人凉意骤生,烦热顿消,纳凉消暑并非只有在自然界中享受,有一个平静的心情也很重要。宋代梅尧臣的《中伏日陪二通判妙觉寺避暑》云:"高树秋声早,长廊暑气微。不须何朔饮,煮茗自忘归。"写惮房花木葱茏,长廊曲径幽通,品茗纳凉,堪称凉诗佳作。而杨万里《夏夜追凉》则曰:"夜热依然午热同,开门小立月明中。竹深树密虫鸣处,时有微凉不是风。"道出了诗人的真切细微体验。

当然,纳凉降温吃西瓜也是很好的方法。西瓜素有"夏季水果之王"的美称,又有"天然白虎汤"的佳誉,因而深受人们喜爱。历史上的文人墨客,还以他们传神生花之妙笔,写下了许多咏西瓜的名句。

西瓜早在汉代已传入我国,至宋代,已出现了"童孙未解供耕织,也傍桑阴学种瓜"(范成大《夏日田园杂兴十二绝·其七》)的局面。北宋著名画家张择端《清明上河图》中即画有北宋京都汴梁(今河南开封)卖西瓜的场面。南宋著名田园诗人范成大,在其《西瓜园》诗中,不仅描绘了卧于瓜地憨态可掬的西瓜的可爱,而且还描绘了神州大地处处喜食西瓜的场面:"碧蔓凌霜卧软沙,年来处处食西瓜。"元代方夔,在其《食西瓜》诗中,把佳人俏妇尽情食西瓜的欢乐情景描绘得淋漓尽致:"恨无纤手削驼峰,醉嚼寒瓜一百筒。缕缕花衫沾唾碧,痕痕丹血掐肤红。香浮笑语牙生冰,凉入衣襟骨有风。"

民族英雄文天祥,一首《西瓜吟》,把西瓜的形、色、味及作用描绘得惟妙惟肖:"拔出金佩刀,斫破苍玉瓶。千点红樱桃,一团黄水晶。下咽顿除烟火气,入齿便作冰雪声。"金人王予可,将切开的西瓜比喻为深潭、冷月、清云,真是形似神似,恰到好处,其《咏西瓜》云:"一片冷裁潭底月,六湾斜卷陇头云。"(赵翼《陔余丛考·卷三十三·西瓜始于五代》)南宋后期,诗人方回在《秋热》诗中写道:"西瓜足解渴,割裂青瑶肤。"(赵翼《陔余丛考·卷三十三·西瓜始于五代》)说明西瓜能消暑、解渴。《南史·卷七十四·滕昙恭传》中,曾记载了滕昙恭母亲患热病"思食寒瓜"之事,说明西瓜有治热病的功效。

医家亦有诗云:"青青西瓜有奇功,溽暑解渴胜如冰。甜汁入口清肺腑,玉液琼浆逊此公。"科学研究发现,西瓜确有重要的药用价值。西瓜中含有丰富的维生素C、胡萝卜素、钾元素与纤维素等,有加速食物消化、保持正常心律和血压、预防脑出血和心肌梗死的作用。我国医学认为西瓜味甘、性寒,有清热解暑、生津利尿的功效。

第二篇　百草谜与诗联

巧隐妙藏的百草谜

巧隐妙藏的中药谜,其谜面有用别解手法的,也有用充满诗情画意的谜语诗的,还有用编造成悬念的谜语故事和写对联的。这些中药谜多数幽默诙谐、妙机深蕴,真令人有出神入化之感。

金银花

用别解手法,如谜面"满斗",打一中草药名,谜底"百合"。因一斗十升,一升十合。谜面"用钱",谜底是"金银花"。谜面"二十一",谜底是"三七"。

以谜语诗作谜面猜中药名,源于三国时期。曹操一次远征归来,得了病,部下欲请名医华佗诊治。曹操想先试试华佗之才,于是写了一首猜中草药名的谜语诗:"胸中荷花兮,西湖秋英。晴空夜明兮,初入其境。长生不老兮,永世康宁。老娘获利兮,警惕家人。三十除五兮,函悉母病。芒种降雪兮,军营难混。接骨妙医兮,老实忠诚。黑发未白兮,大鹏凌空。"曹操这首谜语诗,言辞风雅,文采隽永。华佗知识渊博,看后遂提笔写出穿心莲、杭菊、满天星、生地、万年青、千年健、益母、防己、商陆、当归、麦冬、苦参、续断、厚朴、首乌、远志等十六味中草药的名字。

处方谜语

明代医学家李在躬颇有文采。一次,有一位县官生了病,他诊脉后,提笔开了一个处方,县官接过一看,上面写的是一首题为《山居即事》的诗:

三径慵锄芜秽遍,数株榴火自鲜妍。露滋时滴岩中乳,雨过长流涧底泉。闲草文词成小帙,静披经传见名贤。渴呼童子煮新茗,倦倚熏笼炷篆烟。姝为多研常讶减,窗因懒补半嫌穿。欲医衰病求方少,未就残诗得句连。为爱汍漻千顷碧,频频搔首向遥天。(杨汝泉《滑稽诗文集》)

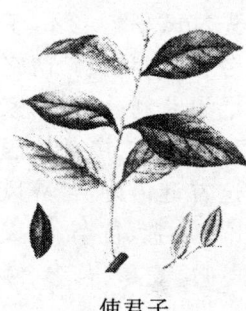

使君子

县官阅后不解地问:"此诗何解?请指教。"李在躬笑道:"这是一首药名诗谜,每句隐一药名,共计十四味中草药,组成一方,便可治大人之病。"县官细读后抚掌叫妙,逐在每句诗后填上一味中药,嘱人照方买药。县官填写的十四味中草药分别是生地、红花、石膏、泽泻、藁本、使君子、儿茶、安息香、砂仁、破故纸、没药、续断、空青、连翘。

药 诗 谜

中草药名不但入诗词,还可以入诗谜。据说李时珍带徒弟时,曾出过药诗谜让徒弟们猜记,以加深印象。清人钱德苍辑短篇笔记小说《解人颐·消闷集》中记载了三首药名诗谜:

一幅花笺决不欺,相烦寄与我孙儿。休图自己营生计,须念高堂白发稀。

医生铺里尽皆空,修寄家书无笔踪。船行水急帆休挂,雨过街头跌了翁。

江山乘骑赴早朝,不胜将军弃甲逃,赤壁溪边栖过夜,晓来带露挂征袍。

这三首中草药名诗谜,每首每句为一味药,第一首的四味药为"信石"、"附子"、"独活"、"知母",第二首的谜底为"没药"、"白芷"、"防风"、"滑石",第三首四味药指的是"海马"、"败酱"、"缩砂"、"砒霜"。诗谜写得非常精彩,不但形象地表达了完整的诗意,而且还弦外有音让人去猜谜,实有一石二鸟之妙趣。

独活

药谜故事

白芷

有这样一则百草谜语:"时令正值六月中,家人买纸糊窗棂。出外经商一年整,捎来书信半字空。"这则诗谜同时也有着一个凄凉的传说。有一位良家妇女,勤劳贤惠,侍奉公婆尽心尽力。六月天里,由于老人有病,怕风恶寒,她便买纸糊上窗户。她日也盼,夜也盼,盼望出外经商一年有余的丈夫回来。在春节前夕,丈夫捎回一封家书,她满怀高兴地拆开,谁知却没有一个字。当知道丈夫在外已另有家室,她已被休弃时,便含悲投江而亡。此则谜语的答案依次是半夏、防风、当归、白芷。巧的是由此四味药组成的药方,可以治疗外感风寒湿邪上犯引起的头痛、头晕、头沉,这也许包含了要这故事中的"负心人"幡然醒悟的用意吧!

娱赏药名联

昔日,一些饱学的中医人士和药店老板常用药名作对联,借以自娱自乐和招徕顾客,的确情趣非凡。

如"白头翁持大戟跨海马,与木贼草寇战百合,旋复回朝,不愧将军国老。红娘子插金簪戴银花,比牡丹芍药胜五倍,从容出阁,宛若云母天仙",联中嵌入白头翁、木贼、红娘子、牡丹等十八味草药名,不仅联语自然流畅,而且形象栩栩如生。你看上联中那位老将白发苍苍还披挂出征,凯旋后多么神气;下联中的新娘子则别有一番风韵,她虽如花似玉、貌若天仙,但出嫁时还要浓妆艳抹着意打扮一番,这一男一女,一老一少不是活生生地呼之欲出吗?

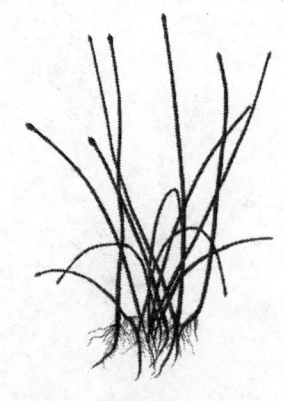

木贼

自古以来,长期出门在外的游子最爱思乡,这"生地人生(人参),父子(附子)当归熟地。找人(枣仁)难找(南枣),毋如(吴萸)打马回乡(茴香)",不正是生动传神的写照吗?而"神州到处有亲人,不论生地熟地。春风来时尽著花,但闻藿香木香",与上副对联形成强烈的对比,一反一正,相映成趣。

据说有位老中医精于药联之道,大名鼎鼎。有人自恃才高故意到他家去试探。客人一进门就指着鼓架上的鼓说:"鼓架架鼓,陈皮不能敲半下。"(陈皮、半夏两味中药)老中医不假思索,顺手一指挂在墙上的灯笼答道:"灯笼笼灯,纸壳原是为防风。"(枳壳、防风两味中药)此时天气正热,客人便说:"防暑最宜淡竹叶。"主人马上接腔:"防寒尤妙小柴胡。"客人又说:"玫瑰花开,香闻七八九里。"主人即答:"梧桐子大,日服五六十丸。"客人落座后,老中医以酒相待,客人举杯豪饮,大声称赞:"奇味薏苡酒。"(薏苡仁是一味中药)主人却捧起小茶壶慢慢品尝,轻言细语:"绝顶松萝茶。"客人想来个出其不意,便冲口而出:"一匹天青缎。"谁知主人成竹在胸,慢声应道:"六味地黄丸。"老中医是妙手奇才,对答如流,并且句句不离本行,客人不得不心悦诚服、甘拜下风。

下面这则药联择婿的传说也是十分脍炙人口。从前有位药店老板善制药联,他有位聪明美貌的女儿也喜欢吟诗作联。为了给女儿选择一位既有才华又懂医道的如意郎君,他便煞费心思地安排了一次"药联择婿"会。那天,求婚者接踵而来,药铺门前热闹非

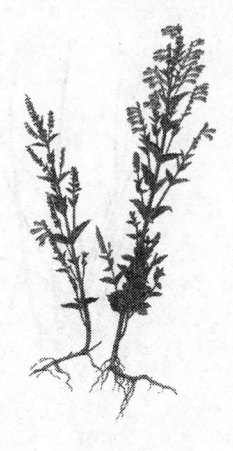

半枝莲

凡。药店老板首先出了个上联:"玉叶金花一条根。"正当大家搜索枯肠、冥思苦想之际,忽然从人群中走出一位英俊少年,拱手作揖之后,声音朗朗对出下联:"冬虫夏草九重皮。"老板微笑着瞟了少年一眼,表示赞许。原来在那看似赞美自己独生女儿的上联里,暗含着一味中药"玉叶金花",意在考察对方能否识破。少年所对下联中"冬虫夏草"也是中药名,加之"九重皮"对"一条根",十分贴切,于是顺利地闯过了第一关。老板马上又出一联:"天南星半夏日日有。"那少年脱口而出一句"地骨皮天冬回回来",对了个正着。老板点了点头,接着吟出最后一道题:"水莲花半枝莲白花照水莲。"这上联不仅包含了"水莲花"和"半枝莲"两味中药,而且联中第二字重复出现两次,难度较大。但少年略加思索后对出了下联:"珍珠母一粒珠玉碗捧珍珠。"下联中的"珍珠母"和"一粒珠"也是两味中药,并且句中的"珠"字也在上联中"莲"字重复的位置上出现了两次,真是恰到好处。老板见少年风度翩翩,既懂医药又善对联,十分高兴,当即选中他为乘龙快婿。

话说药名诗联

有一家药店,店主是一名老医生,经常骑一匹枣红马出诊。药店里有一副对联:"国老牵牛耕熟地,将军打马过常山。"

此联的意思,缺乏草药知识的人初看都会认为讲的是老医生骑马去给人看病。一次偶遇老医生,请教后才知道是一副药名联,联中含甘草、牵牛、熟地、大黄、番打马、常山等六味药名,一语惊醒。此后留心观看各地药店对联,类似的还有"当归方寸地,独活世间人"、"红芽大戟将军府,金钱重楼国老家"等,真是有趣极了。有的对联还富有情趣,如"一阵乳香知母至,半窗故纸防风来",含乳香、知母、破故纸、防风四味中药名,"破故纸"是"补骨脂"的别称,出句写母子情深,对句谈居家光景,生活气息形象无比。

国老(甘草)

清代有一部小说名叫《草木春秋演义》,书中写到,但凡两国交兵,将军对阵,通报姓名,统统是中草药名,使人读来平添不少兴味。清末诗人黄遵宪于戊戌变法后被解职软禁,但变法之志不减,他撰联述怀:"药是当归,花宜旋复。虫还无恙,鸟莫奈何。"(梁启超《饮冰室诗话·一七〇》)上联首句说是国家需用当归这样的药以补气治本,次句说美好的事物总像中药旋复那样曲折反复,下联则表现了对变法的信心和对迫害的无畏。

宋代"江西诗派"开创人黄庭坚著有《荆州即事药名诗八首》,其中一首是:"前湖后湖水,初夏半夏凉。夜阑乡梦破,一雁度衡阳。"内含前胡(前湖)、半夏、兰香(阑乡)、杜蘅(度衡)四种药名。

清人王应奎《柳南续笔·卷一·药名诗》载,江苏席启纮作《药名诗》,劝远在云南做官的葛震甫回家,陪伴其年过八旬的老母亲。诗中有一句云:"知母年高独恬淡,当归奚事向天南。"葛震甫得诗心动,即挂冠归里奉母。

明代冯梦龙《古今谭概·巧言部·三果一药》说,刘贡父宴客,苏东坡有事想中途退席,刘贡父出对说:"幸早里,且从容。"苏东坡回答说:"奈这事,须当归。""幸"、"早"、"里"谐音"杏"、"枣"、"李","从容"即"苁蓉";"奈"是苹果的一种,"这"谐音"蔗","事"谐音"柿",都是三果一药对答。

原全国政协委员袁晓园女士资助创建了晓园国际中医院,王禹时先生作《药名诗》一首祝贺,诗云:"晓园又绽郁金香,萱草公英满地黄。使君远得百合赐,知母远志淡竹汤。"诗中嵌药名九个之多,高度赞扬了袁女士的善举。全诗表里如一,结构严谨,十分难得。

奇趣绝妙"鸡"字联

在浩瀚的联海中,有不少嵌有"鸡"字的佳联妙对,读来趣味横生,回味无穷。清代,一位秀才进京赶考,中途在一凉亭歇息,看到一农妇带着孩子晒谷,群鸡前来啄食,农妇就让孩子赶鸡,小孩顺手将手里的竹筒向鸡砸去。农妇以孩子砸鸡为题出上联请秀才出对,上联是"饥鸡盗稻童筒打",此联中有三对同音异字,秀才想了好一会儿,忽见凉亭的梁上趴着一只老鼠,正在这时,来了一位客人,一咳嗽,老鼠吓跑了,因而得下联曰:"暑鼠凉梁客咳惊。"其中也有三对同音异字,对得十分巧妙。

少年林则徐十分聪慧。有一次,他从学堂回家,路上见一群人围在池塘边,原来是以池塘里的鸭子为题作联。有人出上联:"母鸭无鞋空洗脚。"大家一时对不上来,正冷场间,林则徐从旁对道:"公鸡有髻不梳头",在场的人们都赞叹不已。1927年,著名教育家陶行知辞去东南大学教育长之职,到南京郊区试办乡村师范学校,取名"晓庄",并亲自挥毫题写对联:"和牛马羊鸡犬豕交朋友,对稻粱菽麦黍稷下工夫。"这是用启蒙读本《三字经》中六畜、六谷组成对联,生动有味,朴实生趣,也充分体现出他创办晓庄师范以农为友、以农为师的精神。宋人刘贡父到一友人家,见群鸡啄食,友人知其善对,便出句"鸡饥吃食呼童拾石逐饥鸡",刘贡父闻之即对句:"鹤渴抢浆命仆将枪惊渴鹤。"这副对联出句"鸡"和"饥"同音同调,"吃"和"食"叠韵,"拾"和"石"同音同调,对句"鹤"和"渴"音近,"抢"和"浆"音近,"将"和"枪"叠韵。这也是文字游戏,但用词造句串成物事已属不凡,况且诸多音韵修辞手法齐备。

明代户部尚书年富幼学时,家门前树上有鸟巢。一次年富勤奋夜读,忽然刮起狂风,枝断巢倾掉落于地,雏鸟乱叫,他的老师即景出联"风坠雀巢,二三子连窠及地"要年富对,小年富见落枝砸塌鸡窝一角,鸡见月光以为天晓而啼,也即景对出下联:"月穿鸡屋,四五声金膀啼鸣。"联语各用谐音,"连窠及地"是其师望年富"连科及弟","金膀啼鸣"是年富自己表达壮志雄心,又嵌入数字,甚觉自然、抒情。另外,明代上杭县有白水漈,有人就其风物作联:"白水漈头,白屋白鸡啼白昼。"征下联,没有人能对上。后来翰林院修撰林大钦路过此地,听乡人说有个地方叫黄泥垅,于是立即对出下联:"黄泥垅口,黄衣黄犬吠黄昏。"联语以四"黄"对四"白",对仗工稳,情趣相同。

从前有两个秀才,为求取功名多次参加科考不第。一天,两人在梨树下以酒浇愁,一秀才见鸡踏筲箕(淘米、盛米、盛饭用的竹器),筲箕翻倒把鸡扣在筲箕下,便即景吟出上联:"鸡踏箕沿,鸡飞箕翻,箕罩鸡。"另一个秀才见一拴在梨树下的驴靠树蹭痒,梨子落下打在驴身上,马上对出下联:"驴系梨树,驴碰梨落梨打驴。"联语"箕"与"鸡"音相同,"梨"与"驴"谐音成巧,可谓跌宕回环、饶有趣味。

白牡丹巧对吕洞宾

相传有一家小药店,店主姓白,祖传三代为医。白老板有个女儿叫白牡丹,年方二八,长相秀丽可爱,并精通百草,善于应对,是父亲的一个好帮手。

有一天,吕洞宾下凡游玩,看见这家小药店的门两旁贴有一副对联,上联是"川广云贵,地道药材",下联是"丸散膏丹,参茸药酒",还悬一块横匾是"百药俱全"。吕洞宾看了对联和横匾后很不服气,心想小小凡间药店,竟敢如此大夸海口,看我前去戏闹一番,出出药店的丑,让他摘下"百药俱全"的匾牌。

吕洞宾走进药店大声吆喝:"喂,抓药啦!"白店主忙笑脸迎上去说:"客官抓什么药?我给你配。"

吕洞宾说:"一买称心丸,二买如意丹,三买烦恼膏,四买怨气散。"

白店主从未听说过这四味药,一下子给难住了,半晌说不出半句话来。

吕洞宾见此状大喜,说:"你挂着'百药俱全'的匾牌,竟抓不出这四味药来,你干的岂不是骗人的生意!"说着就要动手摘匾牌。

白店主心想这个人不是来抓药的,而是来找茬的,于是一面哀求吕洞宾手下留情,一面唤出小女白牡丹来应付这尴尬的场面。

白牡丹姗姗走来,礼貌地对吕洞宾道个万福,笑着说:"别为难我爹了,客官所点四味药材,只怕是有其名而无其药。"

吕洞宾见白牡丹长得国色天香,又出口不凡,于是想考考她的真本事,就说:"小姑娘既知有名无药,是否答得出来?"

白牡丹嫣然一笑道:"殷勤待客放心丸,有问必答如意丹,无事生非烦恼膏,药品精良怨气散。对吗?"

吕洞宾连连点头称是,继而又随口点出四味药来:"一买游子思亲一钱七,二买举目无亲七钱一,三买夫妻相亲做药引,四买无儿娘亲二三厘。请给我配齐吧!"

白牡丹听了略加思索,很快配齐四味中药放在柜台上,道:"请客官过目查验。"

吕洞宾一看,这四味药是茴香、生地、蜂蜜、黄连,便暗暗称奇道:"姑娘,你怎么知道是这四味草药呢?"

白牡丹又启齿一笑说:"有道是游子思亲当回乡(茴香),举目无亲在生地,夫妻相亲甜如蜜,儿无娘亲黄连苦。"

吕洞宾见没难住小姑娘,自觉得下不了台,沉吟片刻又报出四样药来:"一买药材三分白,二买药材一片红,三买药材连串挂,四买药材七玲珑。"

白牡丹人小经事多,想也没想就接茬道:"茯苓切片三分白,朱砂研粉一片红,金银花开连串挂,小小葫芦七玲珑。"

吕洞宾见小姑娘口齿伶俐、对答如流,心里十分信服,临走时用手指往那"百药俱全"的匾牌上一点,顿时金光四射,煞是耀眼。这父女俩才知道是遇上了神仙,忙跑出门,朝吕洞宾消失的方向跪拜道谢。

神仙光临小小药店的消息一经传开,立即引起了轰动,许多人都说这父女俩做生意的信誉感动了神仙,千古奇闻。从此,小药店的名气大了,生意也越做越红火。

茯苓

稚童对联羞名医

相传有一位姓李的名医,一家中药店请他坐堂问诊。但这位医生有些怪脾气,比如晨起先吸烟后穿衣,不吃禽蛋不吃肉,不吃葱、蒜和花椒,大米饭硬了说咬不动,软了说没嚼头,看病时不准病人说话,只切脉,若病人询问病情,就说人家瞧不起他。总而言之,很难伺候,稍不如意就发脾气。

一次,有个小孩子由大人领着来找他瞧病。他给那孩子开了一剂枇杷止咳膏、一服草药和一贴膏药,写完处方后,又在另一张处方纸上写了一行字:"膏可吃,药可吃,膏药不可吃。"李医生还逗那孩子说:"这是我的医嘱,你若能把它当作上联,对出下联的话,这药费就免了。"药铺掌柜一听说药费要免,可心痛了,忙说:"毛孩子对什么联,快交上钱拿药走吧。"谁知道这话可惹了李医生,他把桌上的纸、笔等东西掀掉,拂袖就回后院住处了。这时,只听那孩子在后边追着说:"别急,别急,下联我对出来了。"孩子从地上捡起笔和纸写道:"脾好医,气好医,脾气不好医。"写完后就向掌柜索药。掌柜没办法,只好免费给了药,孩子跟着大人高高兴兴地回去了。李医生看了孩子写的下联之后,开始反思自己,认识到脾气不宜太大,从那以后,竟然慢慢地把坏脾气改掉了。

陶渊明解荷花谜

荷花

陶渊明辞去彭泽县令,回到家乡过上了悠闲的田园生活。这一日,陶渊明到河边闲游,见一少女坐在河边正掩面泣不成声,于是赶忙上前,问她为何如此伤心。少女哭泣着说:"日前家父请了一个算命的巫士,说我已到出嫁年龄,要算算我的命是好是坏。谁知那个巫士却给父亲写了'风流女,河边站,杨柳身子桃花面,算命打卦她没子,儿子生时娘不见'四句话。"说罢少女又呜咽起来,说:"先生您听,我的命好苦噢!"

陶渊明笑着对少女说:"不要哭了,快别哭啦!那算卦先生说的是一个谜,是他对你美貌的赞语。他把你比作一朵花,你知道是什么吗?"少女深思了片刻:"先生,你说是朵花,是不是荷花?"

陶渊明拍手大笑:"对啦,快回家告诉你父亲去吧!"

罗贯中猜咏莲词

三十七岁的施耐庵辞去了钱塘县尹,回到苏州老家,一面教书,一面继续写《水浒传》。

一年春天,有位商人久慕施耐庵的才学,特地把儿子罗贯中从山西老家带来,想让儿子拜施耐庵为师。施耐庵对商人不感兴趣,但又转念一想,一个商人不远千里把儿子带到这里,求我这个教书匠给他儿子当老师,也属不易,于是勉强答应了。

施耐庵见罗贯中十四五岁,眉清目秀,文质彬彬,气度不俗,就有了三分爱意,决定先考考这孩子,于是吟道:

云落不因春雨,吹残岂借东风。结成一朵自然红,费尽功夫怎种?有蕊难藏粉蝶,生花不惹游蜂。夜阑人静画堂里,曾伴玉人春梦。

罗贯中一边沉思,一边忙向前问道:"先生,这阕《西江月》可是让学生作答?"施耐庵点了点头。于是罗贯中也吟道:

白蛇游过清水塘,一朵莲花开岸上。

施耐庵听了捻须而笑,对罗贯中的父亲说:"我收下这个学生了。"

原来,施耐庵的词是一阕咏莲词,罗贯中知其意而用这两句诗作答。

诗人王维考药店伙计

唐代大诗人王维,有一次到药店买药,见药铺柜台站一位年青的伙计,想到人们都说这位伙计很有才气,今天就趁机考他一考。

王维双手抱拳:"我要买'酒阑宴罢客何为?'"

伙计拱手答道:"酒阑宴罢客'当归'。"

"我二买夜间不迷途。"

"'熟地'不怕天夜黑。"

"三买艳阳牡丹妹。"

"牡丹花妹'芍药'红。"

"四买出征程万里。"

"壮士'远志'向边陲。"

"五买百年美貂裘。"

"'陈皮'堪称貂裘美。"

"六买八月黄衣醉。"

"秋花'桂枝'朵朵肥。"

"七买蜂蝶穿叶过。"

"蜂蝶'香附'花丛飞。"

从这一问一答可清楚看出诗人王维对中草药多么熟悉呀!而且店伙计也对答如流,真是将遇良才。

草药"灯笼"谜

明朝弘治年间,唐伯虎、文征明、祝枝山、徐祯卿并称"江南四大才子"。有一天,他们聚在唐伯虎家谈诗评画,直到天黑。各家的仆人打着灯笼来接主人,可当时四人都余兴未尽,于是相约用眼前之物各作一谜。

才思敏捷的文征明先吟一绝:

竹将军筑城自卫,纸将军四面包围。铁将军穿城而过,木将军把住后背。

当时祝枝山正害眼病,他对中药汤头小有兴趣,他作的谜面竟是一张处方:

淡竹枳壳制防风,一枝红花藏当中。熟地或须用半夏,生地车前仗此公。

唐伯虎日前刚与秋香完婚,心中正得意难禁。忽然想起不久前混在奴仆之中时听到的情歌俚语:

口抹胭脂一点红,随你万里到西东。竹丝皮纸纵然密,也怕旁人一口风。

徐祯卿正因情伤主失意,制谜时不免有些惆怅情怀:

墙里开花墙外红,心想采花路不通。通得路来花又谢,一场欢喜一场空。

四人吟罢相视而笑,遂告别各自乘兴而归。四人的咏物诗,谜底都是灯笼,诗物紧密联系各自处境,实为有感而发。"江南四大才子"真乃实至名归。

两味中药救公爹

明朝奸相严嵩花费国库巨资为自己做寿,并用巨鱼骨做成大客厅的屋梁。一天,他的亲家罗洪先在许多人面前指责他花费巨大、奢豪无度。严嵩很生气。当晚,他一面安排罗洪先在客房休息,一面躲进书房写奏折,罗织罗洪先的罪名,准备第二天早朝奏罗洪先一本,治亲家于死地。

这天恰是严嵩女儿归宁之日,她得知父亲要弹劾公爹之事后很生气,怪爹爹心太狠。她在后宅房内心神不安,想着要把这事赶紧告诉公爹才行,可是又害怕严嵩知道,再加上严府家法森严,不便行动,无法直接通风报信。

突然她心生一计,忙到厨房备下一杯茶,这茶由两个红枣和一撮小茴香做成。她让丫环端着这杯茶送给公爹,再三叮嘱丫环叫罗老爷看仔细再饮。丫环走后,罗洪先揭开茶杯盖,见儿媳深夜所送之茶并不一般,水里泡着两颗枣和一撮小茴香,心中顿时警惕起来。记起丫环所交代的话,联想自己当众指责严嵩之事,顿时恍然大悟:"莫不是儿媳得到什么信息,暗示让我早(枣)早(枣)回

小茴香

(茴)乡(香)?"

第二天,天还不大亮,罗洪先就急忙回乡,躲过了这次祸事。

纪晓岚巧辩"梨"、"离"与"柿"、"事"

柿子和梨单方能治病,平常民间以验方用之。

纪晓岚伴乾隆南行,一路行来无事。这日见路旁果林中的梨子已熟,纪晓岚从树上摘了一个,竟自己大口大口地吃了。

乾隆一见心中不悦,便对纪晓岚说:"纪爱卿可知孔融让梨之事?"

"回皇上,此事焉能不知。"

"既知当让,为何你得梨不让?"

纪晓岚说:"梨者,离也。臣奉命伴驾出京,不敢让梨。"

乾隆又说:"要是君臣二人分吃不也可以吗?"

纪晓岚摇手忙说:"不可,越发不可。"

乾隆问:"这是为什么呢?"

纪晓岚说:"臣何敢与君分梨(离)呀!"乾隆听了无话可说。

又走了一段路,看见一棵柿子树,纪晓岚上前摘了一个熟了的柿子,切成两半儿,分给乾隆一半儿吃了。

乾隆一边吃一边问:"这柿子怎么可以分食呢?"

纪晓岚说:"柿者,事也。臣伴君行,有事(柿)可共参(餐)嘛!"

君臣二人顿时哈哈大笑起来。

袁世凯的"送终汤"

袁世凯窃取了"中华民国大总统"宝座后,加紧了复辟帝制的活动,授意"立宪派"杨度等六人组成"筹安会",这六个人当时被称为"六君子"。袁世凯复辟失败后病逝,有人戏拟一副挽联送去,上联是"起病六君子",下联是"送命二陈汤"。

有医学知识之人都清楚"六君子汤"是一个补益的中药方剂,由人参、白术、茯苓、甘草、陈皮、半夏组成。上联就以此方名来讽刺杨度等人,隐讽袁世凯垂涎皇帝宝座的心病,"六君子"大造政治舆论是"起病"的前奏。下联中"送命二陈汤"的"二陈汤"由半夏、陈皮、茯苓、甘草组成,在本联中暗指陈树藩、陈宧、汤芗铭三人。他们原是袁世凯的心腹,曾出谋划策拥戴袁世凯登上"金銮殿",后来在全国一片讨袁声中,见袁世凯陷入绝境,大势东流,就倒戈反袁,分别先后在安徽、四川、湖南宣布独立。这一举动,为袁世凯所始料不及,因此对他的打击也最大,不久他便气恼成病而亡。"二陈汤"成了袁世凯的"送终汤"。

拟联者巧借"六君子汤"、"二陈汤"中药方剂,用寥寥十字即涉及政坛风云人物十人之多,且利用时间上的巧合,概述了袁世凯称帝破灭并最终气死这一史实经过。这副不可多得的名联深浅皆成趣,雅俗均可赏,真乃神来之笔。

半夏

草药对联蕴乾坤

华夏文明数千年,在中医药宝库里,药物本身的文化含义就十分深邃,存在着悠深的寓意。许多墨客雅士都巧妙地运用草药名称拟定药联,给草药文化以活力,赋百草以生机,极富情趣。

在河南号称"药都"的禹州,逢年过节,随处可赏寓意深远的草药楹联。这些药联往往对仗工整,妙趣横生。如"琥珀青黛将军府,玉竹重楼国老家",上联中"琥珀"、"青黛"、"将军"均为三味中药,下联中"玉竹"、"重楼"、"国老"也是三味草药,且上联"将军"之后加一"府"字,下联"国老"后缀一"家"字,更使这副对联显得工整对仗。同时,此联中不见金银宝器一词,却足以显出大气、肃穆和华贵。谁家大门贴上这样豪气的对联,路过之人都会对这家人产生荣贵之感。又如有这样一副对联,上联"牵牛子耕遍生地熟地",下联"白头翁采尽金花银花",上下联都各有三味中药:牵牛子、生地、熟地和白头翁、金花、银花,且每个字词都对仗工整。"牵牛子"对"白头翁",这叫"老少对","耕"对"采",称之"劳动对劳动","遍"对"尽",为"副词对副词","生地"、"熟地"分别对"金花"、"银花",妙不可言。这样的楹联真是令人回味无穷。

牵牛

耿鉴庭撰联劝欢饮

施今墨先生是北京四大名医之一,其晚年曾致力于保健抗衰老之研究,遗有酒方、丸方等。其子女施小墨、施如瑜等整理遗著,将抗衰老之药酒方交由江苏国营溧阳酒厂制成佳酿,嘉惠老年,寓强体防病于小酌之中。该厂在北京邀请各界知名人士品尝名酒,并加以鉴评,已故中医研究院研究员耿鉴庭先生曾即席撰联云:

杨箴勿诵,贾令堪行,应浅斟微醉。
杜献传杯,卓垆送盏,能保健抗衰。

此联典故较多,试为注解:上联第一句指杨雄曾作《酒箴》,今此酒可以保健抗衰,故杨雄《酒箴》不宜再诵;第二句指《酒令》始于贾逵,若适当行之,可以尽情助兴;第三句"浅斟"二字取自洪昇《长生殿·第二十四出·惊变·石榴花》"浅斟低唱互更番"句,作限制饮量解,"微醉"二字取自"美酒饮教微醉后"(邵雍《安乐窝中吟》)句,亦是劝人勿饮酒过量。下联是则用到杜康为酿酒之创始人、卓文君当垆卖酒等典故,"送盏"二字取自"笑吟吟传杯送盏",乃洪昇《长生殿·第二十四出·惊变·斗鹌鹑》中的名句。

此联意趣甚浓,颇为含蓄,寓限量于欢饮之中,含现实于浪漫之内,堪称应景名联。

第三篇 百草处方文化

方名探幽

中医药是我们的祖先在长期实践中积累起来的伟大遗产和宝库,为中华民族繁衍昌盛做出了历史性贡献。中医用药,经历了从简单到复杂、从低级到高级、从单方到复方的发展过程。中医方剂名称比较复杂,有的方剂仅从字面很难理解其名称的含义。如果把这类方剂放在中国传统文化的大背景下,则可从一个侧面帮助人们理解中医制方的用意,认识中医的文化基础。

传统儒家思想强调"和",认为"和为贵"(《论语·学而》),因此,中医许多方剂就以"和"字命名,如和中丸、和气散、和血丹、和乳汤等。

儒家崇尚圣人君子,中医的方剂就有不少以"君子"、"圣人"命名的,如四君子汤、五君子汤、如圣膏等。儒家强调道德修养,要求人要正心诚意、克己去私,中医方剂就有洗心汤、平补正心丹等。可见,中医方剂的命名深受儒家思想影响。

再有,中医一贯强调"医易同源"(《类经附翼·医易》),认为不知易不足言医,这种思想在方剂名称中也有充分体现。如坎离丸、坎寓砂、坤顺丹、潜龙汤等都以卦象取意。中国各派哲学都认为天下万物源于一,这个"一"就是先天五太,代表无极过渡到天地诞生前的五个阶段,分别为太易、太初、太始、太素、太极。中医采纳了这种观念,创制了太一丹、太极丸等。

先秦诸子的学说也在中医方剂中留下了烙印。老子说过"万物负阴而抱阳,冲气以为和"(《老子·四十二章》),还说过"谷神不死"(《老子·第六章》)。以这类思想为指导,中医就有谷神丸、冲和丸、冲和汤等方剂。庄子作《逍遥游》,表达了冲破一切羁绊、无所拘束的愿望,以此名方,就有了逍遥散。

古代的宗教思想也影响了方剂的命名,如玉煎散、玉泉丸、太上混元丹、老君益寿散等,都有浓厚的道教色彩。而观音散、救苦丹等,则表达了佛教普度众生、救苦救难的观念。

中医学是在广阔深远的中国传统文化背景下形成和发展起来的。因此要真正理解和掌握中医学的特点,就必须对中国传统文化有一个基本的了解。

君臣佐使

中医是随社会的演变进化而出现的,中药处方中配伍就以"君臣佐使"为原则,借用了封建社会"帝王将相"的含义,这早在两千多年前成书的医学经典名著《黄帝内经》中就定了下来。《素问·至真要大论篇》中说:"主病之谓君,佐君之谓臣,应臣之谓使。"君臣佐使的具体含义是:君药是方中的主药,一般一至二味,起主攻疾病的作用;臣药是仅次于君药而居于第二位的药物,一般二至三味,起加强主药疗效的作用;佐药是协助、制约以上两类药物的,一般三至四味,能够让两者的疗效得到恰如其分的发挥;使药亦称引经药,俗称药引子,一般一至二味,起率领诸药抗病及调和各药势性的作用。评价中医先生的本领,其中一个标准就是看他君臣佐使的配伍原则是否运用得有理有序、丝丝入扣、恰如其分。可作为药引的中草药很多,一般会针对病症用药再选药引子,常用的有葱白、生姜、大枣、荷叶、藕节、茅根、蜂蜜、饴糖、甘蔗、粳米、桑叶等。

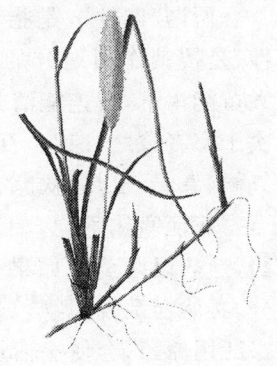

茅根

鲁迅先生在《父亲的病》一文之中,曾无情地批判了旧社会某些借行医榨取病人钱财的庸医行为,这些庸医用的药引很特殊,正如鲁迅先生所写:"最平常的是'蟋蟀一对',旁注小字道:'要原配,即本在一窠中者。'"这完全是故弄玄虚,把药引搞得这样神乎其神,失去了它的科学性,这与以上说的药引的真正功用不可相提并论。

君臣佐使只是相形比拟的用药方法,是药性所决定的,以病症为前提,并不是什么神秘莫测的东西。即使现代西药配方也是讲究方法的,比如把酸性、碱性的药物合在一起,两者中和就起不到医治作用了。

百草的四"性"五"味"

百草品种繁多,所含成分不同,其香、色、味也不一样,因而功效各异。至于百草的性与味,古代医学家将之归纳为"四性"和"五味"。

所谓"四性",是指寒、热、温、凉四种不同的药性。百草的药性,是按其作用划分的。如麻黄能发汗,附子可归阳,谓之"热"。大黄能泻下,黄连能清热、泻火,谓之"寒"。次于热者,谓之"温",次于寒者谓之"凉"。百草这四个"性格",人们常常用一年四季的气候(春温、夏热、秋凉、冬寒)作比喻,因而"四性"又称为"四季"。

病证寒热不同,相对使用温热或寒凉药物治疗,即疗寒以热药,疗热以寒药。如果为医者对药之"四性"不辨,对病证寒热不分,必然会乱投药物。若热证用热药,犹如抱薪救火,反助其焰;而寒证用凉药,会使病情加重,缠绵难愈。

所谓"五味",是指辛、甘、酸、苦、咸五种不同的药味。辛味药靠药物的辛味发挥作用,大都嗅之有刺激味,或嚼之有麻辣感。药

细辛

理试验证明辛味药可刺激和兴奋神经,有行气发散作用。有的还能增加心跳频率,使血流加速、血压升高。还有的具有抑菌和杀菌作用,起消炎、散瘀、消肿之效。辛味药的气味又有强弱之分,故在药性上又分为辛温和辛凉。辛温药大都辛味较强,性属温热。如细辛、桂枝、防风、麻黄等药材,具有较强的发汗、解表、散寒的作用,适用于恶寒、发热、无汗或少汗的风寒感冒证。肉桂、附子、干姜、鹿茸等具有促进机体功能活动作用,适用于里寒及功能衰退证,有温里和回阳功效。辛凉药大都是辛味和苦味合并存在,辛味较淡,药性缓和。这类药(如桑叶、菊花、薄荷等)除有发散、解表功效外,还有清热作用,适用于热性病初期及风热感冒证。

甘味药,鼻嗅其气味甚微,口尝方知味甘。这类药大部分肉厚多滋,含有糖类、黏液汁、维生素、蛋白质、脂肪、淀粉等成分。人参、党参、黄芪、地黄、枸杞、麦冬、石竹、黄粉、甘草等,都属于甘味药。常用于虚弱证,有滋补、强壮、缓急、润燥作用。有些甘味药常和辛味、苦味、酸味合并存在。因而,药味又有甘温和甘寒之分,对脏腑具有滋润作用,适用于阴虚证。

酸味药大都含有机酸类物质,如苹果酸、酒石酸等。这类药有浓厚的酸涩味。如乌梅、五味子、石榴皮等,药性偏寒,具有收敛、固涩、止血、止汗等作用,临床多用于敛汗、止泻、止血等。

苦味药,口尝甚苦,这类药品药理作用较强,有"良药苦口利于病"之说。苦味药大多含有生物碱、甙类、苦味素等成分。其性多属寒凉,具有清热泻火、解毒消炎、散瘀消肿的功效,并对多种细菌和病毒有抑制和杀灭作用。临床上多用于

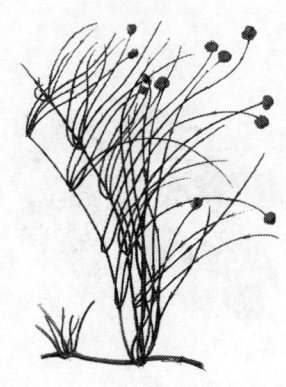
麻黄

热性病、肠炎、痢疾及疮疡等的治疗。

咸味药,口尝有咸苦味,大部含有钠、碘、钙等成分,性多属寒凉,具有软坚、散结、降压、通便的作用,如海藻、石决明、秋石等。临床上多用于瘰疬、颈淋巴结、高血压、便秘等的治疗。

徐灵胎用药如用兵

徐灵胎原名大椿,曾名大业,晚号洄溪老人,是我国清代著名医学家。在所著的《医学源流论》中,以用兵之道来论述用药之法,提出了十二项用药原则,至今仍在指导医疗实践。

徐氏认为,药物要讲究使用原则,即使是甘草、人参这样平和、无毒的药物,如果使用不当,也会造成危害,好药变成毒药。

依病势而论,用药原则有四:一是病情的发展是有顺序的,用药要先守护病情尚未到达的地方,这好比征战中切断敌人去路一样;二是对来势迅猛的疾病,用药要果断地控制病情蔓延,这好比征战中要严守阵地一样;三是对疾病正在发展的,用药不要攻伐太过以免伤正气,注意保守元气,这好比打仗,敌军来势汹汹,不应正方迎敌,等待敌方疲软再战;四是对病邪衰退的疾病,要增加精锐药物以使治疗彻底,这好比军事上乘胜追击,以彻底消灭敌军的战法。

人参

依病因而论,用药原则有二:一是对于积食不化致病者,首先要消除宿食,好比焚毁敌方粮草一样;二是有旧病而又发新病的人,用药要防止新旧疾病并发,好比消灭敌军内应,以防内外夹攻之患。

依特性而论，用药原则有二：一是应辨明经络，用药有的放矢或以药引经增强功效，这好比派出先遣部队预先侦察敌情；二是应掌握疾病的寒热特性，采用反治用药法，以似用兵采用离间的策略。

依治法而论，用药原则有二：一是一种疾病分割治疗，各个击破，使敌人前后不能呼应救援；二是数病并发，择其要病，集中用药予以攻治，好比集中优势兵力摧毁敌军主力。

依体质而论，用药原则有二：一是对于邪气入侵、元气已衰的病人，用药不可以太过迅猛，要以性味平和的药物为主，用峻厉的补药助之，这好比一个衰落的国家再也经不起折腾一样；二是对于邪气入侵、元气尚实的病人，用药攻治不宜缓慢，可以峻厉的攻药为主，以平和的药物配合，这也好比一个富强的国家可以振兴军威一样。

世医得效方

危亦林，字达斋，江西南丰人，生于南宋景炎二年（1277年），世代业医，皆为名医。危亦林自幼颖悟好学，兼家学渊源，医术高明，故稍长即誉满杏林，对内、妇、儿、眼各科经验颇丰，尤擅骨科，曾任南丰州官医副提领，后晋升为州医学教授。

危亦林因感"方书浩若沧海，卒有所索，目不能周"（《世医得效方·自序》），于五十一岁起，朝夕不懈，披阅十载，终于在元朝（后）至元三年（1337年）完成了综合性医学巨著《世医得效方》。此书以元代医学十三科为依据，遵古方参以家学，并结合个人临床经验而著，内容宏博，共十九卷，包括大方脉杂医科、小方科、产科兼妇人杂病科、口齿兼咽喉科、正骨兼金镞科和疮肿科，共设子目近二百八十项。最能代表危氏学术成就的是该书第十八卷正骨兼金镞科,此卷评述正骨理论与各种整复手法的应用原则,对四肢常见骨折、关节脱位以及跌打损伤的症状、诊断、治疗方法等,作了系统而详尽的论述,其中治疗肩关节脱位的架梯法,一直是骨科临床治疗所沿用的传统方法。对脊椎骨骨折,危氏成功地创用了俯卧位双足悬吊复位法,乃世界首创。

《世医得效方》是我国最早的具有世界影响的骨伤科专著之一,行世后得到高度评价。该书著成后,江西官医提举司将其上送太医院,称该书"广贤医经,深明脉理,药君臣佐使之辨,方按古今南北之宜,议论详明,证治精审"(《世医得效方·江西官医提举司牒太医院书》)。明清时期一些正骨文献曾多次引用危氏的医论和方法。

漫谈玉屏风散

自元代医家危亦林在《世医得效方》中创制玉屏风散以来,后世很多医家都承袭沿用,至今不衰,这张药方为什么会有如此强大的生命力呢?其原因是此方有"药简效验"的特点。"药简"是指玉屏风散仅由黄芪、白术、防风三味常用的中草药组成,"效验"是指它对肌表卫气不固出现畏风自汗以及体质虚弱易患感冒者,有较好的治疗效果,特别是一些老年病人。

玉屏风散的命名也很形象。"屏风"原是指放在室内挡风用的家具,"玉"喻其健美坚固。在中医看来,人的肌表是由卫外的阳气(卫气)主管,它应该像一道坚固致密的屏风以抵御疾病的侵袭。

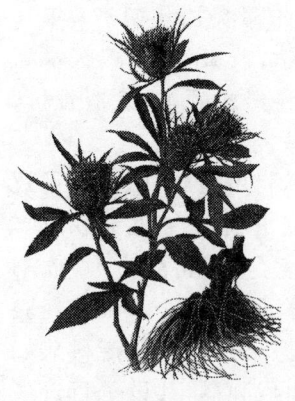

白术

如果人的正气不足,肌表的卫气就不坚固,抗御病邪的能力就会减弱。因而也就容易招致疾病的侵袭。玉屏风散的命名形象地说明该方有补益正气、健固肌表的作用。

玉屏风散的功效在于益气固表止汗。它以黄芪、白术为主,补益正气,固表止汗,佐以防风达表疏邪,体现了补中有疏、散中寓补的巧妙配伍。现代研究证实,黄芪有提高人体免疫功能的作用,白术也有很好的强健、补益功效。对于平常易患感冒的人,身体偏于阳虚,出现畏冷、怕风,稍有劳作就自汗较多,早晨起床,见风就有鼻塞、喷嚏等症状,同时又未见有咽干、口苦、夜间盗汗的,只要坚持服用一段时间,就会有一定的效果。许多老中医都很赞赏这张方子,常用其治疗上述病症,并认为本方用散剂,较汤剂煎服疗效更为巩固,方法是用生黄芪180克、白术60克、防风60克,共碾为细末,每天10克,早晚各一次,温开水送服。

孙思邈广集民间验方

孙思邈,陕西耀县人,是隋唐时代杰出的医学家。他主张医生对待任何病人"不得问其贵贱贫富……普同一等,皆如至亲所想"(《备急千金要方·卷第一·大医精诚》),强调医生的职责就是"誓愿普救舍灵之苦"(《备急千金要方·卷第一·大医精诚》)。唐朝皇帝听说他医术高明,前后三次请他进宫,许以高官厚禄,均被其辞谢。

有一年,唐太宗再次请孙思邈到京城长安会面。盛情难却之下,他决定在长安暂住一段时间。暂居长安期间,孙思邈在每天公务之余,还继续行医。某日,有个汉子和别人打架,右眼挨了一拳,肿得像个熟透的桃子,由人搀扶着前来就医。孙思邈见他患处青瘀,须马上放血,但该处靠近眼球,十分危险。思虑之后,跑去厅院取来两条蚂蟥放在病人瘀血部位,只见蚂蟥身子逐渐变粗,病人眼部瘀血越来越少,后将蚂蟥拿掉,用水洗净伤口,给病人敷上清瘀药。几天后,病人就痊愈了。又有一次,孙思邈为一位患尿潴留的病人诊治,病人小腹膨胀得像个鼓,又哭又叫,坐卧不安。他从地上拔下一根细葱管洗净,将葱管插进尿道深处,再吹鼓葱管,尿缓缓排了出来。这应是世界上有明确记载的最早使用导尿术的医学案例。

孙思邈所著《千金要方》和《千金翼方》记录了大量从民间收集的单方、验方,并从中总结出许多新的治病方法,为祖国医学做出了杰出贡献。人们赞誉他为"忠德圣医",尊其为"药王",把他长期采药之山命名为"药王山",还在山上建立了药王庙来纪念他。

中成药的命名

中成药是祖国医药宝库中的重要组成部分,其中也包含着许多古代文化。了解中成药的命名规律,对于掌握药物组成、功效、主治病证具有一定的意义。

按传说、典故、比喻命名。如根据传说中的人物、地名命名的史国公酒、六神丸等,根据"天一生水,地六成之"之说命名的天一散、六一散。对治疗难言之症的药物,有时常借助含蓄的比喻,如把小便比作泉水,治疗尿频、遗尿的药物就被称为缩泉丸。

按药物组成命名。由单味药制成的药,直接以药名命名,如板蓝根冲剂、丹

木香

参片、人参精等。由两种以上中药组成的药,一般取主要药物名称其中的一个字组合而成,如木香、黄连组成的丸药叫香连丸。

按药物功效、主治命名。如治感冒发热的感冒退热冲剂、治声音嘶哑的清音片和治咳嗽气喘的止咳定喘丸等。

按主药和功效命名。如以金银花、连翘为主药祛风、清热、解毒的银翘解毒丸,以当归为主药滋阴、养血的当归养血膏等。

按方剂来源、药物产地命名。如源于《金匮要略》的肾气丸称为金匮肾气丸,而始于《济生方》的肾气丸,药物组成比前者多了车前子、牛膝等药,称为济生肾气丸。另如云南白药、万氏牛黄丸等。

按成药外观、色泽命名。如金黄散、碧玉散、桃花散、一捻金、紫雪丹等。

按服用方法命名。少数内服药以临床一次内服剂量命名,便于患者掌握药物剂量,如清热祛暑的十滴水、伤科用药七厘散等。

按中医理论、术语命名。按照中医理论、术语确定药名,具有独特的含义,如清热、泻肺火的泻白散因肺属金、色白而得名,主治心悸不寐的交泰丸因证属心肾不交而得名。

补药"四大家族"

这里要说的"四大家族",是指中药的四类补益药,即补血药、补气药、补阴药和补阳药。这"四大家族"里成员众多,都是中草药王国的佼佼者。"四大家族"的主要功能是治疗虚证,即血虚、气虚、阴虚、阳虚四大证候。它们既分工又合作,各行其职,又相辅相成。

祖国医学认为,若出现面色苍白或萎黄、唇色淡白、头晕眼花、心悸失眠、手足麻木、妇女月经量少甚至闭经、舌淡苔白、脉细等病象,属于血虚证,使用补血药方能收到良好效果。常用的补血药有

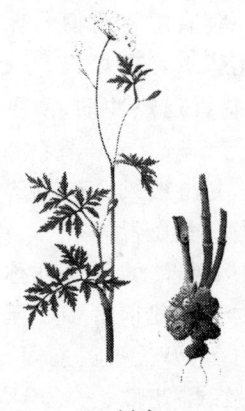

川芎

当归、熟地黄、白芍、川芎、何首乌、鸡血藤、阿胶等。常用的补血方有四物汤、当归补血汤等。若表现为少气懒言、呼吸气短、语声低微、疲乏无力、自汗、舌淡、脉虚无力等,属于气虚证,可用补气药治疗。常用补气药有党参、人参、黄芪、茯苓、白术、黄精、甘草等。常用的补气方有四君子汤、补中益气汤等。若表现为眩晕耳鸣、视力减退、干咳少痰、形体消瘦、咽干舌燥、潮热盗汗、舌红苔少、脉细而快等,属于阴虚证,可用补阴药治疗。常用的补阴药有沙参、麦冬、石斛、百合、玉竹、枸杞、龟板等。常用的养阴方有六味地黄丸、大补阴丸等。若表现为面色㿠白、形寒肢冷、精神不振、腰膝酸冷、小便频数而清、夜尿多、舌淡胖嫩、脉弱等,属于阳虚证,可用补阳药治疗。常用的补阳药有鹿茸、附子、淫羊藿、补骨脂、蛤蚧、海马、紫河车等。常用的补阳方有肾气丸、当归丸等。倘若证候交错或虚实夹杂,四类药物配合使用,或攻或补,或兼施,则可收到相得益彰之效。

现代研究证实,补益方药具有多面的药理功效,能提高机体的免疫功能,促进抗体的生成和延长抗体存在的时间;能调节内分泌系统和改善骨髓的造血机能;能促使失调的机能状态趋于平衡,增强机体对各种病理刺激的适应能力,减缓脏腑机能衰退,从而发挥抗病和延年益寿的功效。补药并非万能之品,只有遵循虚则补之、对"证"用药的使用原则,方能收到预期效果。

草药"黄家军"

说起历史上的"杨家将"与"岳家军"可以说是家喻户晓,人人皆知。其实在数以千计的中药里,也有这样的一支"队伍",不过与它们战斗的对手不是人,而是病。这支队伍的成员不是姓"黄",便是与"黄"字沾亲带故。所以,人们便把它们叫做草药里的"黄家军"。这些"黄家军",在使用中还有一些有趣的特点呢!

黄柏

比如人们较熟悉的黄连、大黄、黄芩、黄柏等,它们的共同特点是味苦寒。尤其是黄连,人们常把它作为苦的象征。这些味苦寒的黄家兵将,都有清热、泻火、解毒的作用。掌握了"黄家军"的这一特点,对帮助我们选服中药能起到一定的指导作用。例如,当我们看到中成药三黄片时,根据上述特点,就可以判断出它的作用是泻火解毒,然后再根据自己的病症考虑是否选用。黄氏标名的其他中成药如黄连上清丸、牛黄解毒丸、银黄片等,其作用也大致如此。

在中药方剂中,用于治疗烦躁狂乱、高热发烧、口腔糜烂、咽喉疼痛等最著名、最常用的代表方剂之一就是由黄连、黄柏、黄芩、黄枝子四味黄氏中药组成的黄连解毒丸。在治疗热毒实证时,医生

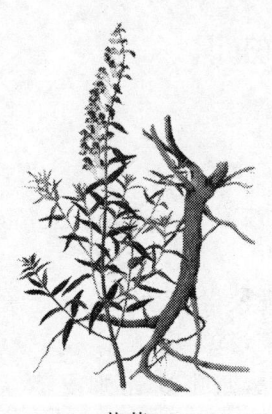

黄芩

们也是喜欢使用这一类黄氏中草药的。其他如牛黄、竹黄、黄药子、黄花地丁以及胡黄连等,也都与这一类黄氏中草药相似。当然,苦寒的黄氏中草药绝不只是具有这一种作用。药理分析发现它们还具有多种作用。如黄连能降血压和镇静,黄柏能降血压、降血糖和保护血小板,黄芩的突出作用是可以用降脂预防习惯性流产。

在"黄家军"里,还有一些具有很好滋补作用的兵将。黄芪补气的功用首屈一指,并可配当归、生地黄、熟地黄、黄连、黄柏、黄芩等,治疗阴火旺引起的盗汗,这就是有名的当归六黄汤。除黄芪外,生地黄、熟地黄、黄精、黄明胶、鸡子黄等,都是滋阴补虚的良药。黄明胶是用牛皮熬制的胶,它与名贵中药阿胶的作用相似。鸡子黄即鸡蛋黄,入药使用时,多将其调服或用药汁冲服。如医圣张仲景在治疗少阴病心烦不安时,所用黄连阿胶汤内便有一味药是鸡子黄。

"黄家军"也有外用药,除雄黄外,还有硫黄、黄丹、藤黄等,它们共同的特点是有毒或放毒,一般不供内服。指挥"黄家军"向疾病"打仗",胜败如何,关键是指挥家——医生,如果医生头脑清晰,认清"病敌",用兵如神,必能取胜。

百草名中的百科知识

草药名与五味:酸枣仁,甜石莲,苦参,辣蓼草,咸秋石,还有五味俱全的五味子。

草药名与十二生肖:鼠曲草,牛蒡子,虎杖根,菟丝子,龙骨,蛇含石,马勃,羊蹄躅,猴枣散,鸡骨草,狗肝菜,猪牙皂。

草药名与数字:一见喜,两面针,三丫虎,四叶参,五加皮,六月雪,七叶莲,八月桂,九香虫,百两金,千年健,万年青。

草药名与四季：春砂仁，夏枯草，秋葵子，冬桑叶。

草药名与地貌：望江南，河白草，海金砂，洋金花。

草药名与气象：风茄子，雪里青，雷公藤，雨伞草，云茯苓。

草药名与方位：东白芍，南柴胡，西青果，北沙参，人中白。

草药名与兵器：刀豆子，金枪草，剑花，巴戟天，仙茅，刺五加，枪刀菜根。

草药与中医理论阴阳五行：阴地蕨，阳起石，金石斛，木棉花，水獭肝，火麻仁，土大黄。

五味子

石头做药引

清时，有一对素日恩爱和睦的夫妻偶然发生了口角，妻子心中闷闷不乐，不吃不喝，从此病倒。无论丈夫如何殷勤地伺候于榻前，妻子的病情就是不见好转。看着妻子一天天憔悴下去，丈夫心中懊悔不已。无奈，请来了名医傅青主诊治。

傅青主详细询问疾病的起因，听完丈夫的陈述后，在路旁顺手拾起一块石头，嘱其用文火加水煮软作为药引，然后再来取药，强调煮石时要不停地加水，不可离人。丈夫立即遵嘱日夜不停地煮起那块石头来。一连几天，眼睛熬红了，人也累瘦了，但毫无倦意，仍然不停地煎煮石头。

卧病的妻子见此情景，心中异常感动，不禁化恨为爱，郁怒顿消，主动下床帮忙看火煮石，并让丈夫再去请教傅青主石头为何久煮不软。丈夫匆匆赶到傅家，把煎煮石头的情景详细地告诉了傅青主。傅青主听完后笑着对他说:"你回去吧,她的病已经好了,石头虽然煮不软,但你对她的那份至诚却已把她的心软化了。"

古瓷瓶也能做药引

有一位大军阀,一次酒色过度,身体极其虚弱,又偶感风寒,高热时有神昏怔忡,且虚汗淋漓,大有亡阳虚脱之险。请众多医生诊治,均不见效,遂求治于施今墨老先生。

施老切脉察舌,略询病情之后,心中便有了定数,就询问患者最心爱之物是什么东西,家属说是件价值连城的古瓷瓶。施老沉默片刻后,随即开了个药方,并对家属一再叮嘱有味药引万万不可缺少。家属说:"不管是什么难找的药引子,只要有名就能找出来。"施老说:"药引子就是那件古瓷瓶,必须打碎它煎汤后再下群药,否则您就另请高明吧!"家属听后不禁出了一身冷汗,但为了治病也就只能打碎瓷瓶熬药。军阀服药后,知道自己视如珍宝的古瓷瓶已被打碎熬药,不由心疼得出了一身汗,病情竟渐渐好转,直至痊愈。

其实,按药理学分析,古瓷瓶是不能治什么病的。这只是施老素知这位军阀生性吝啬而使用的精神疗法。患者因虚极不能下床,然又外感风寒,怎么办呢?若用发汗药则会加速患者阳气之逸,而不用发汗药又无良方可医,于是遂用了些平和药物,施计让患者惊急出汗,以至把病医好。这就是"因人而异"遣方用药的奥秘。

唐伯虎巧开药方

明代江南才子唐伯虎,不仅诗书画俱佳,而且对医学也略知一二,游历名山大川、赋诗作画之余,也为人医治疾病。

一日,好友祝允明宴请唐伯虎,两人饮酒正酣,忽闻后院传来小孩哭声。唐伯虎问:"小儿为何啼哭?"祝允明答:"实不相瞒,三日前小儿腹胀如鼓,小便不利,请了几位郎中诊治,均未见效。不知唐兄可有妙法?"唐伯虎说:"可试试看。"为小儿诊病后,唐伯虎挥毫在纸上写下一个药方:"圆顶宝塔五六层,和尚出门

薤白头

慢步行。一把团扇半遮面,听见人来就关门。"写罢,唐伯虎说:"将此谜底选大的备三个,与一枚薤白头(俗名小蒜、野蒜)一起捣碎,敷于小儿腹部,一日后病就会好。"祝允明拿起药方,略一思索,点点头,提笔在上面写了两个字,就叫家人按方抓药去了。

唐伯虎所开药方乃是田螺。田螺,又名黄螺,为田螺科动物,多生于湖泊、河流、沼泽及水田之中。田螺不仅是餐桌上的美味佳肴,而且是一味治病良药。《证类本草·卷二十二·田中螺》引陈藏器《本草拾遗》云:"田中螺,煮食之,利大小便,去腹中结热,目下黄,脚气冲上,小腹急硬,小便赤涩,脚手浮肿。"李时珍在《本草纲目·第四十六卷·介部·田螺》中也说其"利湿热,治黄疸。捣烂贴脐,引热下行,止噤口痢,下水气淋闭"。中医认为,田螺性寒,味甘咸,具有清热、利水之功,可治热结小便不通、黄疸、脚气、水肿、痔疮、便血、目赤肿痛、疔疮肿毒等。清汪昂《本草备要·卷七·鳞

介鱼虫部·田螺》中也记载有将田螺以盐和壳捣碎,用帛系脐下一寸三分,治小便不通、腹胀如鼓的医案。可见唐伯虎用田螺,另加薤白头增其行气散结之力,以医治小儿腹胀如鼓、小便不利是颇合医理的。

李时珍巧开药方戏贪官

李时珍被楚王府聘为"奉词正"。听说李时珍即将启程赴任,蕲州县令张柏正心想可别错过这最后一次机会,特派人叫李时珍给他开张补药方。张柏正是个横行霸道、政绩平平之徒,却偏偏又好探寻延年益寿的灵丹妙方,奢想长命百岁。一向刚直不阿的李时珍知道差人来意后,略思片刻,挥毫写道:

柏子仁三钱　木瓜二钱　官桂三钱　柴胡三钱
益智仁二钱　附子三钱　八角二钱　人参一钱
台乌三钱　　上党三钱　山药二钱

写罢药方,李时珍即拂袖启程上任去了。差人拿回药方,张柏正反复赏玩,欣喜异常,即刻派人去抓药。药房先生接处方后却哭笑不得。原来,此乃藏头药方,取每味药第一字:

柏木棺材一副,八人抬上山。

药房先生不敢怠慢,将其中奥秘告诉了张柏正,他一听直气得七窍生烟,连连跺脚,大呼上当。

"三两半"滋补方

在浙江金华天目山区的一些农村流传着一剂名为"三两半"的滋补药膳验方。此方具有补气生津、养血逐瘀、祛风通络的功效。为何叫"三两半"呢？这是因为该方由当归、黄芪、牛膝各一两以及防风半两组成，一般用以炖鸡，俗称"三两半炖鸡"。说起三两半炖鸡，还有一段颇具情趣的故事！

相传，清代乾隆年间，浙南金华兰溪有位叫诸葛双林的员生，在外地一家药店里当撮药先生（即今中药剂师）。他平时好学，对中药的性味用量颇为精通，可称得上是半个郎中。一天，他突然接到家书，得知妻子小产体弱，亟待其归，于是连夜起程赶回家中。他想给妻子用点补品，以助其早日恢复健康，但妻子因失血过多而致体质太弱，不好大补。思忖良久，决定采取小补养身之法。遂到药店抓了一剂"三两半"，杀得一只母鸡同炖一砂锅。其妻食后，身体竟渐渐好转，没几天就能自理家务了。

牛膝

三两半炖鸡一方由此传开。此药膳对体虚不宜大补者以及老年人滋补养身较为适宜。还适用于大病初愈或劳累过度、头晕目眩、腰酸背痛、体虚自汗、食欲不振等，用乌鸡则更佳，用公鸡也可。

根据药理分析，三两半的方剂配伍甚是科学。当归味辛甘，性温，具有补血、活血、逐瘀的作用，可治面色苍白、头晕目眩、心跳等血虚亏损之病和妇女月经不调、痛经、经闭以及痈疽肿痛等。黄芪，味甘，性温，是补气要药，有固表止汗、托疮生肌、升举中气和利尿的功能,故常用于气虚自汗、脱肛、子宫下垂和虚性水肿等。牛膝,味苦酸,性平,有补肝肾、强筋骨、活血和下行利尿的功用。防风味辛甘,性微寒,有发汗、散风寒、除湿的作用,能治风寒感冒的头痛、身痛等表证和关节疼痛的痹证,以及风邪引起的牙关紧闭、口不能张、头项强直、四肢抽搐等。

唐太宗求医治痢疾

　　唐太宗李世民有一次患上了痢疾,宫中太医们治了好久也不见效。只好下诏遍访良医良药。
　　一般的医生,都不敢向皇上贸然献药治病,可是有一位忠心耿耿的仪仗队队长,却大胆地开了一个单方:用鲜牛奶煮荜茇内服。唐太宗采纳了此方,药吃下去后果然很快见效。从此,荜茇就从厨房里的一种调味品变成了医生手中的一味良药。

六神丸的传说

　　六神丸是众所周知的一种名贵中成药,但是,你知道吗?民间还流传着一段关于六神丸来历的有趣传说。
　　早在清代康熙年间,古城苏州有一家雷诵芬堂药铺,专门经营细料的丸散膏丹。一次,药铺老板带着伙计上山采药,他们爬岭登坡,采挖了许多药材,正准备下山,突然一个小伙计惊叫起来:"快来看呀!"大伙围上来一看,原来是附近的草丛中,有一条毒蛇盘着一只癞蛤蟆。可怜这只癞蛤蟆要性命难保了,一个伙计操起镢头就要动手,老板急忙上前拦住:"慢!"大伙儿再看那毒蛇时,只见它浑身抽动,不一会儿便死去了。那只癞蛤蟆依然活着。药铺老板觉得这事挺蹊跷,便把这只癞蛤蟆捉了回去。

回到家中,他反复琢磨,终于解开了这个谜。原来癞蛤蟆身上长有毒腺,能分泌出一种白色的毒液——蟾酥。于是,老板就从癞蛤蟆身上提取出这种毒素,配上牛黄、明雄黄、珠粉、麝香、冰片,制成一种新的中成药,专治咽喉肿痛、痈疽疮疖及一切无名肿毒。因疗效神速,且以六味名贵药材制成,故名"六神丸"。

失笑散的传说

相传,北宋开宝年间,京都钱员外的独生女儿正要出嫁,可巧花轿临门之时,小姐却发起痛经,腹痛如绞,一家人顿时慌得六神无主。正在这时,恰有一蔡姓走方郎中路过,称有妙药可治。他从葫芦里倒出一匙黄褐色的药粉,嘱其取半碗香醋调匀饮用,约过半个时辰,钱小姐痛止,展颜一笑,转身进屋更衣去了。钱员外拜询蔡郎中所用何药,又为何如此灵验?蔡郎中道:"此药可令失笑者转笑,就称'失笑散'吧!"

失笑散由蒲黄、五灵脂碾末而成。由于该方确有奇效,后被收入北宋太医局编纂的《太平惠民和剂局方》之中。至南宋,宋度宗游御药园,入夜突然舌肿满口,不能言语和进食,蔡御医用药末轻擦舌面,其肿逐消。宋度宗大喜,问所用何药?蔡御医奏道:"《太平惠民和剂局方》

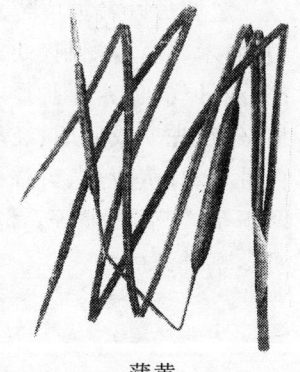

蒲黄

所收失笑散也。为先祖所创制,臣亦用蒲黄、五灵脂研末,阴阳相济,活血消瘀,故能治陛下的'重舌'。"

乾隆与定坤丹

清代乾隆年间,后宫嫔妃们因长期闭锁深宫,精神抑郁,心情烦闷,患瘀血症者日渐增多,身体及容颜日渐衰败。乾隆皇帝考虑到嫔妃们这种瘀血症可能会严重地影响到皇族的嗣衍,心中十分焦急和不安。

当时,正值以吴谦为首的京师太医奉旨召集全国名医编纂《医宗金鉴》之际,乾隆就命把这种病症及其治疗方法列为研究的内容。由于名医荟萃,集思广益,很快就研制出了治疗瘀血症的特效良方,临床功效显著。乾隆大喜,就把这个处方命名为"定坤丹"("坤"指妇女,意为坤宫得到安定),并将定坤丹作为宫闱圣药专供内廷使用。后来,定坤丹秘方传出宫廷,辗转落入山西太谷广盛号药店。从此,集我国古代众多名医智慧结晶的定坤丹,成为解除广大妇女病痛的要药,流传至今已有二百余年。

定坤丹以名贵草药人参、三七、当归、红花、枸杞子、香附、鹿角霜、白术等精心配制,处方奇妙,疗效卓著,具有调经解郁、去瘀止痛、滋补气血、养肝益肾之功。凡妇女身体虚弱、气滞血瘀、行经腹痛、经行先期或后期、经量或多或少、经血不正或淡或紫黑,以及赤白带下、骨蒸劳热、头昏头晕、崩漏、经闭、气郁不舒、乳房胀痛、宫寒不孕、产后诸虚等,都具有良好疗效,被医家誉为"妇科百灵神丹",享誉海内外。

传　信　方

刘禹锡，字梦得，是唐朝著名诗人，不仅在诗歌方面有很高造诣，还是一位不以医业为生的医学家。

幼年时，刘禹锡因体弱多病曾受尽巫婆"针烙灌饵"（《答道州薛郎中论方书书》）之苦，每见同龄好友个个"武健可爱"（《答道州薛郎中论方书书》），就免不了为自己瘦弱多病而羞愧。他曾立下学医的志愿，尽管后因科举成功以及诗歌闻名于世而未能悬壶，但仍对医学怀有浓厚兴趣。他曾研读《神农本草经》、《素问》等医学专著，还学习了切脉之法，向薛郎中请教药焙法。这种勤恳用心的钻研精神，使他在医术上也有了一定的造诣，并常在亲朋好友中一试身手，每每奏效，"术足以自卫，或行乎门内，疾辄良已。家之婴儿，未尝诣医门求治者"（《答道州薛郎中论方书书》）。

刘禹锡对医学的贡献主要在于编著了《传信方》一书。他发现民间流传的不少单方验方对疾病十分有效，但往往由于地理等条件限制或因缺乏文字整理而不能广为应用。于是他开始注意收集那些在民间有事迹可传的验方。经数年努力，终于在元和十三年（818年）将这些验方整理汇集成书，取名为《传信方》。他在叙述撰集经过时交代了书中验方的来源和取名的缘由："予为连州四年，江华守河东薛景晦以所著《古今集验方》十通为赠。其志在于拯物，予故申之以书。异日景晦复寄声相谢，且咨所以补前方之阙。医拯道贵广，庸可以学浅为辞，遂于箧中得已试者五十余方，用塞长者之问，皆有所自，故以传信为目云。"（《传信方·原序》）"传信"即将自己确信可靠的东西传告别人。书中每方都是曾经试用有效的，所以刘禹锡将书取名《传信方》。

《传信方》虽仅收五十余方，但它很有特点：其一是治病范围广泛,涉及内、外、妇、儿、五官等多科疾病,涵盖霍乱、脚气、痢疾、虫咬蛇伤等诸多常见病。其二是所有的方药均具有廉、验、便三个特点,如大豆、生姜治腹痛,牛蒡子根治热厥,山李子和野蔷薇根治口疳,葱汁治金疮等。这些药都是房前屋后易得的"贱药",特别方便于偏僻穷乡的百姓采用。

《传信方》问世后,备受后世医家推崇,如苏颂《本草图经》、唐慎微《证类本草》、李时珍《本草纲目》等众多著名药书都辑录了该书中的方剂,其中一些方药还被日本丹波氏的《医心方》抄录而传到了国外。

华佗妙方治贪吏

三国时候,有一掌管军营粮库的军需官杨宕得了一种怪病,既不发烧,也不头痛,只是胸口胀闷,坐也不是,立也不是。医生请了不少,可连是什么病症都诊断不出来,因此病情越来越重,只好派人请神医华佗来诊治,望、闻、问、切后,华佗开了两个药方,嘱其依次服用。

华佗走后,杨宕将第一个药方拿来观看,上写着:"二乌、过路黄、香附子、连翘、王不留行、法夏、荜拨、朱砂。"杨宕将这八味药的首字上下连贯一读:"二过相连,王法必诛。"他大惊失色,额头上冷汗直冒。原来杨宕自从当上军需官后,平时克扣粮饷,刮了不少油水,但那也只是小偷小摸。最近,其叔父杨修因得罪曹操,被问罪处死。杨宕自知混不下去,打算趁着近期押运一批军饷到前方,设法大捞一把,然后告老还乡。哪知这个如意算盘被华佗处方点穿,他又害怕又担心,遂打消了"大捞一把"的邪念。接着,又拿起第二个药方看,他不看则已,一看顿时"哎呀"大叫一声,口吐鲜血,往后便倒,昏死了过去。原来神医开的第二剂处方是"常山、乳香、官桂、木香、益母草、附片",谐音"赏汝棺木一副"！如此"药方",杨宕见了怎不气火攻心,肝胆俱裂。家里人见状吓慌了,大哭起来。听见哭声,杨宕苏醒过来,睁开眼睛,倒觉得心清身爽,胸部再也没有胀闷的感觉了。

此时,华佗不请自来,对杨宕说道:"你之所以胸部闷胀,是因为肚内瘀血积结,乃贪婪气郁凝聚。现在气随汗出,吐尽瘀血,消积化瘀,恶病已除。只是身子虚弱,还需调理,我再给你开一剂药方,你服后定会痊愈。"华佗开的第三个药方乃滋补之药,杨宕服后果然身体康复了。

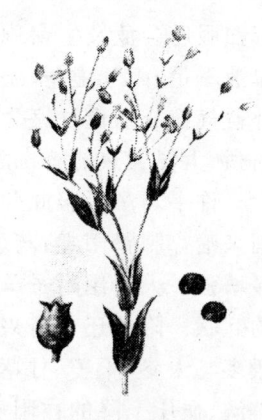

王不留行

《汉宫怨》与附子汤

附子

越剧《汉宫怨》讲述汉宣帝刘询自幼遭冤,少年出走,曾与民间女子许平君结为夫妇,后因故失散。刘询被立为皇帝后,大臣霍光的夫人想让其女霍成君当皇后,但刘询不忘旧情,拒绝与霍成君成婚,确立许平君为皇后。霍夫人对此事恨之入骨,施计买通医生淳于衍,趁许平君产后身体虚弱之机,为其开了"附子汤",结果许平君含恨身死,从而酿成一场《汉宫怨》的历史悲剧。

附子汤是一剂普通的中药,为什么

产妇服后会危及生命呢？祖国医学认为,妇女分娩时,气血亏虚、津液不足、阳气虚弱、瘀血内阻,机体正气减弱。这时的治疗,应以补益气血或活血祛瘀为主。附子汤中的主药——附子是一味药性凶猛、大温大热的有毒之药。

许平君产后服此药,等于火上浇油,结果死于非命。附子常被用来治疗脾肾阳虚,药理试验证明服用附子煎剂后,动物耐寒力明显增强。人食用附子羊肉或附子狗肉汤,可以缓解风湿性关节炎的症状。附子还具有兴奋下丘脑神经细胞和强心作用,临床上一般多与人参、干姜、甘草配伍,用于抢救面色灰白、手足冷冰、大汗淋漓、血压下降的亡阳病人,以及心肌梗死引起的休克患者。值得注意的是,附子含有一种叫做乌头碱的有毒物质,对呼吸中枢、血管中枢有麻痹作用,如使用不当,会引起中毒。因此,中医治病只在复方中使用附子,而且规定孕妇忌服。

百草堂"诗圣"悬壶戏奸官

唐代杜甫不仅是"诗圣",而且还颇知医药。相传杜甫晚年,穷困潦倒,流浪到沙头镇,开了一个药铺,取名"百草堂"。药铺开张后,货真价实,童叟无欺,扶危济民,深得百姓赞扬。但也有一些嫉贤妒能的势利小人把他视为眼中钉,当时的荆南节度使卫佰玉便是其中之一。

一天,只见卫伯玉的书吏气势汹汹地来到百草堂,将药单往柜台上一甩,嚷道:"这是卫大人急需的药,快快照单发药。否则,就砸了你的招牌!"杜甫接过药单一看,只见上面写着:"行运早,行运迟,正行运,不行运。"不由得付之一笑,随即顺手包了四味药。杜甫来到柜前,见了书吏,仍以礼相待,拱手说道:"这位仁兄请了,你家老爷所需的药,小店全有,今已包好在此。"书吏吃了一惊,口气也缓和下来："你们全有？拿给我看看。"杜甫不慌不忙打开药包，原来是一片萝卜干、一块生姜芽、一粒鲜李子和一颗干桃僵。杜甫随即说道："萝卜干是'甘罗'之意，甘罗十二岁就当了丞相，这是'行运早'；生姜芽是'姜子牙'之意，姜子牙八十三岁遇文王，正是'行运迟'；红皮李子，现是市上俏货，正如你家老爷，可说是'正行运'；隔年桃子，算不上鲜果，好比我已'不行运'了。你说是吧？"书吏瞠目结舌。

杜甫淡然一笑，拂袖而去。

古代铃医与百草

铃医即走方郎中，也叫走方医、串医，是指在民间往来奔走流动的医生，他们常以摇玲招徕病客，故而得名。走方医走千村串万户，把百草送给千家万户，给人们治病。走方医是祖国医学的重要组成部分，其起源可追溯到战国时期的名医扁鹊，就连东汉末年的名医华佗也是走方医。

晋代的灸治专家鲍姑是东南海太守鲍靓的女儿，著名学者葛洪的妻子。她跟父亲和丈夫学习医术，走南串北，用灸法救死扶伤，为民众治愈了不少疑难重病。南海群众感念鲍姑功绩，特在越秀山三元宫内修建了鲍姑祠。

唐代是我国佛教一个鼎盛时期，印度僧人来唐传教，且行医者颇多。刘禹锡《赠眼医婆罗门僧》诗云："三秋伤望远，终日泣途穷。两目今先暗，中年似老翁。看朱渐成碧，羞日不禁风。师有金篦术，如何为发蒙？"由此看来，当时印度僧人婆罗门传教的同时，也行医治病。金篦术是由外国传入治疗白内障的古老手术名称，经与中国传统医学相融合，一直沿用至今。

宋代的外科能手张小娘子，原是家庭妇女。一位年老的走方医生见她贤达明礼,赠送她一部《痈疽异方》,并传授割痈等医术,使她成了一位精通外科的女走方医,治疮多有奇效。后来她又把医术传给丈夫张生,夫妇俩行医名扬四海。

清代名医赵学敏摒偏见,对走方医给予应有评价,他专门收集民间铃医行之有效的药方,编纂成《串雅内编》、《串雅外编》等书,丰富了祖国医学宝库。当然,对那些不学无术、闯荡江湖、骗取钱财的所谓"游医"则另当别论了。

本草激素话秋石

激素在临床上得到广泛应用,是20世纪以后的事,然而早在公元前2世纪,我国就已经能从人尿中提取性激素中药秋石并应用于临床治疗。

秋石是人尿蒸发、干燥、升华的产物。《证类本草·卷十五·人部·溺白垽》引《经验方》云:"秋石还元丹,大补,暖。悦色进食,益下元。久服去百疾,强骨髓,补精血,开心益志……久服,脐下常如火暖,诸般冷疾皆愈。久年冷劳虚惫甚者,服之皆壮盛。"其制作方法是,将十石男子尿放在锅里熬干,将水分蒸发后剩下的物质研细,再放入炭炉中加热燃烧,取二至三两升华物和枣肉同煎为丸,如绿豆大,每服六七丸,渐至十五丸,温酒或盐汤送服。

现代研究证明,人尿中确含有性激素,当尿中沉淀物在温度为180℃～300℃时,激素几乎不能分解,全部升华为结晶。因此《证类本草》所记载的秋石还元丹,和现代医学所指的性激素是一致的,不过其含量多少,则取决于升华的温度。

作为补益强身药的秋石,曾广泛应用于治疗虚证。宋代著名科学家沈括,三十岁时患病,久治无效,在一个道人的帮助下亲自制取秋石服用。《苏沈良方》中记载了秋石的两种制法,被收录于

《圣济总录》一书中,并成为秋石的标准制法。

明代以后,秋石被广泛收录于各种本草书中,其制取方法和应用范围也有了新的发展。

百草药性赋

　　百草药妙,真性独骄,冷寒之分,温热之要。以性之遵,独选其能,药不贵繁,唯取其效。要知黄连清心经之客火,黄柏降相火之游行。黄芩泻肺火而最妙,栀子清胃热而如神。芒硝通大便之结燥,大黄乃荡涤之将军①。连翘泻六经之火,菊花明两目之昏。龙胆疗肝家之热,瞿麦利膀胱之淋。茵陈治黄疸而利水,柴胡退往来之寒热。沙参补阴虚喘嗽,保定肺经。竹叶、竹茹治虚烦而有效。车前子利水以止泻,秦艽去骨蒸之劳热。丹皮破积血以行经,熟地补血而疗损。生地凉血以滋阴,白芍药治腹疼——补而收——而烦热上除。赤芍药通血瘀——散而泻——而小腹可利。麦冬生脉以清心,上而止嗽。天冬消痰而润肺,下走肾经。地骨皮治夜热之劳蒸。知母退肾经之火沸。葛根止渴而解肌,泽泻补阴而渗利。

　　又闻热药可以温经,举例表之:麻黄表寒邪之汗,与根相配疗效更甚,官桂治冷气之侵,木香调气治腹痛,沉香降气治腰疼。丁香止呕,煖胃家之冷。藿香止吐,状胃脘以温。豆蔻、砂仁理胸中之气食。腹皮、厚朴治腹内之胀满。附子回阳,救阴寒之药。干姜治冷,转脏腑以温。槟榔去积推陈,苁蓉壮阳而固本。

　　论及温药,各称其能。甘草为和中之国老②。人参乃补气之

---

① 言大黄清除肠道积滞好像猛将一样。
② 甘草因调和之功有"和事老"之称。

元神。葶苈降肺喘而利水,苦甜有别①。茯苓补脾虚而利渗,赤白须分②。黄芪补卫而止汗,山药益肾而开心。麦芽、神曲消饮食而宽膨。顺气化痰陈皮可用,宽中快膈枳壳当行。白术健脾而去湿,当归补血以调经。半夏治痰燥胃,枳实去积推陈。川芎治头疼之要药,桃仁破瘀血之佳珍。香附顺气而亦调经,杏仁止风寒之嗽。防风乃诸风之必用,荆芥清头目而疗崩。山楂消肉食之积,酸枣仁敛汗而安神。桔梗载药物有舟楫之能,红花醒血晕而通经。兹温药之性气,医者必由是而遵循。

百草治病主药歌

　　打战用兵选主将,百草疗病亦同样。头疼必须用川芎,不愈各加引经药。太阳羌活少柴胡,阳明白芷还须着。太阴苍术少细辛,厥阴吴茱用无错。巅顶之痛人不同,藁本须用去川芎。肢节之疼用羌活,去风去湿也更行。小腹痛用青皮治。心痞黄连枳实从。腹痛须用白芍药,若寒加桂热黄柏。肠梗窄狭苍术宜,胀膨厚朴姜制用。腹中实热何所施,大黄芒硝功有力。虚热虚汗用黄芪,肌肤浮热黄芩宜。胁下疼痛往来热,日晡③潮热柴胡宜。脾胃受湿身无力,怠惰嗜卧用白术。下焦湿肿兼火邪,知母防龙并酒柏。上焦湿热用黄芩,中焦湿热黄连释。渴用干葛天花粉,半夏燥脾斯时禁④。枳实黄连治宿食,胸中烦热栀子仁。调气必当用木香,若然气盛又非良。补气必须用人参,肺经有热不相应。胸中寒痰多痞

---

① 葶苈性寒,有苦甜两种。
② 茯苓甘平白而淡,白的偏于补,赤的偏于利,气味俱薄。
③ 下午三点至五点叫日晡。
④ 半夏性燥,口渴不宜用。

塞,白术陈皮两件增。胃脘痛用草豆蔻,若然挟热芩连凑。小便黄时用黄柏,涩者泽泻加之灵。气刺痛时须枳壳,血痛当归上下分。疟疾柴胡为之君,血滞桃仁与苏木。气滞青皮与枳壳,此药不能用得多。凡用纯寒纯热药,必用甘草当中和,寒热相杂亦用之,调和其性无攻击。

百草名方衍化

四君子汤

四君参术茯苓草①,补中益气诚如宝。加入陈皮名异功②,气虚自汗黄芪好。方加橘半六君汤③,健脾和胃唯如此。香砂配对食能消④,呕吐胃寒丁藿使⑤。十全四物四君兼⑥,芪桂生姜大枣煎。滋血气令脾胃壮,劳伤虚弱最为先。养容汤与十全同,五味远陈要去芎⑦。倦瘦少颜潮有汗,梦遗龙骨蛎须逢⑧。潮热无汗当归芍,半夏柴胡葛粉着。自汗陈芪熟地当⑨,牡蛎乌梅酸枣芍。心窝有汗别处无,生地陈归酸枣扶⑩。麦冬白芍黄连炒,辰砂梅枣四

---

① 四君子汤由人参、白术、茯苓、甘草四药组成。
② 加入陈皮称异功散。
③ 四君子汤加橘皮、半夏名六君汤。
④ 六君子汤加香附、砂仁名香砂六君子汤。
⑤ 加入丁香、藿香治呕吐。
⑥ 四物汤由当归、生地、白芍、川芎组成,四君子汤和四物汤加黄芪、肉桂、姜、大枣组成十全大补汤。
⑦ 十全大补汤去川芎加五味子、远志、陈皮名人参养容汤。
⑧ 梦遗时加龙骨、牡蛎、莲须。
⑨ 自汗时加陈皮、黄芪、熟地、当归。
⑩ 陈皮、当归、酸枣仁。

君符①。劳倦辛苦身无热,麦味陈芪除茯歇②。痞满气雍正气虚,陈归木香砂仁列③。健忘芪远木香菖④,龙眼当归酸枣良。头疼吐水六君汤,归芪⑤木香与炮姜。气虚短促喘无痰,参橘砂仁苏子添。桑皮当归姜枣化,沉香磨水木香兼。体重酸疼兼嗜卧,口淡恶寒小便数。六君加上芍连芪⑥,泽泻柴胡羌独活。肥人眩晕六君加,芎归芪桔芷天麻⑦。人脾为后天之本,又称为万物之母。六君子汤要加减,脾胃之病少不了。

二陈汤

二陈橘半茯苓草⑧,清气化痰为至宝。膈上不宽加枳桔⑨,火旺生痰芩连⑩好。参术加名六君子⑪,健脾和胃无如此。中脘寒痰去人参,香砂⑫炒用皆能好。饮食过量不克消,麦曲山楂厚朴⑬调。再加枳实黄芩炒,何愁体虚胃脾弱。咳嗽生痰分寒热,热加芩连并枳桔⑭,寒痰枳砂配原方⑮,化气胸中痰自灭。风寒外感嗽何辜,二陈枳桔与前胡⑯。苏葛杏桑⑰能清肺,木香调气号参苏⑱。

---

① 辰砂、乌梅、大枣、四君子汤。
② 加麦冬、五味子、陈皮、黄芪,去掉茯苓。
③ 陈皮、当归、木香、砂仁。
④ 黄芪、远志、木香、菖蒲。
⑤ 当归、黄芪。
⑥ 六君子汤加白芍、黄连、黄芪。
⑦ 川芎、当归、黄芪、桔梗、白芷、天麻。
⑧ 二陈汤由陈皮、半夏、茯苓、甘草四药组成。
⑨ 加枳实、桔梗。
⑩ 加黄芩、黄连。
⑪ 加上人参、白术为六君子汤。
⑫ 加香附、砂仁。
⑬ 加麦芽、神曲、山楂、厚朴。
⑭ 加黄芩、黄连、枳壳、桔梗。
⑮ 枳壳、砂仁加二陈汤。
⑯ 二陈汤加枳壳、桔梗、前胡。
⑰ 苏叶、葛根、杏仁、桑皮。
⑱ 再加上木香又叫参苏饮汤。

二陈半夏性本燥,血虚发渴皆不要。四物汤①中不必加,贝母代之专夺效。湿痰在胃身多软,二术仍须配二陈②。温胆汤加竹茹实③,宁神豁痰为第一。呕血皆因胃火炽,脉搏洪数呕连绵,急用二陈加枳实,竹茹姜汁炒黄连。嘈杂嗳气一般看,胸中积热与停痰。石膏香附并星藿④,二陈加减有何难。

平胃散

平胃陈苍厚草寻⑤,健脾燥湿效如神。胸前饱闷如伤食,嘈杂吞酸总可行。饮食失节脾胃伤,香砂枳实木香帮。食积麦芽神曲炒,肉积山楂草果良。生冷瓜果如停滞,更入干姜青皮是。酒伤连葛乌梅加⑥,呕吐丁梅藿半记⑦。热积停兮便不通,槟榔枳实大黄攻。湿热相蒸口作酸,香砂还要炒黄连。吴萸栀子枳同煎,嘈杂须加芎芍⑧餐。异乡水土不相宜,加入香砂藿半⑨奇。吐泻更添苓术好,炒苡山药及乌梅。食停倒饱是脾虚,异功要加香砂入⑩。转筋要用木瓜帮,腹痛还宜芍木香。冷痛干姜加肉桂,痞满青皮枳实良。消化之病人常见,平胃散方用途广。

---

① 由川芎、当归、赤芍、地黄组成。
② 白术、苍术加二陈汤。
③ 二陈汤加竹茹、枳实叫温胆汤。
④ 石膏、香附、天南星、藿香。
⑤ 平胃散由陈皮、苍术、厚朴、甘草四味药组成。
⑥ 黄连、葛根、乌梅能解酒过量。
⑦ 若呕吐加丁香、乌梅、藿香、半夏。
⑧ 加川芎、白芍。
⑨ 加香附、砂仁、藿香、半夏。
⑩ 异功散用于温中和气。与平胃散、香附、砂仁配合,成为温中、补脾、燥湿、化食的方剂。

第四篇 百草与文坛名人

陆游善医识药

陆游是宋代伟大的爱国诗人,他的《示儿》诗"死去元知万事空,但悲不见九州同。王师北定中原日,家祭无忘告乃翁"已是老幼皆知。

陆游不仅擅长诗词,还识药善医。《剑南诗稿》中有《山村经行因施药》七绝五首,载述陆游辨识药物的高超本领和替老百姓诊病的情况,这里选取其中两首赏析。

驴肩每带药囊行,村巷欢欣夹道迎。共说向来曾活我,生儿多以陆为名。

这首诗以欢快、流畅的笔调描述老百姓对他的爱戴,饱含自豪、欣慰的感情色彩。陆游医技上有较高造诣,得助于他云游四方,长期接触民间医生,博取众家之长,学到许多宝贵经验。他还把收集到的处方编写成《陆氏续集验方》,载方一百多个。由于陆游医技高明,医德高尚,因此不管他走到哪个村子,男女老少皆夹道欢迎,争相邀请他去做客。不少人为感谢诗人的救命之恩,给孩子取的名字中嵌入"陆"字,以示不忘。一位诗人在民间因治病而受到如此热忱的爱戴确不多见。

逆旅人家近野桥,偶因秫寒暂逍遥。村翁不解读本草,争就先生辨药苗。

这首诗生动地记载了陆游与老翁一道辨识药苗的情景。陆游熟谙本草,能辨识众多中药,这与他长期的医学实践分不开。他经常执锄种药,出外采药,还开拓荒地,播种耕苗,并留下了不少这方面的诗篇,如"老子不辞冲急雨,小锄香带药畦泥"(《雨中锄药》)、"采药今朝偶出游,溪边小立唤渔舟"(《出游》)、"云开太华插遥空,我是山中采药翁"(《花下小酌·其二》)等。看来陆游中药知识的确颇丰,难怪村翁要争着同他辨识药苗了。

陆游不以医为业,却精通医术,善辨药物,这实在难能可贵。

苏辙帮苏轼改荷叶对

宋僧了元,号佛印,居金山寺。有一次,他与苏轼一起出游,同行的还有苏轼之弟苏辙。游到巫山时,佛印出了一个上联道:"无山得似巫山好。"

苏东坡不假思索,即应道:"何叶能如荷叶圆"。

苏辙在旁,沉思之后,对苏轼道:"兄长下联还不甚工整,不如改为'何水能如河水清'。"

苏轼与佛印一听,齐声叫好。以水对山,更觉工整。三联中的"无"与"巫"、"何"与"荷"、"何"与"河"都是音同义不同,颇见巧思。

荷叶入药,性苦平,其作用为清热解暑、升阳止血,主治暑热病、头胀、腹泻、出血等。

苏东坡乱改菊花诗

菊花既是名花,又是常用中药。自古以来,多少诗人赏花赞菊,感慨万分。

一次,苏东坡拜访宰相王安石,未遇,偶然发现书桌砚台底下压着一首未写完的诗:"西风昨夜过园林,吹落黄花满地金。"苏东坡想,只有秋天才刮金风,金风起处,群芳尽落,但菊花有傲霜之骨,怎么花瓣四处飘落呢?王公真是江郎才尽,铸成大错啊!于是挥笔续诗两句:"秋花不比春花落,说与诗人仔细吟。"然后仍将诗稿压于砚台之下。

王安石见到苏东坡的续诗,暗自忖道:"真是少见多怪。"他建议皇上将苏东坡调到湖北黄州当团练副使。东坡到任后,不理政事。一日,他和好友陈季常到后花园赏菊饮酒,这天正是刮了几天大风之后,园中十几棵菊花枝上一朵花也没有了,只见满地铺金落花缤纷。苏东坡一时瞠目结舌。陈季常问:"你见菊花落瓣,怎么这样惊诧呢?"苏东坡就讲了在王安石府中改菊花诗一事,好友方悟。东坡感慨万分:"去年我刚被贬谪来黄州,还以为是荆公恨我揭了他的短处而公报私仇呢。谁知这不是荆公之错,而是我错了。这件事给我教训太深了,凡事要谦虚谨慎,千万不可以自作聪明,随便讥笑别人。"回到京城后,苏东坡立即向王安石"负荆请罪",承认了错误。

苏东坡夸张圣散子方

世人皆知,苏轼是北宋著名的文学家,在中国文学史上留下了极其光辉的篇章。不仅如此,他还对医药也颇有见地,并有医论、医方存世,令世人敬仰。但他以文学艺术的笔触来描述医药,就不免夸张而失去精确。

苏轼因反对王安石变法,被贬到黄州做团练副使。其间,得到了一通名叫"圣散子方"的验方,该方由草豆蔻、石菖蒲、独活、附子等十余味温热药组成,苏轼认为该方与唐代孙思邈的三建散相似,功效神奇,特地传给了庞安常,庞氏将此方收载入自己所著的《伤寒总病论》中。

宣和年间,被苏东坡渲染为"不见于前世医书"(《避暑录话·卷上》),且"得之于异人"(《避暑录话·卷上》),并声称"凡伤寒不问证候如何,一以是治之,无不愈"(《避暑录话·卷上》)的圣散子方盛行于京师开封。由于苏轼名气较大,在他的大力推崇之下,太学生们尤为信任该方。结果瘟疫流行时,人们竞相服用,酿成死者无数的悲剧。苏东坡生花妙笔所导致的历史悲剧,也给后人带来了几多感慨、几分思索。

文坛医家杨升庵

明代文学史上,享有盛名的杨升庵先生,平生著述多达四百余种,在诸多方面贡献卓著。但他在医药学方面的成就,却因散见于各种医著之中而鲜为人知,其实,这位杨老先生不仅工于诗文,而且精通医理,造诣非凡,是明代文坛一位卓有见识的医学人物。

杨升庵,名杨慎,字用修,四川省新都人,明成化二十三年(1487年)出生,九岁开始习诗,十二岁仿作《古战场文》,即有"青楼断红粉之魂,白日照翠苔之骨"的佳句为时人所传诵。明正德六年(1511年)举殿试金榜题名,中为头名状元。嘉靖三年(1524年),因直言进谏,激怒龙颜,辱受廷杖之苦,谪戍云南永昌卫。自此之后,杨老先生遍游山川,探幽访古,博览群书,勤奋著述。

杨老先生嗜好医学始于被谪之后。流落他乡三十余年间,病痛缠身,便常与医界名士结交。在研究文史的同时,对各种医典中的医理也深有研究,著有《素问纠略》、《男女脉位图说》、《何首乌传》等。他特别喜欢采集野生的中草药,每逢闲暇之际,即出去采药,且喜午日方出,披霞而归。他在四川游历青城山、峨眉山时,采药之趣有增无减。

由于宦海沉沦,中年遭挫,升庵先生被谪后,心境悲凉,病魔接踵而至,病因交加,于嘉靖三十八年(1559年)病死异乡,享年七十二岁。

刘禹锡的赞枸杞诗

刘禹锡诗文并茂,擅长医学,名震一方。他曾作《楚州开元寺北院枸杞临井繁茂可观群贤赋诗因以继和》一诗来赞枸杞。

僧房药树依寒井,井有香泉树有灵。翠黛叶生笼石甃,殷红子熟照铜瓶。枝繁本是仙人杖,根老新成瑞犬形。上品功能甘露味,还知一勺可延龄。

枸杞在《神农本草经》中归属上品之类,"久服坚筋骨,轻身不老"(《神农本草经·上品·枸杞》),故刘禹锡称其具有上品功效。关于服食枸杞成仙的传说很多。《续仙传·朱孺子》里就有这样一个记载:朱孺子登山采药,看见两个小花犬相戏,便与师傅王元正一道追赶到枸杞丛下,花犬忽然不见。朱孺子当即挖掘,挖得两颗枸杞根,状如花犬坚如实,归煮之三日,汁味甘美。朱孺子食之顿时成仙飞升而去。因此诗曰:"枝繁本是仙人杖。"刘禹锡巧妙借用民间传说来咏颂枸

枸杞

杞延年益寿的功效,诚为佳作。

杜甫与百草

  杜甫人称"诗圣",在诗坛上与"诗仙"李白齐名,合称"李杜"。然而,命运的安排却使杜甫与中药保持着特殊的关系,并结下了不解之缘,但这很少为人知晓。
  杜甫中年正值唐玄宗后期唐王朝由盛转衰的社会转折时期,穷困潦倒,曾为了生活不得不到处奔波,依靠采药、卖药维持生计。困居长安十年间,杜甫过着"朝扣富儿门,暮随肥马尘。残杯与冷炙,到处潜悲辛"(《奉赠韦左丞丈二十二韵》)的生活,常起早贪黑、顶风冒雪到山中采药,把生活的希望寄托在草药上。他写道:"长镵长镵白木柄,我生托子以为命。黄精无苗山雪盛,短衣数挽不掩胫。"(《乾元中寓居同谷县作歌七首其二》)明知大雪封山,很难在山中找到黄精苗,但迫于生计仍然顶着凛冽的寒风进山,真实地描绘出他当时生活的凄凉。四十岁时,杜甫向唐玄宗献《进三大礼赋表》,其中也提到了"卖药都市"的情景。到成都后,还不时卖药,以解燃眉之急。《魏十四侍御就敝庐相别》写道:"有客骑骢马,江边问草堂。远寻留药价,惜别倒文场。"诗中记载有人专门骑马到草堂,付给买药所欠的钱。正是靠着这种收入,杜甫全家度过了一个又一个生活难关。由于在政治上失意,他心灰意冷,把采药、种药作为精神上的寄托,甚至常常想到回乡种药。《奉留赠集贤院崔于二学士》写道:"故山多药物,胜概忆桃源。欲整还乡斾,长怀禁掖垣。"当弃掉官职,生活较稳定时,杜甫立即辟园种药,常常在药园中流连忘返,往往"寻常绝醉困,卧此片时醒"(《高楠》),或"编蓬石城东,采药山北谷"(《写怀二首·其一》),或"移船先主庙,洗药浣花溪"(《绝句三首·其二》),或"傍架齐书帙,看题减药囊"(《西郊》)。

在与中药打交道中,杜甫积累了丰富的药学知识,曾同好友郑广文一起鉴别来自月氏的草药"戎王子"。它是与独活同属一类的一种药物。《陪郑广文游何将军山林十首·其三》写道:

> 万里戎王子,何年别月支。异花来绝域,滋蔓匝清池。汉使徒空到,神农竟不知。露翻兼雨打,开拆日离披。

杜甫对中药感兴趣,也有用中药医治自己疾病的打算。长期颠沛流离、贫困潦倒的生活以及心境不佳的处境导致杜甫体弱多病,于是常采集和制备中药以自疗身疾,这从"卷耳况疗风"(《驱竖子摘苍耳》)、"种药扶衰病"(《远游》)等即可看出。他还蒸晒、服食胡麻补虚祛病。《寄彭州高三十五使君适虢州岑二十七长史参三十韵》写道:"乌麻蒸续晒,丹橘露应尝。……行斋烧药灶,花屿读书床。"

正因为杜甫长期接触中药,观察中草药植物的生长,积累大量植物学方面的知识,所以写的有关中药的诗显得格外有生气。诸如"雨中百草秋烂死,阶下决明颜色鲜"(《秋雨叹三首·其一》)、"细叶带浮毛,疏花披素艳"(《江头五咏·丁香》)、"红取风霜实,青看雨露柯"(《江头五咏·栀子》)等。从这些优美的诗句中,我们能够看出杜甫对中药怀有的特殊感情。

苍耳

白居易吟诗治目疾

唐代诗人白居易的人生道路还算比较平坦,既无李白之荣辱交织,也不及杜甫之颠沛流离,仕途亦无太大波折,一生过着小康生活,寿达七十五岁。只是白居易禀质虚弱,素体多病,尤其是眼疾,纠缠其后半生,使他不胜苦恼。

诗人眼疾的病因和状况如何呢?白居易在元和六年(811年)所作《白发》诗中说:"书魔昏两眼,酒病沉四肢。"看来导致其眼病的原因有二:一是用眼过度,二为饮酒过度。在《眼病二首·其一》中白居易描述了眼疾的状况:"散乱空中千片雪,蒙笼物上一重纱。纵逢晴景如看雾,不是春天亦见花。"

为了解除眼疾,白居易四处求医,遍查医书。《眼病二首·其二》中写道:

眼藏损伤来已久,病根牢固去应难。医师尽劝先停酒,道侣多教早罢官。案上谩铺龙树论,合中虚捻决明丸。人间方药应无益,争得金篦试刮看。

《得钱舍人书问眼疾》写道:

春来眼暗少心情,点尽黄连尚未平。唯得君书胜得药,开缄未读眼先明。

诗人从四十岁起已有眼昏之忧,到了五十五岁,眼病发展到十分严重的地步,视力明显下降,他自知病程之久,要治愈已不可能,但又不甘心,于是求教于医生道僧。医生劝他少饮酒,道僧劝他早罢官,配合积极治疗,他找来眼科专著《龙树论》,刻苦钻研,希望从中获得良方,并试着用金篦刮目法进行治疗。

从上述诗句中,可以看出白居易用的眼药是黄连膏和决明丸。《本草纲目·第十三卷·草部·黄连》记载,黄连主治"热气,目痛眦伤泣出,明目"。我们推测白居易眼疾应属湿热蕴蒸双目。决明丸是临床常用的治眼疾药方,该方出自《千金翼方》,能治眼风虚劳热,暗运内起。

决明子

然而,诗人并没有听从医生的劝告戒酒,反而"朝亦独醉歌,暮亦独醉睡"(白居易《效陶潜体诗十六首·其五》),恣食豪饮,结果只能是眼疾越来越严重。而诗中所述之金篦刮目法对诗人的效果如何,则无法考究了。

贫病诗人与款冬花

"僧房逢着款冬花,出寺行吟日已斜。十二街中春雪遍,马蹄今去入谁家。"这首《逢贾岛》诗是唐朝著名"贫病诗人"张籍写的。

张籍为何要写这首由衷赞美中药款冬花的诗呢?原来张籍家境贫寒又体弱多病,四处求医未能根除,后患眼疾致失明,又不幸外感风寒,连续数日咳嗽不止。因无钱医治,病情日益加重。他心急如焚,一筹莫展,正在束手无策之际,忽然想起一位僧人曾经向他说起过一种叫款冬花中药,治疗久咳特别有效。于是,张籍嘱家人采来款冬花,煎服几次后,病情大有减轻,咳嗽也止住了,他随即写了这首诗。

款冬花为菊科植物款冬的花蕾,性味辛温,是止咳化痰、润肺下气的良药。

漫话医者改行成为文学大师

医学与文学,一个维护身体,一个陶冶心灵。从职能上看,文学可以解剖社会,评论人生,净化灵魂;医学则是救死扶伤,治病疗疾,解民疾苦。因此,有人说,医学和文学好比两把手术刀,一个给患者带来死而复生的希望,一个给读者打开心灵之窗。由于职业的特殊原因,使许多医学家成为文学家。

元代戏剧大师关汉卿曾任太医院尹,专门给帝王和宫廷人员治病,十分同情劳动人民的疾苦,写出了《窦娥冤》、《拜月亭》等戏剧作品,针砭社会时弊痼疾。

明代医药学家李时珍的巨著《本草纲目》,极富文学色彩。李时珍在介绍药物时,常以诗词状貌明意,绘声绘色,兴味无穷。如在介绍栗子吃法时,曾引用了苏轼"老去自添腰脚病,山翁服栗旧传方。客来为说晨兴晚,三咽徐收白玉浆"(《本草纲目·第二十九卷·果部·栗》)这首诗。他一生除潜心从事科学巨著外,还以愤世嫉俗之情写下了许多诗作,在文坛留下了美名。

著名的文学家、思想家、革命家鲁迅,是中国现代小说和现代文学奠基人之一。1902年赴日本留学,初在仙台医学专科学校学医,后为改变当时中国的国民精神,弃医从文。《狂人日记》、《药》、《阿Q正传》等作品正是向那"吃人的社会"的病灶开刀的名篇佳作。

郭沫若是中国现代文学家、历史学家、剧作家、考古学家、古文字学家和社会活动家。1914年东渡日本求学,原在九州帝国大学学医,后改攻文艺,写出了大量的诗歌、戏剧和小说。

著名科普作家高士其,曾在美国芝加哥大学获医学博士学位,回国后成为中央医院的名医,后来专门从事科普创作,他写的散文《细菌世界历险记》和诗集《我们的土壤妈妈》深受读者喜爱。

契诃夫是19世纪俄国杰出的短篇小说巨匠、优秀的剧作家,中学毕业后进入莫斯科大学医学院学习,毕业后成了一名执业医师。一生写有大量短篇小说,题材多样,寓意深刻。著名的作品如《小公务员之死》、《胖子和瘦子》、《变色龙》等揭露了统治者的专横和奴才的愚蠢卑劣,中篇小说《第六病室》影射沙皇俄国像一座暗无天日的大监狱,批判勿以暴力抗恶的主张,十分具有反抗精神。

英国著名侦探小说作家柯南·道尔,曾在爱丁堡大学医学院获得医学博士学位,后来他成为作家。深受人们喜爱的侦破能手福尔摩斯是其笔下的一个传奇人物。作家将许多医药知识运用于福尔摩斯的破案过程中,吸引了亿万读者。

由此看来,我们有理由认为:这些医学出身的文学大师们的传世之作,其中应有医学的一份功劳!

鲁迅和医学的难解之缘

鲁迅的一生和医学有着难解之缘,无论是中医还是西医都对他产生过深远的影响。

对于中医,鲁迅早年是极度反感的。这起因在于他父亲的死。鲁迅的父亲长年体弱多病,后来又患了水肿,最后被庸医耽误致死,死时年仅三十六岁。这使鲁迅本已困顿的家更加败落。鲁迅后来在一些回忆文章中说:"我有四年多,曾经常常,——几乎是每天,出入于质铺和药店里……给我久病的父亲去买药。"(《呐喊·自序》)可以说鲁迅是伴着药罐子长大的。而谈到医生,他总是用怀疑和讥讽的口吻:"因为开方的医生是最有名的,以此所用的药引也奇特:冬天的芦根,经霜三年的甘蔗,蟋蟀要原对的,结子的平地木,……多不是容易办到的东西。然而我的父亲终于日重一日的亡故了。"(《呐喊·自序》)治鲁迅父亲的水肿,用了一百多天的"败鼓皮丸",因水肿又曰鼓胀,遂用打破的鼓皮来克伏。用破鼓皮去治鼓胀,焉有不致人死命的。这同于刚毅用"虎神营"去克"洋鬼子",和舐樊哙的盾牌能治胆怯、闻西施的首饰可治丑陋一样,真是天方夜谭。难怪鲁迅由此产生了"中医不过是一种有意的或无意的骗子"(《呐喊·自序》)的看法。

随着阅历的丰富和对中医了解的加深,鲁迅曾在《南腔北调集·经验》等文章中专门谈他对祖国医学的重新认识,承认自己早年看法的幼稚。这时他把博大精深的中医和骗人误人的庸医区别开来,对前者由衷赞叹的同时,也对后者作了无情的抨击。

然而对于西医,鲁迅一开始就极为喜爱,可以说是十分崇拜的。

鲁迅到日本留学,一开始学的就是西医。鲁迅认为,学医小的方面可"救治像我父亲似的被误的病人的疾苦"(《呐喊·自序》),大的方面可以靠医学来救国。他在日本仙台医学专门学校刻苦攻读,得到藤野先生等人的精心指导,取得了优异成绩。虽然后来鲁迅弃医从文,最终没有成为一个医学家,但他敏锐的观察力、冷静的思考方法和实事求是的工作态度无疑从医学中受益匪浅。

就连他的文学创作也直接得益于医学。鲁迅曾说他搞创作,"大约所仰仗的全在先前看的百来篇外国作品和一点医学上的知识,此外的准备,一点儿也没有"(《我怎么做起小说来》)。他的第一篇白话小说《狂人日记》,对"迫害狂"病人的心理做了淋漓尽致的描绘,假若没有医学上丰厚的知识储备,是根本无法做到的。小说《药》也直接取材于民间用人血馒头治疗肺结核这一愚昧的传统,又从中挖掘出发人深省的主题。而《祝福》按照祥林嫂的精神由正常到受刺激直到精神彻底崩溃这一过程来记述,也是符合精神病理学的。

在谈到人生的奋斗目标时,鲁迅说他一生都致力于寻找祖国灾难深重的病根,"揭出病苦,引起疗救的注意"(《我怎么做起小说来》)。说这番话他显然是以一个医生、一个救国救民的医生自居的。他要拯救的不是哪一个具体的人,而是整个中华民族乃至整个世界,这是一个多么伟大的"医生"啊!

林则徐和医林人物的交往

提起林则徐,世人皆知。他高洁的品行、优美的诗章、对时局的真知灼见尤其虎门销烟的壮举,令人敬仰。然而,林则徐和医林人物的交往却鲜为人知。

清代著名医家陈修园,出身世医,著述颇丰。其《金匮要略浅注》的序言即系林则徐所作。林陈两家一向友好,林父宾日和陈修园是志同道合的好友,常一起评议时事、谈论文章,交往甚密,感情融洽。陈修园也常向林宾日宣扬医道、讲述养生,林则徐总是侍坐一旁,洗耳恭听,渐觉有所领悟。陈修园病逝后,其子陈灵石整理《金匮要略浅注》,请求林则徐作序,林则徐命笔撰文:"今复读其《金匮要略浅注》一十卷,明显通达,如眂诸掌,虽王叔和之阐《内经》不是过也……昔范文正公有言:不为良相,则为良医。先生在官在乡,用其术活人,岁以千百计,况著书以阐前人之旨,为业医者之钲撅,其功岂浅鲜哉?"(林则徐《金匮要略浅注叙言》)

林则徐就任江苏巡抚时,曾患软脚病,难以行动,被吴中名医何其伟治愈,林则徐很佩服何其伟的医道,撰联赠何氏曰:读史有怀经世略,检方常著活人书。此后林何两人一直保持联系,经常互致问候,友情纯朴。何氏从未因私事而求告过林则徐,林则徐也不因谢意而徇私情,这在封建时代的人际交往中是难能可贵的。林则徐禁烟时,曾采用何其伟创制的戒烟方药,收效显著,后人误以为此药方是林则徐研制,于是有"林十八方"之称,其实是这位吴中名医的贡献。

《神农本草经》中有谬误

清代名医陈修园,医术颇精,著有医书多部,其共同特点是取材精当、浅近易懂,一向为初学者及临床医生所喜阅。但是,他在《神农本草经读》一书中,对药物品种增多、作用扩大、炮制方法更新表示反对,特别是处处斥贬对药物的新认识,据意顽坚,措辞激烈,尤显出遵经泥古、食古不化之偏颇。

他在《神农本草经读·凡例》中写道:"《神农本草》药止三百六十品,字字精确,遵法用之,其效如神。自陶弘景以后,药味日多,而圣经日晦矣。张洁古、李东垣辈,分经专派;徐之才相须、相使、相恶、相反等法,皆小家伎俩,不足言也。"这正表现出陈修园对药物品种发展扩大缺乏认识,对药物间配伍法度的出现不屑一顾。

他对药物炮制新法一概表示怀疑,是因其有悖于《神农本草经》。他认为当今对熟地、枸杞用炒法或烧炭法失去了《神农本草经》中规定的二药为润药的原旨,对附子、干姜采用水泡切片法、火炮法,都会使二药力薄气浮,失去了《神农本草经》所规定的应取其烈的旨意。至于后代医生认为枣仁生用使人不眠,炒熟能安眠;黄芪生用则托里发汗,炒熟则补中止汗;麦门冬不去心能使人烦躁;桑白皮不炒会大泻肺气,都是百年相沿的陋习,完全违背了《神农本草经》的原意。

他对药物治疗范围的扩大表示愤慨。他写道:"《本经》每药主治,不过三四证及六七证而止。古圣人洞悉所以然之妙,而得其专长,非若后世诸书之泛泛也。最陋是李时珍《纲目》,泛引杂说而

麦门冬

无当；李士材、汪讱庵，每味必摘其所短，俱是臆说，反启时辈聚讼纷纷。修园为活人计，不得不痛斥之。"(《神农本草经读·凡例》)

陈修园以上之看法实属一种偏见。人们在不断的医疗实践中，对中医药的认识会逐渐发展深化，陈修园没有认识到这一点。他的遵经泥古、食古不化，有其一定的历史原因，但也有其治学方法上的缺点和错误。

他当时决不会想到，在其死后仅二百余年的时间里中药品种已达二千余种，中药配伍的"七情"已成大法，并写进了教科书；更不可能想到，中药治疗作用已远远超过《神农本草经》和各种本草古籍。人们应用现代研究方法，现正把中药的使用向新的领域扩展。

陈修园为一代名医，对药物的认识尚有谬误，处于信息时代的中国医药工作者，应该从名医的谬误中得到些什么呢？

第五篇　百草故事

益 母 草

益母草的种子茺蔚子又叫坤子,治病功效与益母草相同。传说豫西伊洛河畔有一个叫茺蔚的小孩,母亲生他时得了"月子病",久治不愈,竟到了卧床不起的地步。茺蔚懂事之后,非常孝顺,眼看母亲的病情越来越重,便下决心外出为母亲求医找药,为此历尽艰辛。一天,他借宿古庙,叩拜老僧后诉说找药之事,老僧被其一片孝心所感动,遂送他四句诗:"草茎方方似黄麻,花生节间节生花。三棱黑子叶似艾,能医母疾效可夸。"让他去找一种能治其母病的药。小茺蔚十分高兴,沿着河岸找了起来。经过长途跋涉,小茺蔚终于找到诗中所说的植物。母亲服后不久病症就消除痊愈了。由于这种草是小茺蔚为医治母病而找到的,且又益于妇科疾病,人们为它取名"益母草"。它的种子就叫"茺蔚子"了。

益母草又叫坤草,性微寒,味苦、辛,可祛瘀生新、活血调经、利尿消肿,多用于治疗跌打损伤及妇科月经不调、血滞腹痛、产后血瘀气滞等症,是历代医家用来治疗妇科疾病之要药。现代临床及动物实验证明,益母草浸膏及煎剂对于子宫有兴奋作用,可令子宫强有力地收缩。另外,益母草含有多种微量元素,如硒、锰等。硒具有增强免疫细胞活力、缓和动脉粥样硬化以及提高机体抗病能力之作用。锰能抗氧化,防衰老,抗疲劳及抑制癌细胞的增生。所以,益母草还能养颜美容、抗衰防老。据载武则天尽管年事已高,但容颜不衰,原因之一就是长年使用由益

益母草

母草精制而成的美容佳品。

老 姜

传说天宫神医吕纯阳装扮成游方道士,到人间采药。一天,他路过一村庄,见路边一位老婆婆手捂肚子翻滚呻吟,就立即从葫芦里倒出三粒丹药给老婆婆服下。不料老婆婆病情更加恶化,吕纯阳急得满头大汗却束手无策。这时候一位白头老翁赤着脚闻声而至,伸手摸摸老婆婆的额头,接着又搭搭脉说:"是风寒攻心,我取点药,马上就来!"说罢拿起锄头到屋后地里挖出一枝绿叶小草,将根部黄色块状东西切片加水,煮开后放上红糖,让老婆婆喝下。老婆婆喝下后顿时周身出汗,腹痛消失。老婆婆称赞说:"姜老头,你真行,药比天上吕仙翁的神药还灵!"站在旁边的吕纯阳看老婆婆把姜老头捧得这样高,气得浑身发抖,决计给姜老头报复。

他把一条火赤练毒蛇变成一只老鳖,令其爬向姜老头。姜老头见了,将其打死,带回家后煮熟下酒。吕纯阳心中得意,等待着姜老头中毒的消息。

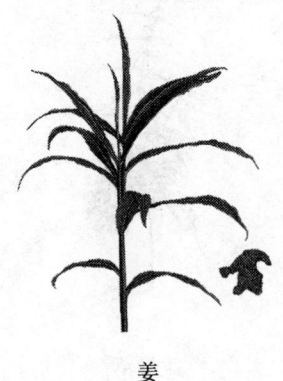

姜

谁知姜老头不但没中毒,反倒越活越精神。吕纯阳按捺不住内心的疑问,前去问个究竟。姜老头笑容满面地说:"鳖毒怕什么,三片黄姜解百毒。"说完摸出一块黄色的东西,正是给老婆婆吃的药。吕纯阳折服了,把自己葫芦里的药倒个精光,腾空上天而去。人们为纪念姜老头,即把"黄姜"叫"老姜"。

生姜性辛微温,发汗解毒,温中止呕,温肺止咳,可解半夏、天南星、鱼鳖之毒。姜皮辛凉,和脾利水。日常生活中,吃姜百益无害。

古今沧桑话珍珠

　　珍珠,晶莹玲珑,光彩夺目,自古被人们视为稀世珍宝。据《尚书·禹贡》记载,夏禹时代淮河流域出产的蚌珍已被列为宫廷贡品。周文王时期,人们开始把珍珠当作华贵的装饰品,秦汉以后珍珠饰物更加风行。

　　两千多年前,珍珠逐渐进入药用和化妆品行列。从汉代的《名医别录》至清代的《雷公药性赋》,先后有十九种医药古籍中记述了珍珠的药用功能与药理作用。《本草纲目·第四十六卷·介部·真珠》记载:珍珠"涂面,令人润泽好颜色……安魂魄,止遗精白浊,解痘疗毒"。清代慈禧太后为保持皮肤柔润光滑,每十天服一银匙珍珠粉。实践证明,珍珠具有清肝明目、解毒生肌、驻颜美容、延缓衰老等功效。但由于珍珠的无机成分主要是碳酸钙和碳酸镁,占92%左右,即使磨成极细的粉末也不溶于水,在很大程度上限制了人体对它的吸收和利用。

　　我国是世界上最大的珍珠生产国之一,特别是近年来,珍珠产量成倍增长,全国淡水珍珠产量已稳定在千吨以上。为了更好地开发利用珍珠资源,中国国际经济技术开发中心的有关科研人员,利用生物工程技术研制成水溶性全成分珍珠粉,可全部溶于水,使人体对珍珠有效成分的吸收率达百分之九十五以上。军事医学科学院等科研单位用现代化手段检测后证明:珍珠由数十种有机元素和无机元素组成,其中生物活性钙含量高达百分之六十以上,含磷、钠、钾、镁、碘、硫、铜、锌、锰、钴、硒、锶、铬、锗等三十二种人体所需的微量元素和维生素,能起到参与人体组织建构、提高机体免疫力、延缓细胞衰老、防止骨质疏松等作用。

"神树"厚朴

在桐柏山深处,有一种奇特的小树,枝头开满大朵白花且香气扑鼻,其皮可入药,当地人称"神树"。

相传,很久以前,有一位心肠慈善的姓袁的医生,给人治病常常送药上门,不收分文。这天,他在大街上,遇见一位年轻后生,倒在地上呻吟,身边放着一捆"湿柴"。袁医生便背他回家,烧饭给他吃,还说:"好可怜的孩子呀,怎么饿成这个样子了?"

这孩子名叫厚朴,家住大山深处。只见他热饭下肚,顿时有了精神。流着眼泪求袁医生把那捆"湿柴"收下,袁医生收下了,并给了他两吊铜钱,说:"小厚朴,往后砍柴要干的,这'湿柴'怎能卖出去呢?"

可是,第二天他又担着这种"湿柴"来卖。卖不出去,还是求袁医生收下。他见袁医生有点为难,便跪下哀求道:"我妈眼瞎了,家里吃了这顿没那顿,我又不能跑远处砍柴,近处只能砍些这种'湿柴',你要是不要,俺娘俩就活不下去了!"袁医生听了,就又掏出两吊钱给了厚朴。从此,厚朴天天送,袁医生天天给他两吊钱。

一天深夜,北风怒号,雪花飞扬,一个老婆婆为心口痛的儿子登门求医。她哀求道:"袁医生,救救我这根独苗吧!这辈子我报答不了你,下辈子变成牛马也要报答你!"袁医生急忙跑到药房,摸黑抓了一剂药,打发老婆婆回去。到了天亮,发现药抓错了,袁医生误把小厚朴背来的"湿柴"当成了药。"唉,那病娃八成死在我手里了!"袁医生正焦急,却见老婆婆登门道谢来了。老婆婆说那药真灵,吃下去,心口立时不痛了,还把一锭银子硬往袁医生手里塞。

袁医生想,莫非厚朴背来的"湿柴"就是治心口痛的良药?此后,凡是遇到心口疼痛的,他就试着在处方里加上"湿柴皮",岂料治一个好一个。

从此,袁医生成了治心口疼痛的名医。但是,却再也不见厚朴来了。袁医生就进山拜访。在大山深处,袁医生见人就问,都说此地根本无此人。袁医生接连几次进入深山老林。一次,他边走边喊,突然听到茫茫林海里传出一个童音:"袁医生,我在这!"却不见人影儿。仔细听,发现这声音是从树上发出来的,这不正是厚朴背的那种"湿柴"么!原来这是一棵神树。由于"湿柴皮"是厚朴给袁医生的,因此入药后就叫"厚朴"。

厚朴,落叶乔本,叶长椭圆形,花大,白色,香气浓,皮入药,有燥湿利气等药效。

厚朴

龙树身上的"血"

人们都知道云南烟叶好,却很少有人知道云南烟叶是蔡希陶教授在新中国成立以前引进美国名贵烤烟品种"大金元"到云南栽培繁育的,更不清楚植物药血竭的国产化是蔡先生的第一功劳。

血竭在中药中的应用至少已有一千五百年的历史,数十种中成药里都有血竭入药,其中最出名的一个方剂就是七厘散。血竭性味甘咸,平,有活血化瘀、止血、生肌敛疮的功效,用于治疗跌打损伤、妇人血气、小儿惊风等症。这味名药千余年来一直依靠进口。1971年,国务院六部委联合下达发展我国南药生产的指示,血竭也在其中,蔡先生亲自挂帅,此时他已年近花甲。

血竭产自东非热带岛国,是从一种树干上分泌出的红色树脂

血竭

中提取的,当时非洲人只是把它当作颜料、漆料使用。古丝绸之路开通后辗转传入我国,最初被误认为是动物的血液制品。郑和七下西洋,索马里国赠送给我国长颈鹿,人们尊称其为"麒麟",而血竭也来自东非,于是就被叫做"麒麟竭",很有点对名贵物品尊称的意思。李时珍在《本草纲目·第三十四卷·木部·骐驎竭》中记载,麒麟竭"多出大食诸国,此物如干血,故谓之血竭"。

来自万里之外非洲的血竭,经过东方古代医生的开发与应用,成为活血圣药。后来人们慢慢知道血竭取自植物而不是动物,不仅在非洲,在东南亚热带林中也有。因为属龙舌兰科植物,又称为"龙树上流出的血"。

蔡先生于20世纪30年代就扎进西双版纳的热带原始森林,为我国发现和培育了多种稀有热带植物。1958年,他亲自选址在西双版纳勐仑镇葫芦岛建立中国科学院西双版纳热带植物园。在血竭资源调查陷入停顿时,他想起三十年前曾在中缅边境孟连傣族拉祜族佤族自治县见过一种龙舌兰科植物,会不会是血竭呢?于是他率队跋山涉水来到孟连,请教傣医,野外考察,终于在深山悬崖石壁上发现了流出红脂的龙血树。采样后与商业部提供的进口血竭对照分析,品质几乎一样。以后又先后在五个县的石灰熔岩区发现了约二十万株龙血树。大家欣喜若狂,原来中国也有龙血树,血竭进口的历史有望结束了。

蔡先生领导研制出第一批国产血竭,并对其进行了药化、药理临床及繁殖栽培等一系列研究。因为国产血竭是在热带雨林中发现的就定名为"雨林牌"血竭,1974年正式列入国家药典,它的纯度高达百分之九十六,品质已超过进口血竭。

国产血竭的资源开发和临床应用耗尽了蔡先生最后十年的生命。1981年蔡希陶先生逝世,遵照他的遗愿,骨灰盒被安放在园中他亲手栽植的一棵树下。从古代医生发现血竭的药用价值,到今天血竭的临床应用不断挖掘和拓展,血竭的发展史正是一部中国人勤奋不息的奋斗史。

园林花卉中的本草奇药——仙人掌

仙人掌不仅是供人观赏的园林花卉,还是人们餐桌上的一道名菜,更是一种具有多种医疗功效、尚待深度开发利用的良药。

仙人掌产于华南以及云南、贵州、四川等地,江北一带也有栽培。其成分主要含三萜、苹果酸、琥珀酸等,性味苦、寒。《本草求原·卷三·隰草部》称其可以"消诸疮初起,敷之。洗痔妙"。仙人掌的药用方法十分简便,既可内服,又可外用。比如,仙人掌烘干研末口服,每次三克,或直接以鲜品三十克切细和牛肉七十克烘炒,可治胃疼。以仙人掌二两捣绒取其汁与白糖冲服,可治疗心悸失眠。取仙人掌六十克水煎服,则对急性痢疾有很好的疗效。将仙人掌与甘草浸酒服用可治疗肠痔便血。用仙人掌两片,去皮刺,适量蘸蜜水煎服,每日一次,对支气管哮喘有奇效。把仙人掌捣汁擦患处可以医治蚊虫咬伤。如果将仙人掌烘干研粉,外敷患处,则对黄水疮和湿疹疗效显著。

仙人掌又称神仙掌、观音刺等,几乎全身是宝,它的果实名仙掌子,又名千岁子,其味甘,性平,具有补脾健胃、益脚力、除久泻等功能。仙人掌之花名仙掌花,可用来治疗吐血。此外,于夏季将仙人掌割破外皮,使其浆液外溢,凝成团状后收集起来,人称"玉芙蓉",是治疗喉痛、疗肿、怔忡、便血的名贵药材。

仙人掌

浪漫的银杏

在距今两亿七千万年前,地球上的银杏类植物就出现了,到了一亿四千万年前,其众多的属种遍及世界。它们悠悠然然地繁衍了很长一段时间,到第四纪冰期后,全球各种银杏类植物相继灭亡,唯独在当时的东亚地区留下一个种类。植物学家们对此庆幸不已,医药界也感谢地球为人们留下一味良药——那就是历经沧桑而大难不死的银杏。杨万里《银杏》曰:"深灰浅火略相遭,小苦微甘韵最高。未必鸡头如鸭脚,不妨银杏伴金桃。"这首诗至今仍脍炙人口。而真正对银杏药用价值进行系统记载的还是李时珍,《本草纲目·第三十卷·果部·银杏》介绍其"熟食温肺益气,定喘嗽,缩小便,止白浊。生食降痰,消毒杀虫。嚼浆涂鼻面手足,去皶疱黵皱,及疥癣疳䘌阴虱"。内、外、妇、儿各科皆视此药为常用之品。现今的医药界,将银杏作为补益之物,还配制出诸如"银杏鸡汤"之类的众多食疗佳肴。银杏的药物价值,越来越受到人们的重视。

银杏

关于银杏,还流传着一个动人的故事。相传在镇江某地,年轻寡妇刘某,上养老翁,下扶幼子,时日艰难。因其略有姿色,经不住纨绔浪子的引诱,一次恰被老翁与幼子撞见,刘某怒将祖孙赶出家门,仍恐此事传开,便与浪子将一老一小推入井底。是夜,刘某与浪子只闻一声轰鸣,便见那井口长出一棵大树,上结白色果实万千。二人十分欢喜,摘此果食后竟双双身亡。据说,此树为祖孙二人所变,所以又称"公孙树"。

这种因果报应的故事虽然离奇难以置信,但现代医学研究发现,银杏除含有脂肪油、淀粉、蛋白质、胺酸、鞣质和糖类等营养或治疗成分外,还含有氢氰酸这种有毒物质。如果生食银杏,这种有毒物质便会较多地进入人体,可导致出现发热、呕吐、腹泻、惊厥、抽搐、肢体疆直、皮肤青紫等症状,甚至昏迷至死亡。如此看来,刘某二人食银杏致死,也就顺理成章了。

我国栽植银杏的历史悠久,很多地方都可见到生长了几百年甚至上千年的银杏树,如北京的潭柘寺、大觉寺等。直到两百多年前,银杏仍然是我国特有的一个树种和药品。1727年荷兰乌德勒支植物园引种成功后,重返欧洲的银杏开始大显风姿,从此在世界各地广泛栽培。银杏树对气候土壤的适应性很强,而且树姿高雅、美化价值高、少虫害、颇耐火,受到世界人民的青睐。

但要真正理解银杏在世界各地重放异彩的意义,恐怕仍然要从药用价值方面予以探讨。在国外的中药研究热潮中,有专家证实,银杏树叶含有黄酮类成分,具有降低血清胆固醇、扩张冠状动脉的特殊作用。法国的一位科学家则声称,银杏树中提炼出的白果素,有阻止血小板激动因子发生作用的功能,而这种因子与人体天然抵抗力有一定关系。英国研究人员曾用白果素治疗气喘和过敏症,还证实这种物质可以控制血压、治疗肾病,并有解毒作用。美国药学研究人员则表示,白果素有希望用来控制或降低器官移植后人体的抗异作用,因为他们的试验已表明,服用白果素的心脏移植病人,其成活率已大大提高。

柴胡的由来

按我国习惯,事物命名姓在前,名在后,然而中草药柴胡的命

柴胡

名却正好相反,如同外国人的命名方法,名在前,姓在后,柴胡者胡姓柴草之谓也。

相传,从前有个胡进士,家里有个叫二慢的长工,害了寒热病。这种病传染,胡进士要撵二慢走。二慢气呼呼地说:"我给你干了大半辈子活,如今病了,你却要撵我走,你的心莫非是石头?"最后,胡进士要二慢不要声张,答应让他带上工钱,出外躲避一时,等病好了再回来。二慢刚走不久,胡进士的独生少爷也害了这种病,请了许多医生都看不好。正无主意之时,二慢却健健康康地回来了。胡进士很惊奇,问二慢是吃了什么药治好的。原来二慢离开胡家,茫然地走到一个水湖边,只觉得天旋地转,倒在草丛中动弹不得。渴了,就近抓把草嚼;饥了,挖些草根来吃。就这样,病居然好了。二慢见少爷病得可怜,就回到水湖边,挖了一筐子自己吃过的草根。不几日,少爷的病也好了。因为这草曾常被胡家当作柴烧,入药后,就起名叫"柴胡"。

柴胡,属伞形科多年生草本,开黄花,肥厚的根入药有出风、解表退热、舒肝解郁之功效,对寒热往来病效果显著。伏牛山嵩县是集中产区,苗小根大,号称嵩柴胡,闻名遐迩。这一带的柴胡,历史上曾收过百余万斤,产量、质量均居全国首位。

蛇床子的传说

相传,秦朝年间,在浙江南部的一个小村庄,突然暴发了一种怪病,患这种病的人皮肤上长出一粒粒小疙瘩,奇痒难忍。九十九位医生看了,都说此病无药可治。最后又请来了一位医生,他说治这种怪病的药倒是有,但生长在东海的一个小岛上,岛上遍布毒蛇,而药又被毒蛇压在身下,难以采到。多位年轻的后生先后去蛇岛采药,均葬身蛇腹。

蛇床子

又过了两个月,有位智勇双全的后生,为解除乡亲们的痛苦,决心再闯蛇岛。端午节这天,在一位老药农的指点下,他带上雄黄酒,来到蛇岛。上岛后,他将药酒洒向毒蛇,毒蛇纷纷回避。历尽艰辛,他终于采回了两大筐草药。病人用这种草的种子煮水沐浴,轻者两次,严重者五六次就痊愈了。大家问后生,这种药叫什么名字,后生说:"此药是长在蛇身子底下的,就叫'蛇床子'吧!"

蛇床子始载于我国最早的药物专著《神农本草经》一书,为伞形科植物蛇床的成熟干燥果实。据测定,它内含蛇床子素、挥发油等多种物质。祖国医学认为蛇床子具有补肾阳、散风寒、燥湿杀虫的功用,可治疗阳痿、阴囊湿痒、带下阴痒、子宫寒冷不孕,外用熏洗治疥癣、湿疮、皮炎、湿疹等。临床试验表明,还具有抗滴虫、抗真菌作用。常与百部、苦参、花椒等药煎水熏洗,治疗阴囊湿疹、外阴瘙痒等,疗效颇佳。

车前草的由来

车前草,又叫牛耳朵,因为它的叶子像水牛的两只大耳朵。它匍匐在地,默默生长,既没有芬芳艳丽的花朵,也没有沁人心扉的花香。它生长在路边、屋角,与世无争,毫无所求,甚至连屋后照不

车前草

到阳光的石头缝中,只要有一粒种子,也能长得十分茂盛。

据说汉代名将霍去病,在一次带兵抗击匈奴的战斗中,被围困在沙漠中。由于缺水,时间一长,将士们纷纷病倒,许多人小便淋漓不尽、尿赤、尿痛、面部浮肿。将士们皆面露难色,霍将军也一筹莫展。这时一位心细的部下突然发现所有的战马都安然无恙。他十分好奇,经过观察,发现原来这些战马吃了一种生长在战车前的叫不上名字的野草,于是就将这种情况报告给了霍将军。霍将军立即命令将士们用这种野草煎汤喝。说也奇怪,将士们喝了这种野草汤以后,疾病竟然奇迹般地痊愈了。霍将军大喜,因为这种野草发现于战车前,所以就取名为"车前草"。车前草性甘,微寒,能够清热利湿、通利小便。

乌贼的传说

乌贼即墨鱼,是人们熟知的珍稀海味,营养价值很高。关于乌贼的来历,这里有一段美妙的传说。

相传有一天秦始皇南巡来到黄海之滨,在海滩上遗失了一只装文具的袋子。天长日久,这只袋子得天地之精华,受大海之滋润,渐渐变成了一个小精灵,袋身变成了精灵的身子,两根带子变成了两条触须,袋中的墨变成了它的肚肠。从此,这个小精灵便生活在大海里。它行动敏捷,一旦遇敌,便立即鼓起腹腔,喷出漆黑的"墨汁",以掩护自己逃之夭夭。人们为它取名叫乌贼或墨鱼。别看乌贼名字不雅,药用价值却很高。它的肉不但可供人们美食,还具有养血滋阴之功效。《随息居饮食谱·鳞介类·乌鲗》记载,乌贼"滋肝肾,补血脉,理奇经,愈崩淋,利胎产,调经带,疗疝瘕,最益妇人"。因而患有血虚、经痛、崩漏、带下诸病的妇女,常食墨鱼是有裨益的。

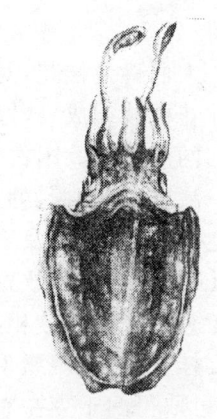

乌贼

墨鱼的骨头又称乌贼骨或海螵蛸,是制酸、止血、收涩、敛疮的良药。与浙贝母共研细末内服,可治胃痛、吐酸。与槐花等分研末吹鼻,对止鼻血有奇效。与骨粉、蒲黄炭各等分研末,撒于创伤或溃疡面上,有止血、敛疮之功效。与山茱萸、沙苑子、菟丝子配用可治遗精。与白芷、牡蛎配伍,治疗妇女带下有绝妙之效。

中秋说桂花

每当中秋来临,便是桂花飘香之时。关于桂花的来历有一个有趣的传说。

相传,古时候有一个和尚,在中秋之夜收到从月中飘落的许多桂子,便让小沙弥将其种在后庭。一夜之间,树高数丈,桂密成荫,满院都是桂花香。宋代诗人杨万里根据这个传说曾写过一首《丛桂》诗:"不是人间种,移从月里来。广寒香一点,吹得满山开。"

桂被称为"月中仙株",但这仅仅是神话传说罢了。桂,原产我国,已有两千多年的栽培历史,又名木犀、木樨、岩桂,主要品种有金桂、银桂、丹桂和四季桂。金桂叶大而长,花黄香浓。银桂叶小略圆,花白香烈。丹桂叶厚而密,花细而少。四季桂叶大肥厚,花白香淡,除严寒酷暑,四季花香不绝,尤以秋花为胜,香飘数里之外。

　　人们喜爱桂花,对桂花寄托着深厚的情感。人们常用带花叶的桂花树枝编成"桂冠",馈赠有名望的诗人、有成就的学者及竞技胜利的英雄。我国古代常以桂花作为珍贵礼品相赠。

　　战国时期,燕、韩两国曾互赠桂花,以示友好。封建社会人们把金榜题名、状元及第称作"蟾宫折桂"。直到现在,有的地方还把桂花编成催生符,放置产妇床前。南方某些少数民族青年男女,还常于月下林中折桂相赠,代诉心曲,以示爱慕。

　　桂花,除供观赏和入药外,另有许多用途。从一吨重的桂花中,可取得两千克左右的芳香浸膏。我国的桂花浸膏,是国际市场畅销的名贵香料之一。桂花还可作为糖果、糕点的原料,中秋月饼中就有一种桂花月饼。用桂花熏制的花茶,称为桂花茶,自古为茶中佳品。《九歌·东君》中有"援北斗兮酌桂浆"的诗句,"桂浆"指的就是桂花酿的酒。许多地方的中秋之夜,还保留着饮桂花酒赏中秋月的习惯。

"金蝉脱壳"化作药

　　盛夏,只要有蝉引吭高歌,万绿丛中,就会有千百只附和,此起彼伏,优美动听,给大自然增添了无限生机。

　　蝉高踞枝头,其幼虫穴居地下。蝉没有骨骼,在它身上起骨骼作用的体壳,只有脱去旧壳,换上新皮才能继续生长发育。成语"金蝉脱壳"即源于此。蝉的幼虫经过四五次脱皮后,便进入幼虫成熟阶段,眼睛鼓出来,长起翅鞘,全身呈淡褐色。它钻出地面,缓缓攀上树后,背部逐渐出现纵裂,虫体从壳中爬出,即能振翅飞翔。这时蝉就完成了它一生中的最后一次脱皮。

　　蝉虽然脱衣飞去,却给人们留下了名贵的中药材,这就是中药店出售的蝉蜕,又叫蝉衣、虫退。蝉蜕入药,可见于我国最早的药书《神农本草经》。历代医学家认为鸣蝉(即雄蝉)药效比哑蝉好,有清热、镇惊的作用。自从《名医别录》首创使用蝉蜕以来,发现其药效比蝉体更佳,所以在后来的处方中,蝉体就逐渐让位于蝉蜕了。

蝉蜕

蝉蜕的功效的确不凡,味甘、咸、凉,无毒,能疏风散热、退翳、透疹、止痉,适用于感冒发热、咽喉肿痛、声音嘶哑、小儿惊风、皮肤瘙痒、目赤翳障及妇女产褥等,兼有镇静安神的作用。

夏季是收集蝉蜕的黄金时节。一般在平地树下较易采到蝉蜕。其形如蝉而中空,向前弯曲。表面茶棕色,半透明,稍发亮,脊背纵裂或十字形裂开,膜质,易碎。收集后去泥晒干即可药用。

蒙汗药小考

喜读古典小说的人,对蒙汗药恐怕都很熟悉。如《水浒传》第十六回中,智多星吴用等人巧施计谋,把蒙汗药偷偷搅在酒里,渴不能耐的青面兽杨志与众军喝了以后,一个个头重脚轻,都软倒了。结果是"十五人眼睁睁地看着那七个人都把这金宝装了去,只是起不来,挣不动,说不得"。

何谓蒙汗药?《小说词语汇释·十四画·蒙汗药》云:"迷药。'蒙'是'蒙昧',即'昏迷'的意思。'汗'是'汉'的简字。'蒙汗药'就是'能使汉子昏迷的药物'。"用现代医学术语来说,就是"中药麻醉"。

那么,人们不禁要问,蒙汗药的主要成分是什么呢?《植物名实图考长编·卷十四·曼陀罗花》:"广西曼陀罗花遍生原野……

盗贼采干而末之，以置人饮食，使之醉闷，则挈箧而趋。"蒙汗药当即此类植物制成。明代梅元实《药性会元·卷上·草部·羊踯躅》称羊踯躅"同它罗花（曼陀罗花）、川乌、草乌合末，即蒙汗药"。《列子·汤问》中记载："鲁公扈、赵齐婴二人有疾，同请扁鹊求治。……扁鹊遂饮二人毒酒，迷死三日，剖胸探心，易而置之。投以神药，既悟如初。二人辞归。"由此可知，早在我国战国时期，能起死回生的扁鹊就已经运用麻醉药进行手术了。《后汉书·卷八十二下·华佗传》介绍了东汉末年名医华佗用麻沸散为病人施行手术的过程："若疾发结于内，针药所不能及者，乃令先以酒服麻沸散，既醉无所觉，因刳破腹背……傅以神膏，四五日创愈，一月之间皆平复。"这里讲的是，对于那些内部有病、用针灸和药物无效、必须手术治疗的病人，华佗先让其服用麻沸散，使患者失去知觉后再"刳破腹背"，消除疾患。可见麻沸散的麻醉效果相当好。

曼陀罗

近人考证，汉代华佗创制的麻沸散、宋代窦材引用扁鹊的睡圣散、元代危亦林的草乌散等具有代表性的中药麻醉方子，主要药物都是曼陀罗花，这与《辞海》的注释是一致的。

中医所使用的曼陀罗即洋金花，俗名风茄花、山茄子、风茄子，为茄科植物白曼陀罗或毛曼陀罗的干燥花，多系栽培。前者为南洋金花，主产于江苏、福建、广东等地，后者为北洋金花，主产于河北、山东、河南等地。

洋金花的中枢麻醉作用，李时珍在《本草纲目·第十七卷·草部·曼陀罗花》中有这样的记述："八月采此花，七月采火麻子花，阴干，等分为末。热酒调服三钱，少顷昏昏如醉。割疮灸火，宜先服此，则不觉苦也。"现代研究证实，洋金花含有东莨菪碱、莨菪碱、阿托品等，对大脑及皮层下某些部位有抑制作用，但对延髓及脊髓则为兴奋作用。

当然，具有麻醉作用的中药很多，除洋金花外，常用的还有川乌、草乌等四十余种。西医运用乙醚等麻醉剂进行外科手术，只是近百年的事,而我们的老祖先,早在两千多年前的春秋战国时代,已把多种麻醉中药相互配合而用,创制出蒙汗药用于医疗实践,既增强了医疗效果,又降低了各自的副作用,可谓相得益彰,是值得我们引以为荣的。

我国古代对海洋药物的利用

浩瀚的海洋,不仅蕴藏着极其丰富的矿物资源、食物资源和能源资源,而且也是人类索取药品的"大仓库"。晶莹明亮的珍珠、被称为"海底之花"的珊瑚、医食俱佳的海马等都是十分珍贵的药材。

海藻

我国是世界上最早研究和利用海洋药物的国家之一。《黄帝内经》就记载了用乌贼骨和鲍鱼汁治病的药方。《神农本草经》也有用海藻治疗甲状腺肿大的记载。至于民间对海洋药物的使用,时间则更早。

唐朝是我国医药物的大发展时明,对海洋药物的开发利用更为广泛。《唐本草》、《海药本草》均增加有海洋药物,如鲨鱼、珊瑚、石决明、石莼等。《本草拾遗》更增加海洋药物河豚、海马、海月等近六十种。宋代《嘉祐补注本草》对鲨的药用价值进行了详细描述。

清代《本草纲目拾遗》收录《本草纲目》未收载的中药,其中新增海洋药物十余种,使海洋药物总数达一百一十余种。

李时珍《本草纲目》收录的海洋药物近百种,对各种药物的药用价值说明更为详细。如《本草纲目第四十四卷·鳞部·海马》记载海马的药物价值时说:"暖水脏,壮阳道,消瘕块,治疗疮肿毒。"《本草纲目》除介绍海洋药物外,还介绍了海洋药物方剂数百种。

在我国民间,特别是沿海一带长期流传的海洋药物方剂更是数以千计。这说明,海洋药物是我国古代医药宝库的重要组成部分。我国古代人民对海洋药物的开发和利用,实为现代海洋药物研究的先声,也为我国海洋药物事业的发展,奠定了扎实的科学基础。

三七仙子

三七,传说是美丽善良的三七仙子来到人间教人们种植的。有一天,三七仙子在地里采收红籽,突然有一只凶猛的大黑熊朝她扑来。正在千钧一发之际,一位年轻英俊的猎人一箭射死了这只猛兽。这名猎人是个苗族青年,名叫卡相,他家里很穷,妈妈患病多年,却无钱医治。三七仙子敬慕卡相,为报救命之恩,就常常去卡相家,帮老妈妈烧火做饭,陪她说话。一天,卡相回到家,三七仙子对他说:"你到后山坡去找一种草药,叶像我的长裙,枝似我的腰带,挖来给阿妈吃了,病就会好的。"卡相到山上找到了这种药,老妈妈吃了几次后,病果真好了!后来,卡相又到山上挖了许多,背到寨子里,送给患病的乡亲们,治好了他们的病。乡亲们高兴极了,纷纷来到卡相家道谢,并问这是什么药。三七仙子笑盈盈地说:"大家拿一株药数数看,叶有多少,枝有几枝?"大家一数,叶有七片,枝有三枝。一个聪明的姑娘立刻叫了起来:"三七!""三七"这个名字就这样流传了下来。

昆明文山州是三七之乡,这里百姓早在四百多年前就种植三七了。文山州有特殊的水土条件,生产的三七质量高、疗效好,深受欢迎。李时珍"搜罗百氏,访采四方"(《本草纲目·第一卷·历代诸家本草》)修《本草纲目》的时候,开化的三七已是金疮要药,蜚声遐迩了。只不过当时不叫三七,而叫"金不换",这大概也是为了显示三七的价值宝贵吧!

为了搞清楚三七所含的成分,科学家做了一个实验。他们将十多只小白鼠分成两组,一组喂食三七,一组不喂,然后将它们放到池子里游泳。结果吃了三七的小白鼠游了三圈,依然精神抖擞,而不吃三七的小白鼠,游了一圈半就气息奄奄,陆续溺于水中。科学家又经过化学成分分离及结构测定,从三七中得到了六种皂甙元、二十一种皂甙活性物质,还有黄酮、谷固醇及胡萝卜甙等。人参含有的皂甙成分三七都含有。

三七

今天,我国的三七,已发展到六十多种,临床上用来治疗刀伤、枪伤、心血管病、妇科病、慢性肝炎等,还有人开始用它治疗癌症。

龙 涎 香

中国上古有一个传说:舜做皇帝时,有一位擅长画画的大臣,名叫董父。一次,董父画了一幅《龙生九子图》呈给舜,舜觉得色泽艳丽,十分耐看,便问他用的什么颜料。董父回答说这种颜料来自仙草的果实,用龙涎磨成。并说龙喜食烧燕肉,拿了燕炙去引诱它,又故意不给它吃,龙被惹得馋涎下滴,将它收集起来就可用来制作颜料。当然,世上本无龙,龙涎也只是一种想象出来的产物。但是,中药里却真有一味叫"龙涎香"的药材,它与龙凤马牛不相及,是海洋动物抹香鲸的肠内分泌物的干燥品。原来,贪食的抹香鲸常常吃得太多而得了胃病,得病后,胃部就生出肿瘤,瘤体流出脓液,结成硬块。捕鲸人一旦在水面上发现了抹香鲸,便跟踪追捕,从它的胃中挖出肿瘤和脓块。在各大洋,抹香鲸的结石也有从鲸体内排出,漂浮于海面或被海浪冲上海岸的。这些碎块一般都较小,然而在大洋洲附近的海面,挪威的一家捕鲸公司曾捕获一条抹香鲸,从其肠中取出了一块重约四百五十五千克的龙涎香。

新鲜的龙涎香是软的,呈黑色,有难闻的腥味,但一遇到阳光、空气和海水,就立刻硬化退色,并产生持久而宜人的香气。龙涎香燃烧时发出蓝焰,香气四溢,酷似麝香而更为幽雅,被它熏过的东西,能保持持久的香气。我国最早记载龙涎香的为《酉阳杂俎》一书,把它称为"阿末香",这是阿拉伯语的音译。唐朝苏鹗在《杜阳杂编》中亦载有同昌公主用浸有龙涎香的澄水帛挂于南轩以消暑毒的故事。

龙涎香作为药用,具有行气活血、散结止痛、利水通淋的功能,能够益精髓、助阳道。龙涎香以黑褐色、体松质韧、焚之有幽香者为佳。《峤南琐记·卷下》记载了两种辨认龙涎香真伪的方法:"将结块者奋力投没水中,须臾突起浮水面;或取一钱口含之,微有腥气,经宿,其细沫已咽,余胶结舌上,取出,就湿称之,仍重一钱。"

乌鸡传奇

乌鸡,又称乌骨鸡,属雉科动物,从舌尖到内脏均为黑色,是我国特有的珍禽,至今已有四百多年的历史。相传在乾隆年间,江西泰和武山西岩麓下有个叫涂文轩的人,将家中养的乌凤鸡进贡给乾隆皇帝。乾隆见这种鸡外貌超群,肉质细嫩,便当作奇品异珍,赐名"武山鸡",并封涂文轩为两省文宗。

1915年,武山鸡以其特有的紫冠、缨头、绿耳、胡子、五爪、毛脚、绒毛、乌皮、乌肉和乌骨获"十全"美名,在美洲巴拿马万国博览会上受到各国朋友的好评,定为观赏鸡。

其实,乌鸡的珍贵之处不仅仅在于它的外表,关键还在于它的药用价值。在我国最早的药学经典著作《神农本草经》中就有记载,并将其列为上品。《本草纲目·第四十八卷·禽部·鸡》中亦有详述:"乌骨鸡:甘,平,无毒……治妇人崩中带下,一切虚损诸病……"近些年来,经广大医药工作者和营养学家的分析和研究证实,乌鸡体内含有丰富的黑色素,不仅有极高的营养价值,而且有调节人体功能的作用。乌鸡的这种特殊营养价值及治疗作用,与其氨基酸含量高、种类多和必需氨基酸齐全有重要关系。目前,已知乌鸡体内含有人体必需氨基酸十七种,特别是被营养学家称之为"第一必需氨基酸"的赖氨酸,每 100 克乌鸡肉中即含有 8.23 克。现代医学已证实乌鸡有增加人体细胞分裂次数、抗氧化、延缓衰老之功效,有提高人体免疫功能、双向调节的显著作用。

根据"药食同源"的理论,以乌鸡治病的著名药膳"何首乌煨鸡"有养血、强肾、滋阴益肝、补精添髓之功效;"虫草淮山乌鸡汤"则对肺结核潮热不退,身体瘦弱者有良好的治疗效果;"黄芪炖乌鸡"可治疗月经不调、白带过多、痛经、血虚、头晕等。

传统中药"乌鸡白凤丸",源于明代龚廷贤《寿世保元·妇人科·虚劳·白凤丹》,后经清代太医院御医结合临床经验,将"白凤丹"、"调经方"、"乌鸡方"加减化裁而成,为宫廷秘方。同仁堂为清宫御药房制药时,掌握了处方工艺,生产该药至今已有三百多年历史。经过改良的新剂型"同仁乌鸡白凤口服液"较传统丸剂吸收快、口感好,是治疗月经失调、痛经带下、补气养血的妇科良药。

民俗中的鸡文化

在民俗文化中,凤凰是神鸟,能给人类带来幸福和吉祥,而鸡也同样被赋予了辟邪、吉祥的寓意。《山海经》中曾多次提到用鸡祭祀辟邪的民俗。南朝《荆楚岁时记》记载了正月初一时的民间风俗:"帖画鸡,或斫镂五采及土鸡于户上,悬苇索于其上,插桃符其傍,百鬼畏之。"在这个风俗中,鸡成为辟邪镇鬼的门神。晋代郭璞在《玄中记》中讲了一个有关"天鸡"的故事:"东南有桃都山,上有大树,名曰桃都,枝相去三千里。上有天鸡,日初出,照此木,天鸡即鸣,天下鸡皆随之鸣。"(《太平御览·第九百一十八卷·羽族部五·鸡》)在这个富有想象力的美丽故事中,鸡成了八面威风、呼唤光明、驱赶邪恶的主角。

"雄鸡一唱天下白"、"金鸡报晓",鸡已成为人们眼中的光明使者。躲在黑暗中的一切鬼魅都惧怕光明,一见光明便逃之夭夭。为除妖孽,喜欢光明的人类当然要崇拜鸡了。有趣的是,在十二生肖中,酉鸡与民间传说中半人半仙的姜太公有着种种联系。姜太公名姜尚,又名望,字子牙。据说八十岁时被拜为宰相,辅佐周武王讨伐商纣王。民间传说姜太公能预知阴阳、辨识凶吉、驱神捉鬼。在伐纣成功后,他祭坛封神,神鬼对其敬畏有加,有"姜太公在此,诸神让位"、"姜太公在此,百无禁忌"之说。姜太公出生于酉时,所以民间常有在窗户上贴"酉"字的风俗。贴上"酉"含有"姜太公在此"之意。十二生肖中,酉与鸡相配,"酉"又和"有"同音,"鸡"与"吉"同音,"酉鸡"也表示"有吉"。过去人们将鸡的形象画在门上,或以鸡血祭祀,便是借用鸡的传说来驱邪辟祸,祈求吉祥平安。古时的官帽叫冠,武官的帽称盔,雄鸡头上高耸鸡冠,"冠"、"官"谐音。所以,民间有一种吉祥画,画有公鸡一只,鸡冠花一朵,名曰

"官上加官（冠上加冠）"。雄鸡争强好胜,天性好斗,从古今斗鸡的风俗便可见一斑。

中国古代民间有立春佩戴迎春公鸡之习俗。立春前,妇女们用彩布缝制迎春公鸡作为饰物佩戴在孩子的身上,寓意新春吉祥。我国南方许多地方称农历正月初一为"鸡日",国外的一些民族在迎春节（复活节）时,将鸡蛋染上红色或以五彩装饰,象征着新生。

鸡在民间婚俗中是吉祥如意的象征。我国北方一些地区,临近结婚时,男方要准备一只大公鸡,女方则准备一只母鸡,表示新娘子为"吉人"。结婚那天,这两只鸡不能宰杀,称"长命鸡"。在东南亚一些民族的婚礼上年长者手持大公鸡在新郎新娘头顶上挥舞,为新人们驱邪祈福。鸡不畏毒且有啄食虫蛇的习性,这恐怕也是深受人们崇拜的原因之一。我国彝族一些地区,人们喜欢戴鸡冠帽,以表示对鸡的敬重,相传是鸡帮助当地百姓消灭了为害一方的蜈蚣。

酉鸡的故事

酉鸡在十二生肖中排行第十位,为啥叫"酉鸡"呢？酉指每天下午五至七点,日落时鸡便归窝夜宿,所以鸡的十二地支配属为酉。据传说玉帝册封生肖时,只考虑对人类有功劳的畜兽,家禽类的鸡原本排不上号,而为什么又把鸡编入生肖属相了呢？这都是因为鸡争强好胜的性格所致。

有一天,鸡王看到已被封为生肖的马受人宠爱,披挂金鞍银镫,心中十分羡慕。马开导鸡说:"要得到人们的爱戴并不难,只要你能发挥自己的一技之长,给人们实实在在地办点事情就行了。你天生一副好嗓子,只要用得好,说不定能对人们做出贡献呢。"

鸡王听后,回到家中苦思冥想,最后决定用自己的金嗓子在黎明时分唤醒沉睡的人们。于是每天拂晓,鸡王就早早起床。放开嗓子高声歌唱,把人们从睡梦中唤醒,人们对鸡王十分感激。可是玉帝封生肖只限于走兽类,不要飞禽,这可急坏了鸡王。

一天晚上,鸡为此事胡思乱想,辗转难眠。朦胧中,鸡王一缕梦魂飞上天宫,在玉帝面前哭诉。玉帝细想,鸡王的功劳也不小,自己规定的标准确实有点不公,于是便摘下身边的一朵红花戴在鸡王头上,以示安慰和嘉奖。

鸡王梦醒后,发现头上真的有朵大红花,便兴高采烈地去见四大天王,四大天王一眼便认出这是玉帝的"御炉红花",就大胆破格让鸡王参与生肖的竞选。

到了争排生肖那天,鸡王与狗同时起床,相伴而行。鸡王向来好强,怕狗占先,快到天宫时,连飞带跑地抢到狗的前面。待狗回过神时,鸡王早已坐在了生肖席的第十把椅子上,无奈狗只好坐在鸡王的席位之后。

从此,狗对鸡再无好感,见到鸡就追赶。直到今天,狗仍怒气未消,狗撵鸡飞的现象依然经常可见。而鸡虽然是头戴大红花,但总觉得自己有愧于狗,所以每天总是红着脸在司晨。

樱桃——春果第一枝

樱桃,色泽红艳鲜亮,体态玲珑娇小,如红宝石,又似玛瑙,惹人喜爱,难怪古人常用其比喻美好的事物。如言女子口唇之美谓"樱桃小口"或"樱唇",唐代新科进士有樱桃宴之会等,阳春三月称"樱笋时",时令佳馔称"樱桃厨"。历代不少文人墨客对樱桃更是情有独钟,称颂备至。唐太宗说它"昔作园中实,今来席上珍"(《赋得樱桃》)。杜甫写道:"西蜀樱桃也自红,野人相赠满筠笼。数回细写愁仍破,万颗匀圆讶许同。"(《野人送朱樱》)元代吕诚赋樱桃:

"天酒淋漓樊子醉,月盘璀璨汉臣看。不妨更渍蔷薇水,润我谈玄舌本干。"(《赋带露樱桃》)

樱桃虽然个小,但肉甜味美,吃起来甜透心底,香生嘴边,无怪乎宋朝梅尧臣直言樱桃"味兼羊酪美,食厌楚梅酸"(《朱樱》)。在宴席上,名师巧厨常以樱桃点缀冷盘菜肴,诱人口胃。此外,樱桃还可加工制成樱桃酱、樱桃汁、樱桃罐头以及果脯、露酒等,色泽鲜艳,香气清醇,深为食客们所喜爱。

樱桃营养丰富,每100克鲜果中含糖8克、蛋白质1.2克、钙6毫克、磷3.1毫克、铁5.9毫克,还富含胡萝卜素、维生素B、维生素C等成分。

樱桃,既是佳果,又为良药。祖国医学认为樱桃味甘性温,有益气、祛风湿、补血等功效。《滇南本草·樱桃》说樱桃"治一切虚症。能大补元气,滋润皮肤。久服延年益寿。浸酒服之,治左瘫右痪,四肢不仁,风湿腰腿疼痛"。南川《常用中草药手册·樱桃核》称樱桃能"清血

樱桃

热,补血补肾,防喉症"。《名医别录·上品·卷第一·樱桃》认为樱桃"主调中,益脾气,令人好颜色"。此外,樱桃还能治汗斑、烧伤烫伤、冻疮、咽喉干燥、睡眠不佳、疝气引起的疼痛等。

樱桃,又叫莺桃、朱樱、含桃、梅桃、荆桃、崖蜜等,为蔷薇科李属,多年生落叶果树,灌木或乔木。因抢百果之先上市,故有"春果第一枝"之美称。《太平御览·第九百六十九卷·果部六·樱桃》引用傅咸《粘蝉赋序》说:"樱桃,为树则多荫,为果则先熟。"经历代栽培,如今樱桃已遍布大江南北,品种分中国樱桃、甜樱桃、酸樱桃和毛樱桃四大类。中国樱桃果呈球形,甜中带酸。甜樱桃和酸樱桃从国外移居到我国已有百余年,因果实在所有樱桃品种中最大,故而得名"大樱桃"。毛樱桃原产于我国华北和东北地区,果实甜酸可口。我国樱桃以安徽太和金红樱桃、江苏吴县糯樱桃、南京垂丝樱桃和银红樱桃、山东莱阳短柄大果樱桃及浙江诸暨短柄樱桃等为上品。

名花良药话紫荆

1997年7月1日,在香港那雄伟壮观的国际会议展览中心,祖国母亲的五星红旗和祖国儿女的紫荆花旗冉冉升起。一时间,海内外多少个华夏儿女热泪盈眶,血泪浸淫的百年国耻终于洗雪。紫荆花成了中国人脸上的笑靥。

香港特别行政区区旗设计得鲜明简洁,寓意深远。区旗是五星花蕊的动态紫荆花红旗。一束香江两岸人民共同喜爱的小紫荆花,和谐自然地融进了香港特区的区旗区徽。一百多年前,英国人导演着罂粟花的罪恶,靠坚船利炮掠走了亚洲宝港。世纪之交,中国人用紫荆花的欢笑,靠国富民强收回了东方之珠。

在香港回归的那段日子,一些国人以为紫荆花是洋花,还有人说紫荆花是从英国移植到香港的。其实,紫荆花原产于我国。南朝吴均的《续齐谐记》就记载了一个关于紫荆花动人而又寓意隽永的故事。在汉代国都长安城,一户姓田的人家有三兄弟,老大田真、老二田汉、老三田广。父母在世时弟兄们倒还亲近,双亲一死,三兄弟就开始闹分家,把房屋田地都分完了,甚至连屋前的一株紫荆树也各不相让。由于争执不下,他们商定第二天将树砍为三段,各得其一。谁知第二天早晨起来一看,紫荆树已经枯萎了。三兄弟很奇怪。老大田真说,树本同株,听说将要被砍倒分掉,才这般惨状,难道我们还不如这株树吗?三兄弟羞愧难当,不再分家。没想到,那棵树立马又复活过来,枝繁叶茂如旧。从此田氏兄弟和睦共处,五谷丰登,家兴业旺。这样,紫荆树又有了"兄弟树"的美称。民间都把紫荆树当作团结和睦、兄弟友爱的象征。

紫荆花的学名叫红花羊蹄甲,别名洋紫荆、艳紫荆、乌桑等,为苏木科常绿中等乔木。紫荆树可高达15米,每年4月开花,花形犹如影蝶，踏春的游客往往驻足树下，流连忘返。难怪诗圣杜甫在春天薄暮的庭院里，看到轻风拂动紫荆树，春色与红花交映，轻风共暮霭婆娑，欣然挥毫写下"风吹紫荆树，色与春庭暮"(《得舍弟消息》)的无限感叹。诗魔白居易在宴游兴浓之时，吟诗赠友曰："东郊踏青草，南园攀紫荆。"(《六年寒食洛下宴游，赠冯、李二少尹》)扬州八怪之一郑板桥边品香茶边吟诗："溢江江口是奴家，郎若闲时来吃茶。黄土筑墙茅盖屋，门前一树紫荆花。"(《竹枝词》)

紫荆

紫荆不仅是我国的名花，而且是治病的良药。它的皮、木、花、果、根均可入药，以皮的药用价值为最高。李时珍在《本草纲目·第三十六卷·木部·紫荆》中说它的木与皮"苦，平，无毒。……破宿血，下五淋，浓煮汁服"。通见资料报道，其木与皮通可水煎、浸酒与入丸散，主治月经不调、风寒湿痹、跌打损伤、咽痛牙痛、痔疮肿痛等。外用可煎汤洗或研粉调敷，以治痈肿疥癣、虫蛇咬伤等。鲜紫荆叶可治慢性肝炎和肺炎高热不退。至于紫荆花、紫荆果则有活血、通淋、止咳、清热解毒、缓解孕妇心痛的作用。据现代科学研究，紫荆花含有丰富的黄酮类物质，种子含抗植物凝集素。实验室研究证实，紫荆皮对化脓性球菌和肠道致病菌有较强的抑制作用。紫荆皮中的鞣质对多种病毒也有抑制作用，游离的氨基酸可抑制葡萄球菌的生长。

紫荆花——古老的花，年轻的花，团结的花，也是保健的花。

说蛇话医

《白蛇传》的故事,可以说是老少皆知,无人不晓。蛇不仅有动听的传说,而且还是很好的药材呢。

蛇的品种颇多,有乌精蛇、青风蛇、水蟒蛇、蝮蛇,也有名贵的竹叶青蛇、金环蛇、银环蛇等。有些蛇是有毒的,如竹叶青蛇、金环蛇、银环蛇、蝮蛇等。毒蛇咬人时毒从毒牙流出,使人中毒,轻者伤残,重者死亡。据世界卫生组织统计,全球每年有500万人被蛇咬伤,其中约30万人永久致残、10万人丧生,可见其危害之大。

蛇相貌丑恶、令人讨厌,不过对人类却有很多益处,在军事、气象、文化、医药等方面都被广泛利用。就医食而言,蛇被越来越多的人所推崇,人们把蛇视为延年益寿的保健食品。蛇肉味道鲜美、营养丰富,含有丰富的蛋白质、脂肪、糖类、钙、铁、磷、维生素等成分。因此,蛇实在是难得的营养珍品。

除作为菜肴外,蛇还是名贵的药材。《神农本草经》里就有以蛇入药的记载。中医认为蛇胆有清肝明目、化痰的作用,可治疗肝火目赤、肺热咳嗽。在民间,人们常用活蛇胆泡酒,可以平肝息风、明目解毒。毒蛇对治疗麻风病及肌肤麻木不仁有良效。上海中医学院编的《中医外科学》中,有一张经验方叫蝮蛇酒,具有祛风化湿、解毒定惊之功效,可治麻风、肌肉麻木不仁、筋脉拘急、皮肤瘙痒或破烂等。

蛇蜕亦名龙衣,具有祛风、定惊、退翳、解毒、杀虫之功。如民间验方,用三克蛇蜕切碎,与两个鸡蛋同炒,一日一次,治疗小儿腮腺炎有奇效。此外,活蛇血有舒筋接骨、祛风湿、扫瘀结、开心窍之功。

毒蛇的神经毒素具有良好的镇痛效果,适用于三叉神经痛和坐骨神经痛、晚期癌性痛;心脏毒素能触发或诱导病人的心肌活动;凝血毒素可用于治疗血栓病,还可消除癌肿在血管上留下的斑块,防止癌转移。

好药者必误

据沈括《梦溪笔谈·卷九·人事一》记载,夏文庄患一种怪病,"才睡即身冷而僵,一如逝者",常服用仙茅、钟乳、硫黄,且每天早晨将钟乳粉调入粥内进食,不仅怪病尽除,还得享高龄。有个小官吏偷吃了药粥,结果暴病,几乎丢掉性命。又据《本草纲目·第十二卷·草部·仙茅》记载,弘治年间,有人因服仙茅,次晨暴死,张弼作诗哀之,曰:"使君昨日才持去,今日人来乞墓铭。"

仙茅

仙茅、石钟乳都是壮阳药。据史书记载,因误服、滥服壮阳药而致病、致死者不在少数,也常有患者因滥服壮阳药而致头晕、口干、失眠、血证、淋证、狂病。所以壮阳药是不能乱服用的。

壮阳药多具有类性激素作用,擅长壮肾阳、益精髓、强筋骨、兴奋性机能。对临床主要表现为阳痿、早泄、精冷、性欲减退、小便清长、形寒畏冷、白带清稀如水、宫寒不孕等肾阳虚的患者来说,无疑是良药妙品。在这方面,前人总结了不少宝贵经验,如《本草纲目》就收载有近四十种壮阳药。古方还少丹、斑龙丸、右归丸、五子衍宗丸以及民间单方枸杞煲狗肉、羊肉羊肾粥、冬虫夏草鸭等,都堪称奇效良方。至于龟龄集、参茸卫生丸、全鹿丸、参茸酒等更是驰名中外。

但凡世间事物有一利必有一弊,药能治病亦能伤人,壮阳药乃至大补药如参、茸者也是如此。壮阳药性多温燥,凡性欲亢奋、阴虚火旺的患者,或气候炎热时,均应慎用或禁用。否则,就容易发生助火劫阴的弊害。此外,服此类药还应注意掌握剂量,适量即止,不宜长期滥服。中医常说用药如用兵,好战者必败,好药者必误,兵者不得已而用之,药者亦不得已而用之,道理是一样的。如果借助此药纵情恣欲,那更是自促寿命,祸不旋踵了。因此,一定要在医生指导下,知节知慎地服用壮阳药。

老佛爷的菊花延龄膏

光绪三十一年(1905年)冬,慈禧太后患了"目皮艰涩。胸膈有时不畅"(《慈禧光绪医方选议·长寿医方·菊花延龄膏》)之症。御医张仲元切其脉,得"左关弦数,右寸关洪大而滑"(《慈禧光绪医方选议·长寿医方·菊花延龄膏》),诊断为"肝经有火,肺胃蓄有饮热,气道欠舒"(《慈禧光绪医方选议·长寿医方·菊花延龄膏》)。乃谨拟精调"菊花延龄膏"进行治疗。其配方和用法是:取鲜菊花瓣,用水熬透,去渣再熬取浓汁,加入少量蜂蜜收膏,每日饮三、四钱,开水冲服,以代茶饮。四天后,慈禧太后阅章视事如常。后此方被命名为菊花延龄膏。

此方仅鲜菊花瓣一味,效果却特灵。据《本草纲目·第十五卷·草部·菊》载:菊花"苦,平,无毒",主治"诸风头眩肿痛,目欲脱,泪出,皮肤死肌,恶风湿

菊花

痹",白菊尤佳,李时珍美言道:"菊春生夏茂,秋花冬实,备受四气,饱经露霜,叶枯不落,花槁不零,味兼甘苦,性禀平和……其得金水之精英尤多,能益金水二脏也。补水所以制火,益金所以平木,木平则风息,火降则热除。"每当秋风劲吹,多数树木花凋叶落,一派萧条,而此时菊花盛开,蓄大自然精华于一身。

菊花具有祛风清热、补肝明目之作用。常服可使须发不白,延年益寿。对于肝火上炎、胸膈饱满、目赤肿痛的患者来说,菊花不失为一味上品。由此可见清廷御医用一味菊花治好的慈禧太后的病,是有道理的。

话 说 牡 丹

牡丹皮也叫丹皮,是一味凉血药品,临床应用广泛。然而牡丹花又是名贵的欣赏花卉,深受人们喜爱。古今中外多有描写、歌颂、赞叹,采用的文字形式有诗、词、赋,还有骈文、散文,大都用了华丽的辞藻以及精美的词句,把牡丹誉为"国色天香"、"花中之王"。

牡丹能够傲然卓立于群芳之首,关键在于她的美,内在的美,外在的美,大度的美,潇洒的美和端庄的美。也正因如此,许多丹青妙手以牡丹为题材,浓墨淡素,挥洒自如,含趣点染,由实物到抽象,让感情升华,赋予牡丹精妙绝伦的艺术美。

我国的牡丹由野生到人工培植,历史悠久,过程也很漫长。在《镜花缘》一书中,武则天令百花齐放,唯牡丹不媚不

牡丹

趋,不肯展露自己的容颜,武氏大怒,遂将牡丹从长安贬到洛阳。尽管这只是传说,但此后洛阳牡丹倒真的名满天下了。洛阳是九朝古都,其历史地位决定了它的文化地位,加之武则天贬牡丹到洛阳的传说,这就使洛阳牡丹更以传奇色彩而"甲天下"。正像唐代诗人刘禹锡咏牡丹的诗:"庭前芍药妖无格,池上芙蕖净少情。唯有牡丹真国色,花开时节动京城。"(《赏牡丹》)以对比的手法,高度赞扬了牡丹。

牡 丹 由 来

"落尽残红始吐芳,佳名唤作百花王。竞夸天下无双艳,独立人间第一香。"这是皮日休的《牡丹》诗,道出了牡丹作为"花中之王"的无比艳美。说起牡丹的由来,其中还有个动人的故事呢。

相传在千年前,洛阳市北边,有一座嶙峋起伏的土山,名叫邙山,这里是个很美的地方,溪水潺潺、碧透映天、林木葱茏、百花争艳。就在这个美如画般的山坡上,住着一对勤劳、善良的夫妻,男耕女织,日子过得甜甜美美。

然而美中不足的是,这对夫妻不能生儿育女。为此事,两口子常常心情郁闷,暗自叹息。

有一天,小两口正在山坡上干活,忽然从头顶上传来一阵焦急的呼救声:"救命呀!救命呀!"他俩抬头一看,一只凶猛的老鹞正展着苍白色的翅膀,在捕捉一只美丽的鹦鹉。可怜的鹦鹉好像已经受了伤,五彩羽毛一片一片地往下落。那只穷凶极恶的老鹞,瞪着圆眼,伸着钩嘴,穷追不舍地猛扑。在这危险关口,夫妻俩挥舞着锄头逐打老鹞,将这只凶恶的老鹞赶走了。

鹦鹉从空中跌了下来,躺在田埂上的草丛里。夫妻俩急忙跑过去,把鹦鹉小心翼翼地捧在手中,仔细一看,鹦鹉那灵巧的翅膀被老鹞的利爪抓伤了,鲜血一滴一滴地往下滴,双眼闭着发出轻微的呻吟。后来经过夫妻俩一个多月的精心照料,鹦鹉的伤痊愈了,也养肥了,显得更加美丽。每天小两口一出去,它就在家里看门,并且什么话都会说。从此,这个幽静寂寞的小院里,增添了几分欢乐的气氛。

这天上午,夫妻俩对鹦鹉说:"鹦鹉,你的伤治好了,该回你自己家去了。"鹦鹉说:"你们是我的救命恩人,恩情不报,我是不会离开的。"夫妻俩一听,笑道:"你能报我们什么恩呢?"鹦鹉一本正经地说:"不瞒你们说,你俩的心事我早就知道,求儿求女,把什么办法都想了。其实不用发愁,邙山上有个仙人台,仙人台上长有灵芝草,吃了灵芝草,能生白胖小。"夫妻俩急切地问:"仙人台在哪里?离这儿有多远?我们现在就去采。"鹦鹉忙说:"我的翅膀好了,会飞了,三天就能把灵芝草给采回来。"

三天后,鹦鹉把灵芝采了回来,妻子喝了灵芝熬好的汤药,不久就怀了孕。后来真的生了个又白又胖的小子,夫妻俩别说有多欢喜了。为感谢鹦鹉的情谊,他们特意给儿子起名叫"鹦哥"。鹦哥长到六岁时,开始懂事了。他个头高,力气大,十分聪明,村里人都夸他是个好孩子。

不料,一场灾难降临。鹦哥十岁那年,爹爹突然得了一种怪病,什么药都无效,没多久就断了气。在乡亲们的帮助下,鹦哥把爹爹埋葬在邙山脚下的一片花丛之中。谁知,不久之后鹦哥的妈妈也染上了这种怪病,骨瘦如柴,奄奄一息。鹦哥心中非常难受,他听说仙人台上的灵芝草能治妈妈的病,就暗下决心要去找仙人台。这天,天刚蒙蒙亮,小鹦哥就偷偷出了家门。别看他才十岁,可有心计了,他一路寻找,见人就打听。路上遇到一位白胡子老人,听说鹦哥要上仙人台,一阵朗声大笑,说:"仙人台在这东北方,要过九十九条溪,要翻九十九道岭。你小小年龄岂能攀得上去?"鹦哥听了白胡子老人的话,暗想:"我上不了仙人台,死也不回来!"

小鹦哥不知翻了多少岭,趟了多少条河。一天他又渴又饿,加上过于奔波劳累,就觉得天旋地转、金星乱舞,两眼一黑,"扑通"一声昏倒在崎岖的山道上。

当鹦哥苏醒过来的时候,太阳已经从东边升起,他用小手揉揉苦涩的眼睛,爬起来正要继续往前走,那位白胡子老人却出现在了眼前。老人连声夸奖说:"小童儿有志气!有毅力!但不知你上仙人台所为何事?"鹦哥说是为了给妈妈治病。老人听罢,说:"灵芝草能治百病,可就是不治你妈妈的病。""为啥?"鹦哥吃惊地问。"因为你妈妈得的是一种冷热病,凡间最好的药也是治不好的。"白胡子老人不慌不忙地说。同时从身上掏出一块石头,交给鹦哥说:"我这儿有一块石头,你啥时候能把它磨成一把钥匙,你妈妈的病就有办法治了。"鹦哥想再问明白一些时,白胡子老人却不见了。

鹦哥心想,这位老人肯定不是凡人。他相信了老人的话,就坐下来开始磨石头。磨呀,磨呀!鹦哥整整磨了三天三夜,手上磨出了血,终于一把小石头钥匙磨成了。刹那间,钥匙就像一颗宝珠一样,金光四射,耀眼透亮。就在此时,白胡子老人又来了,小鹦哥一把拦住他说:"神仙爷爷,你快告诉我,这个钥匙怎么用才能治好我妈妈的病?"

白胡子老人用手抚摸着鹦哥蓬乱的头发,望着遥远的天空说:"天上有个瑶池,瑶池后院是王母娘娘的炼丹房。这把钥匙能打开炼丹房的大门,只要你能取出一颗金丹让你妈妈吃了,她的病马上就会好的。"

鹦哥听了有点为难地说:"神仙爷爷,我上不了天,这可怎么办呢?"

只见白胡子老人吹了一口仙气,刮起一股清风。不大一会儿,一粒药丸落在了他手心里。他对鹦哥说:"你把这颗药吞入腹内,自然就会升天了。"鹦哥飞呀,飞呀!不知穿过了多少云雾,最后看见一座金碧辉煌、琉瓦飞檐的殿阁,大门上的"瑶池"二字闪闪发光。他见门口有神兵把守,就猫身绕到后面,越墙而过,果然看到后院有座炼丹房。他将钥匙插入锁内,稍一用力,只听"咔"的一声,门打开了。走进去后,鹦哥一眼就发现有个罐子在案桌上放着,他真是高兴极了,于是带了许多金丹,走出丹房,朝地界直奔而去。不料就在赶到邙山上空时,鹦哥忽然听到背后有人大喊:"毛贼休逃!"原来是王母娘娘发现金丹丢失,亲自持剑追来了。

眼看王母娘娘就要追到眼前,怎么办呢?鹦哥灵机一动,心想我把金丹撒下去,王母娘娘就是把我杀死,金丹也没法收回去了。妈妈和邙山上的人看见这些金光闪闪的仙丹,只要能拾回去把它吃了,病就会好的。于是,无数颗金丹随着轻盈盈的清风,撒向了人间。

这时,王母娘娘也追到了鹦哥的面前,拦住了他的去路。她一看金丹已被撒完,气得挥剑朝鹦哥刺去。就在这时,从东南方飘来一朵祥云,云上站着那位白胡子老人。他连声喊:"王母住手!王母住手!"

王母娘娘一看,原来是南极仙翁。她不解地问:"南极仙翁,你为何驾到?"

南极仙翁上前护住鹦哥说:"这顽童年小志高,救母心切,是我赐予他的钥匙,让他到炼丹房中取金丹为母治病。他心地善良,想多救活一些乡亲,就多取了一些金丹。看在我的面上,你就饶了他吧!"

王母娘娘知道实情后就饶恕了鹦哥。她收了宝剑,回瑶池去了。

南极仙翁对鹦哥说:"你刚才撒到邙山上的金丹,已经长出了一种奇花。这种花不但好看,而且它的根能够治病,你回去让你母亲和乡亲们把它的根刨出来,熬成药服下去,病就会好的。"说罢,驾云而去了。

鹦哥回到了邙山一看,果然漫山遍野全是色彩绚丽的鲜花。这一下全村人都惊动了,大家一边观看,一边议论,谁也不知道这花是怎么来的。鹦哥把事情的前前后后讲给了乡亲们听,大家听罢都高兴极了。

这种花这么好,又能治病,可是还没有名字呢。乡亲们想呀,想呀!整整想了九百九十九个名字,觉得都不满意。最后还是鹦哥的妈妈说:"这种花是王母娘娘的金丹变的,就叫'母丹'吧!"大家一听,拍手叫好。后来,人们把"母"字改成了"牡"字。从此,这种花就定名为"牡丹"了。

牡丹的生日

相传,吕洞宾这日驾着祥云正在天空飘然而行,突然看见地面上有一座美丽的城池,南北山水相映,城里宫殿林立,浓荫掩隐宝刹,香烟缭绕上空,顿时被这人间美景吸引住了,便按落云朵,来到凡间,一打听才知道此地是洛阳城。

吕洞宾走街串巷,游逛了一天,最后来到了洛河岸边。此时正是中秋时节,河水湍急,波涛汹涌,洛河犹如一条巨龙,向东滚滚奔腾。只见那滔滔激流中,有几十名好汉正在河面上施工架桥。桥的上游停着一只花船,河岸上有许多花花公子争着往花船上扔元宝,人声鼎沸,热闹非凡。吕洞宾觉得好奇,便挤进人群,去问一位看热闹的老伯:"请问,这里出了什么事情?"这位老伯回答道:"洛阳有个蔡壮元在洛河上为民架桥,已经架了七十二孔,还剩一孔,银两却花完了。正在着急的时候,今日从河的上游漂下来一只花船,船上有一位美貌女子,那女子站在船头对岸上的人说谁能用元宝砸中她,她就嫁给谁!这事一传开,全城有钱的公子都拿着元宝跑来了。你看元宝快把花船堆满了,也没见一个人能够砸得着那位女子。"

吕洞宾顺着老汉的手往船上一看,认出了那位女子,暗自好笑:"我当是谁呢,原来是观世音!"

这时,花船上的观世音也看见了吕洞宾,向他回眸一笑,又赶快转过身去。

待人们散去以后,吕洞宾登上了观世音的花船,观世音开玩笑地说:"八仙也想来投元宝资助建桥吗?"吕洞宾笑着说:"你就会想鬼办法,那些富贵人家的子弟把金银财宝抛尽,也砸不中你的仙体。"说罢,二人大笑起来。

吕洞宾又说:"我也想做点好事,不知能否助你一臂之力?"

观世音说:"这里没有你干的事情,如果你想为民做点好事的话,眼下邙山上瘟疫正在蔓延,百姓们苦受折磨,你何不想想办法去搭救他们呢?"

吕洞宾听了观世音的话,腾云来到邙山上空,向下一看,果然是庄稼无人种,农田无人耕,到处一片呻吟哭泣声。他想来想去,忽然想起了天宫里的牡丹仙子。听说牡丹根能治瘟疫,要是能把牡丹仙子请下凡来,让邙山上遍生牡丹,老百姓们岂不是有救了吗?想到这儿,他赶快上天去了。

吕洞宾来到瑶池,先去见王母娘娘,牡丹仙子是她身边使唤的仙女,要让牡丹仙子下凡去,得经她同意才行。这时,王母娘娘正在摆蟠桃宴,见吕洞宾来,随手扔过来一个蟠桃,说:"你真有福气,尝尝鲜吧!"

还没等吕洞宾开口,王母娘娘就先问道:"你这时候来天宫为了何事呀?"吕洞宾把洛阳邙山上的百姓正受瘟疫之苦,想来请牡丹仙子去播种牡丹为民治病的事说了一遍。谁知王母娘娘听罢"嘿嘿"一笑说:"说什么为民治病,分明是想在我的侍女身上打主意罢了。"

被王母娘娘回绝,吕洞宾心里很不痛快,想赌气而去。可又一想,若就这样回去,邙山上的百姓们怎么能够解除病痛呢?于是灵机一动,想了一个主意。吕洞宾耐着性子,一直等到王母娘娘的蟠桃宴散了,然后悄悄来到牡丹仙子的房中。他一进门,牡丹仙子猛吃一惊,恼火地说:"大胆吕洞宾!你竟敢私潜女官闺房,该当何罪?待我去禀告王母!"吕洞宾忙将她拦住,说:"仙子息怒,待我把话说完,再去禀告王母也不迟。"

牡丹仙子怒气冲冲地说:"有话快讲!"

吕洞宾很深情地把邙山上百姓们的疾病诉说了一遍,让牡丹仙子好好酌量酌量。牡丹仙子被他的真情实意所打动,但怕王母责怪。吕洞宾忙说:"你既然有怜悯百姓之心,就应该趁王母娘娘歇息之际,随我下界走一趟才是。"于是牡丹仙子跟着吕洞宾偷偷下界去了。

牡丹仙子来到邙山,吕洞宾把她引进一孔窑洞里。此时天色已晚,送走吕洞宾之后,牡丹仙子连夜造起了牡丹种子。黎明时,各种牡丹种子已经造出来了。她驾起祥云,把牡丹种子撒遍了邙山上的山山岭岭、沟沟壑壑。

牡丹仙子把牡丹种子播完后,立马回天宫。但还是晚了一步,王母娘娘已经起床在瑶池门口等着了。

牡丹仙子一见王母娘娘怒气冲冲的面孔,知道大事不好,赶快跪下,把事情经过原原本本说了一遍。王母娘娘听罢说:"私下凡界,本应严惩,但念你是一片好心,罪减一等,贬你到人间受苦,永远不得再回天宫!"说罢,便拂袖而去。

牡丹仙子被贬下凡,于是来到邙山的翠云岭住了下来。

因为牡丹种子是阴历八月十五撒下的,人们就把这一天定为牡丹的生日。每逢牡丹生日,大家都抬着猪,挑着羊,端着供香,成群结队地来到邙山,纪念这位舍身为民造福的牡丹仙子。

中药名避讳浅说

在封建社会,平民百姓对于帝王的名讳,是不能直接说出或写出的,相同的字或音则需要以他字代之,这叫"避讳"。这种情况,也影响到中草药名称的演变。这里试举几例说明。

常山:原名恒山,西汉文帝刘恒登基,为避其讳,遂改为常山,功效为涌吐痰涎、退热、截疟。

石榴:曾名金罂,五代十国时期,吴越王钱镠当权,因"镠"与"榴"读音相同,就将石榴改名金罂。石榴皮,功效为涩肠、止痢、止泻、驱虫,治久泻、久痢、便血、脱肛、滑精、崩漏、带下、虫积腹痛等。

山药:原名薯蓣,唐代宗李豫登基,因"豫"与"蓣"同音,就将薯蓣改为薯药。到了宋朝,宋英宗赵曙即位,因"薯"与"曙"音同,只好薯药改为山药。其功效为健脾补肺、固肾益精，可治脾虚泄泻、久痢、虚劳、咳嗽、消渴、遗精、带下、小便频数等。

元参：曾名玄参，清代为避康熙皇帝玄烨之讳，改称元参。在清代，特别是康熙、雍正、乾隆三朝，大兴"文字狱"，凡使用"玄"字，一般改为"元"字，如玄明粉改称元明粉，玄胡写作元胡等。元参有滋阴降火、除烦解毒之功效，治热病烦渴、骨蒸痨热、夜寐不宁、自汗、盗汗、津伤便秘、吐血、衄血、咽痛、瘰疬等。

常山

康熙偏爱金鸡纳

清代康熙皇帝一生与医学有不解之缘。据说他小时曾患天花，因祸得福得以继承皇位。康熙平素留心医理，熟悉药性，注重养生，从不乱服药，就连补药亦如此。他曾说过："服补药大无益，药性宜于心者不宜于脾，宜于肺者不宜于肾，朕尝谕人无服补药，药补不如食补。"（阮葵生《茶余客话·卷一·康熙论治》）五十七岁时，额下有几根白须，曾有大臣进献滋补肝肾的乌须丸，康熙认为此举多余，笑而拒之。不过，康熙却对治疟疾的金鸡纳有着特别的兴趣，他经常对大臣说："方书记载汤头甚多，若一方可疗一病，何用屡易。西洋有一种树皮，名金鸡勒，以治疟疾，一服即愈。可见用药只在对症也。"（查慎行《人海记·卷下·圣祖论医》）原来康熙曾患疟疾，久治不愈，众医束手无策。法国传教士洪若翰、刘应等在京闻知，遂进献金鸡纳，康熙服之而愈。此后康熙视金鸡纳为奇药，并把它作为"御制圣药"转赐患疟的大臣，以示恩宠。如其曾亲批颁赐金鸡纳给曹雪芹的祖父、江宁织造曹寅,只可惜,"圣药"星夜送往江宁途中,博学多才的曹寅已被疟疾夺取了生命。

金鸡纳又名金鸡勒,原为南美洲的一种树皮,当地人取名金鸡纳,意为"皮中之皮",含有奎宁等成分。1630年,秘鲁传教士了解了金鸡纳的治疟药效,制成了"耶稣会修士药粉"。后带至欧洲,受到罗马教皇及法国国王等的赞赏与推广。自康熙以后,此药一直是皇药、官药。直到19世纪中叶,金鸡纳才真正进入寻常百姓家。赵怒轩在《本草纲目拾遗·卷六·木部·金鸡勒》中记述:"嘉庆五年,予宗人晋斋自粤东归,带得此物……湾番相传,不论何疟,用金鸡勒一钱,肉桂五分,同煎服,壮实人金鸡勒可用二钱,一服即愈。"当时,只有在广州等沿海口岸才有少量船只携带有金鸡纳,至于其提取物输入我国,则是19世纪后期的事情了。

张仲景用姜之说

东汉著名医学家张仲景,平生用药使姜成"癖"。他的医学名著《伤寒杂病论》简直就是姜的天下,不仅用生姜、干姜,还用炮姜、姜汁。据统计,在《伤寒杂病论》一百一十三个方剂中,用姜的有九十五个。最多的用姜量一次达半斤。张仲景为何热衷于用姜呢?原来姜不仅是一种绝妙的调味佳品,更是一味功能极多、疗效较高的良药。

姜味辛辣,性微温,主要成分是姜油萜、小茴香萜、樟脑萜、姜酚等。临床医学证实:生姜具有健胃、温暖、发汗、兴

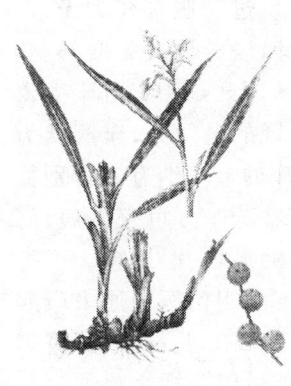

高良姜

奋、止呕、解毒等作用,对半夏、天南星等的毒性有特效。

我国民间积累了一些使用简便、疗效可靠的用姜治病的方子,至今仍具有神奇功效。如姜糖苏叶饮,用生姜、苏叶适量洗净后将两者捣烂加红糖十五克,用开水浸泡十分钟即成,对风寒感冒和胃肠型感冒有良效。将生姜十五克切碎,加入鸡蛋一个,调匀炒熟后食用,可治疗哮喘、慢性支气管炎。用生姜、橘皮各十二克加水煎服或用生姜汁加红糖服用,可治慢性胃炎、胃痛、呕吐。受寒咳嗽不止,可用生姜十克、白萝卜二百五十克、红糖三十克水煎服。尿潴留患者取生姜二十克,嚼后开水咽服,五分钟即可缓解症状。生姜不仅可以内服,外用效果亦甚佳。冻疮初起可将生姜汁熬成糊状,涂于患处。斑秃病可用鲜姜片搽脱发部位,每日三次。腹腔炎、盆腔炎、下颌脓肿等体表炎症可用姜片敷相应部位。

水 中 仙 子

"水中仙子来何处?翠袖黄冠白玉英。"(朱熹《用子服韵谢水仙花》)寒凝大地、万华摇落,而盛开的水仙花,却以她那银盘似的花朵、翡翠碧玉般的叶丝、亭亭玉立的秀姿、冰清玉洁的神韵、馥郁四溢的清香,使室内顿生春意,令人神清气爽。

我国栽莳水仙历史悠久。明代文震亨《长物志·卷二·花木·水仙》记载:水仙"六朝人乃呼为雅蒜"。由此推断,六朝之前已有水仙栽培了。到了唐代,水仙花已作为宫廷装饰之用。《花史》记载,唐玄宗赐虢国夫人红水仙十二盆,盆都用金玉七宝制成。段成式《酉阳杂俎·前集卷十八·木篇》记载:"捺祇,出拂林国,苗长三四尺,根大如鸭卵,叶似蒜叶,中心抽条甚长,茎端有花六出,红白色,花心黄赤,不结子。其草冬生夏死,与荠麦相类,取其花,压以为油,涂身,除风气。"李时珍在《本草纲目·第十三卷·草

水仙

部·水仙》中说:"据此形状,与水仙仿佛,岂外国名谓不同耶?"

植物学中,水仙属石蒜科多年生草本植物,为我国久负盛名的观赏花卉,如今各地均有栽培。水仙不仅有大球、小球之别,而且有单瓣、重瓣之分。大球产于福建漳州,球大花多,一球可生多枝花茎。小球产于上海崇明,一球仅有一两枝花茎,称为崇明水仙。单瓣的花心金黄,花瓣白色,形如酒盏,故为"金盏银台"。重瓣水仙,又叫千叶水仙,层层叠叠、密簇翻卷、淡雅芳洁、玲珑剔透,因此人们又叫它"玉玲珑"。

水仙的生存条件极其简单,郭沫若在他的《水仙花》一诗中这样写道:"只凭一勺水、几粒石子过活。"古往今来,许多文人墨客无不对水仙极尽赞颂之词,给后人留下了不少佳作。宋代诗人黄庭坚咏水仙诗《刘邦直送早梅水仙花四首·其三》曰:"得水能仙天与奇,寒香寂寞动冰肌。仙风道骨今谁有,淡扫蛾眉簪一枝。"明代于念东《水仙》诗云:"水花垂弱蒂,袅袅绿云轻。自足压群卉,谁言梅是兄。"描写了水仙花不畏严寒、刚劲轩昂、潇洒风逸的神姿,令人神往。

水仙花不仅美化环境、点缀生活,给人以无限雅趣,而且可以入药治病。其鳞茎内含有一种生具有清热解毒、镇痛散瘀和消肿的作用。花中含挥发油,有祛风除热、活血调经之功。现代药理试验证明,水仙所含的生物碱具有明显的抗癌作用。

美丽的水仙花,迈着轻盈的脚步,走进钟爱它的千家万户,装扮于人间、健康于人民、造福于人类。

古代帝王与中草药

我国历代帝王中,有不少对祖国医药学的形成与发展起了积极推动作用。远古时期,"三皇"之一神农氏,尝遍百草,掌握了多种中草药的药性,教人医疗与农耕,为本草奠基人之一。"五帝"之一的黄帝热心医药,曾与臣子岐伯、伯高等研讨医药,留下最早的中医典籍之一《黄帝内经》。

西汉淮安王刘安博览群书、善医药,为我国最早的科学家之一,他从尿液中提取结晶,制成中药秋石,是古代制药的雏形。

三国时曹操之孙曹翕,对中医灸法情有独钟,曾撰《曹氏灸经》七卷,在当时颇有影响。

南北朝时梁简文帝萧纲,对医学精通,曾撰《劝医论》云"九部之诊甚精,百药之品难究。察色辨声,其功甚秘",提示为医者要敢于吃苦,才能做良医。此文后被收于《古今图书集成》中。

唐高宗李治也对医药非常重视。657年,他命苏敬等二十余人共同编撰了《新修本草》这一鸿篇巨制,成为世界上第一部国家药典。

五代时后蜀皇帝孟昶,富有文学才华,兼通医药。在他的倡导下,翰林学士韩保升挂衔对《新修本草》校正增删,著成《重广英公本草》,对后世影响颇大。蜀亡降宋后,他被封为秦国公,常亲自为人诊治。

宋朝是中医学发展的鼎盛时期,这与数朝皇帝都崇尚医学有关。太宗赵光义未曾登基时,曾留心医术,遍收名方,即位后非常重视医药,下诏命王怀隐等人编著大型方书《太平圣惠方》。宋仁宗赵祯喜针灸,1023年命翰林医官王惟一编修《铜人腧穴针灸图经》,由政府颁行各州,并铸针灸铜人两具,供教学和考试之用。宋徽宗赵佶是个颇有建树的良医,继位后曾颁旨在各州县广泛设置"居养院"、"安济坊"、"漏泽园"等慈善和医疗保健机构,并设"修合药所"这一医药管理部门(后改为惠民局)。后又命人编著了本草学范本《大观本草》及国家药局方《和剂局方》等大型方药书。1117年他亲自主持,历时十八年,完成了旷世巨著《圣济总录》,集宋以前中医药文化之大成。还亲撰了《圣济经》一书。

明代周王朱橚,乃朱元璋第五子,平生喜欢医药,亲著或参编了《袖珍方》、《普济方》、《救荒本草》等书。特别是《救荒本草》,将民间可供食用的各种本草逐一描图,记明出产环境、外形、性味及食用方法,极大地丰富了本草文化。

清代康熙大帝,也留心医理,熟谙药性,有较高的医学造诣,曾两次为曹雪芹的祖父曹寅治病,是少有的亲自临床实践的皇帝。

夏 日 话 冰

汪昂《本草备要·金石水土部·冰》记载,宋徽宗食冰太过,病脾疾,国医不效,于是将民间名医杨介召入宫内。杨介诊毕,遂用冰煎大理中丸使徽宗服用,病竟豁然而愈。

冰,古时又谓之"凌"。古人常将冬日之冰藏于冰窖之中,至夏日取出,谓之"夏冰"。《周礼·天官冢宰·凌人》曾云:"凌人掌冰正。岁十有二月,令斩冰,三其凌……宾客共冰。"《左传·襄公二十一年》言及楚国有个人,托病不愿做官,"方暑,阙地,下冰而床焉"。可见我国食冰并以冰为避暑之物,由来已久。

冰,性味甘冷而无毒。用于医疗,则始于唐朝孙思邈。他在《千金方·卷第六·七窍病·面药第九》中云"以冻凌熨之",可以灭瘢痕,且效果较好。此外,冰还有去热烦之功。古代夏暑季节,冰难以寻觅,所以价格昂贵。清朝温热病专家王士雄在其《温热经纬·卷四·余师愚疫病篇》中记载:"乾隆甲子五六月间,京都大暑,冰至五百文一斤。"

冰,固然有清热除烦之效,外敷治病量可不拘,可是内服则宜斟酌,陈藏器特别强调:"夏暑盛热食冰,应与气候相反,便作宜人,诚恐入腹冷热如激,却致诸疾也。"(《本草纲目·第五卷·水部·夏冰》)《医林纂要探源·卷三·水部·冰》也指出:"不可过食……冰过食反伤阳,命火以衰,脾胃不能化矣。"这些忠告,提醒人们必须注意过量食冰所致的严重恶果。

在现代医学上,冰的应用更受重视,还创建了诸如冰帽之类的降温设备,用于抢救危重病人。

夏日炎炎,挥汗如雨,市场上冰棒、冰激凌等冰制品,应时而有,少食之可达解渴防暑之目的,过量嗜食则易伤脾败胃。尤其是小孩,形气未充、脏腑娇嫩,更应当有所节制。

张从正与山葱的传说

提起金元医学四大家之一的张从正,人们自然想起他的汗、吐、下三法,张从正的三法是从临床实践中得来的。就拿吐法的发现来说吧,这里还有一个故事呢。

张从正的邻居何老大,娶妻王氏,王氏是个贤惠的人,可因为一件小事和何老大吵了一架,一气之下,患上了疯癫。何老大请张从正去看,张从正望、闻、问、切之后,竟识不得病从何来,也不知应用哪味药。他叹了口气,对何老大说:"何家大哥,你另请高明吧,小弟才疏学浅,还拿不出给大嫂治病的办法。"

何老大一听张从正也没办法,长长地叹了口气说:"老天欺我,老天欺我,张先生无法,这是绝症呀!"

再说王氏,病情日重一日,就这样苦熬了三年。发病时,王氏唇口青紫,口吐白沫,牙关紧闭,不管陡坡、泥坑、水潭,倒地打滚,何老大看在眼里,疼在心上,只有爱怜、叹息,没有一点办法。

这一年,家乡遭灾,赤地千里,颗粒无收。何老大的日子更是难熬,也顾不得整日照看王氏。

这王氏疯疯癫癫,独自一人奔上山坡,渴了掬清泉水喝,饿了拔山中野草吃。有一天,她吃了一肚子山草,傍晚时分跑回家中,何老大一见王氏回来,急忙扶进屋里,让她躺在床上好好休息。那王氏也不打不闹,睡到半夜,突然爬起身来嚷着要吐。何老大急把她扶起,王氏"哇"的一声吐出白、黄、黑三色顽痰,过了几天,王氏竟一切如常,恢复了健康。

王氏病除的消息传到了张从正耳中。他亲自来到何家,问王氏吃了什么,王氏把他引到山坡上,找到当时吃的那种草,张从正一看笑了笑说:"这不是山葱嘛!"

藜芦

这草有毒,牛羊吃了会胀死,可王氏吃了就治了病,吐了痰,这是什么原因呢?

张从正想起《本草图经·草部·卷第八·藜芦》中说:"此药大吐上膈风涎。"心中顿悟:这就对了!它本是治痰的妙药。王氏痰迷心窍,才使成癫,这"催吐",当又是治痰一法。

就这样张从正把一种毒草,化为治病的良药,直到今天医家们还用其涌吐,不过不再叫山葱,而称作"藜芦"了。

雅意的薄荷

秦始皇统一六国后,开始大兴土木,其中之一就是打造华美富丽的皇家温泉行宫——骊山行宫。为了装点庭院,他传旨园艺役差寻找奇花异草,既要体现气派,还要具备皇家风范,更要彰显皇家温泉特色。经过精挑细选,一些名草名花脱颖而出,其中就有"菝䕮",而这"菝䕮"就是现在所说的薄荷,又名夜息草、银丹草、野仁丹草、水薄荷、鱼香草等,生长在我国南北大部分地区,常见于河畔、溪流水边湿地。全草入药,具有疏风散热、清热解毒之功效。

秋来叶清香,花开妍秋天。薄荷之意就是带有清香气体的叶子。沏茶性凉,可以解暑热。但是古人认为薄荷更喜爱立秋之后暑期渐消的时节。诗人陆游的诗句称:"薄荷花开蝶翅翻,风枝露叶弄秋妍。"(《题画薄荷扇·其一》)恰到好处地点明了薄荷花开的时令是秋天,尽管薄荷自夏季便陆续开花,但立秋时分是薄荷开花最为旺盛之时。

据传"薄荷醉酒"之说与陆游的祖父陆佃有关。陆佃通过观察云:"薄荷,猫之酒也。犬,虎之酒也。"(《本草纲目·第十四卷·草部·薄荷》)猫食薄荷则会有醉酒之状,步履蹒跚,满地打滚,"猫薄荷"一词也由此诞生。实际上,陆佃在这里犯了一个错误,薄荷与猫薄荷是两种不同的植物。今天所说的猫薄荷属于荆芥属,又名"假荆芥",这种植物与薄荷外形相似,也同样有清香的气味。

薄荷

从朱元璋赐鹅谈忌口

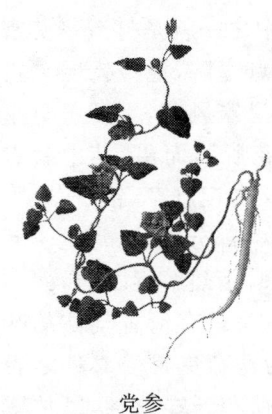

党参

明太祖朱元璋做皇帝后,大杀功臣。徐达元帅得了"发背"(现代医学称蜂窝组织炎),最忌吃荤。朱元璋却命太监送去一只肥鹅。圣旨赐鹅,必须当场吃掉,徐达明知朱元璋害他,但在封建制度"君要臣死,臣不得不死"的纲纪下,只得把鹅吃下去。不久,徐元帅毙命。这个故事说明疾病与饮食是有很大关系的。

中医看病,常要病人"忌口",即关照病人少吃或不吃某种食物,原因之一是为了避免吃的食物与药物产生抵消或不良反应。如治疗气虚,在服人参、党参等补气药物时,病人忌吃萝卜,因为萝卜具有耗气与破气的作用。

同样西医看病也有类似情况,如肾炎病人不能吃盐以免加剧水肿,且要少吃动物蛋白以减少高氮质血症发生。由此可见,忌口是防止食物对某种疾病或药物产生不良影响的一种方法。

丹溪翁巧施妙灵丹

朱丹溪,名震亨,字彦修,元代著名医学家,金元时期我国四大医学家之一，家居浙江丹溪，人称朱丹溪或丹溪翁。丹溪翁是养阴学派代表。

据医案记载，在朱丹溪家乡附近，有个姓冯的财主，年逾知天命，三个儿子夭折了两个，只剩下老三。为此他对老三宠爱倍加，每天膏粱厚味，养得白白胖胖，着实让人喜爱。但美中不足的是冯老三实在太胖了，站都站不稳。冯财主听说朱丹溪能治百病，便亲自登门请朱翁为老三治病。朱丹溪望着老三肥胖的体态，听完冯财主对老三病情的介绍后，摇头说："这是肥胖症，难治。"在冯财主万般恳求下，丹溪翁开出一方：让老三每日独自上山去寻"妙灵丹"，寻得病即愈。冯财主为了治病，只好忍痛让三儿子按丹溪翁的指点，每天一大早就上山去找药。日复一日，春去夏来，秋过冬去，冯老三经风吹日晒，雪打雨浸，脸晒黑了，体变瘦了，筋骨变得强壮了。一天，冯老三正在乱石堆中专心找药，突然在石下发现一张纸条，上面写着："冯老三，冯老三，活动就是'妙灵丹'，只要勤劳心良善，何须四处找仙丹。"冯老三这才悟出"妙灵丹"的含义。

俗话说："运动好比灵芝草，何苦去把仙丹找。"运动是一切生命的源泉，好吃懒做、运动不足，不仅可导致肥胖，还可诱发心血管病和内分泌疾病。丹溪翁巧用的"运动"良药，不仅可治疗肥胖症，也是治疗诸多疾病的灵丹。

史国公药酒的传说

史国公药酒是虎胫骨、当归、鳖甲、羌活、防风、萆薢、秦艽、牛膝、晚蚕砂、松节、干茄根、枸杞子等药物，浸泡高粱酒而制成，主治左瘫右痪、四肢麻木、骨节酸疼、诸般寒湿风气。史国公药酒是名扬天下的名酒，关于它的名号，还有一段很不寻常的传说。

史可法是明末著名的抗清英雄。明崇祯帝自杀，清兵入据北

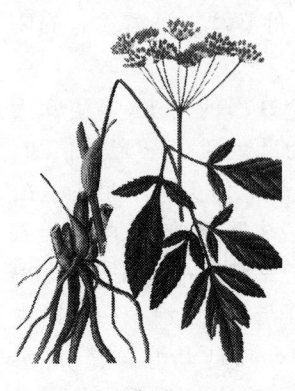

羌活

京之后,他以南明兵部尚书兼东阁大学士(首辅)的身份督师扬州,指挥江北前线的抗清军事。由于南京小朝廷中有权奸掣肘,驻守江北前线的四镇总兵又不听调遣,在清兵大举攻围扬州之时,史可法以万余孤军守城,终因力量悬殊,城破被俘,壮烈殉国。

史可法在督师期间,爱护部下,与士卒同甘苦。弘光元年(1645年),他率军到达白洋河(今江苏泗阳县)时正值隆冬,天气特别寒冷,夜间更甚。史可法经常穿着冰冷的铁甲睡觉,时刻准备投入战斗。这样熬了一段时间,多年未愈的风湿病发作起来。医生为他配制了一种药酒,饮后病痛大大减轻。他想起士兵也有得风寒病的,就命军中按方配制,给士兵们饮用。士兵们平时就很敬仰这位精忠为国的忠臣,这时更激发了感激爱戴之情,就给这种药酒取名为"史国公酒",以资纪念。这种药酒后来成了江淮名酒,配方逐渐传遍全国。

八 仙 草

相传铁拐李下凡来到人间治病。一天,他看见一位老农提着小锅盖大的一只青鳖,正乐呵呵地往家走。铁拐李仔细一瞧,知道这鳖有毒,就上前对老农说:"大哥,这鳖你是在大树下田边捡的吧,常言道'毒蛇跌鳖缩两脚',你看这鳖后面的两只脚没有伸出,应是毒蛇变化的,吃了会中毒的。"老农没好气地说:"活见鬼,我们祖祖辈辈吃了不知多少只了,没见一个给毒死的。"说完就走了。铁拐李见老农不相信,想等天黑去他家等毒发再行治病。

晚上,铁拐李来到老农家,只见全家丝毫都没有中毒的迹象,正在院里乘凉谈笑呢。他百思不得其解,只好硬着头皮去问究竟,老农笑着说:"若想知识无穷,多多问问老农。你不晓得生姜解百毒么,我们都用生姜烧煮东西吃,从来不怕中毒。"老农看出铁拐李是位仙家,故意气他说:"我们生病自己能医治,人间自有灵丹药,不劳神仙下凡来。"铁拐李羞愧难言,遂将背上的药葫芦塞子一拔,把里面的灵丹妙药,全都倒在地上,化作一股青烟而去。不久,就在铁拐李倒丹药的地方长出了一味良药,人们用其治愈了不少疑难病症。八仙草是铁拐李丢弃的一味良药,他原想用此草去为老农解毒呢。八仙草解毒散瘀之功甚强,加之又与铁拐李有关联,故冠以"八仙"之名。

八仙草

了 哥 王

了哥王

传说在很久以前,有一个会飞檐走壁的蟊贼。一日,在行窃时被人抓住捆缚,任凭人家拳打脚踢,未见其皱眉喊痛。众人觉得奇怪,问他练的啥功夫,不怕击打,他说有秘方。众人命他说出秘方,可免送官府查办。于是他讲出了实情,原来是一种草药根皮,平时搓成腰带系在身上,作案前预先咬下一段儿,用自己的小便送服,如果被人捉住,击打无妨。说完解下腰带相送,众人问他药名,他说师傅秘传,不知其名。众人给那腰带起名叫"贼裤带"。以后,那贼改邪归正,从军后屡建战功,当了将军,每遇部下作战受伤,他就解带医治,颇有奇效,将士们给那草药取名"将军带"。此药就是"了哥王"。

白 头 翁

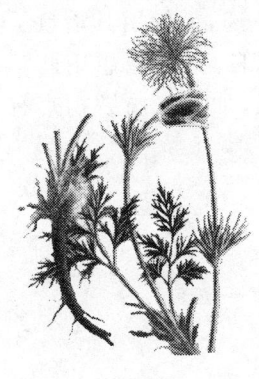

白头翁

我国古代中原与西域匈奴连年战争,民不聊生,百姓苦不堪言。胡王为修和好,决定派使者前往中原。一白发老臣是胡王的岳父,自愿前往。由于路途遥远,且又险峻,未到京城即死于途中,随从只好掩埋。他们克服千辛万苦到达京城,见到皇上,完成了和好使命。当皇上听到胡王岳父为修和好死于途中时,即命大臣前去老臣墓地,悼念这位友谊使者。只见老臣墓地,遍生紫色花草,密披白色长柔毛,恰似这位白发老臣。为纪念这位老臣,便把这草叫做白头翁,也有叫胡王使者、野丈人等的。白头翁具有清热凉血、解毒止痢、燥湿杀虫的功效。

云 南 白 药

云南有一位民间医生,名叫曲焕章。相传他是一个高明的猎手,擅长打虎。可是,有一回打猎的时候却出现了怪事,明明打中了虎,但当他请人上山去抬虎时,却发现老虎已无影无踪。这样的事接连发生了好几次。于是人们议论纷纷,甚至有人怀疑出现了"神虎"。

曲焕章不相信,他决心弄个水落石出。这一次,他打中老虎后,便躲在一旁观察,不久老虎艰难地站起来,摇摇摆摆地向前爬。曲焕章沿着血迹跟踪前往,但见老虎东寻西找,终于在一种野草面前停了下来。伤虎吃了这种野草后,血很快就止住了。曲焕章如获至宝,待老虎去远,赶忙采回这种野草。用这些野草给人们治疗跌打损伤,果有特效。

这种野草就是三七。后来,他又通过多方努力,搜集民间治伤名药,反复筛选提取,苦心钻研试验,研制了伤科药物"百宝丹",也就是著名的"云南白药"。云南白药的主要成分就是三七。

天　麻

相传在二仙岩上住着一位老人,以采药为生,尤其擅长采挖天麻,人称"天麻老人"。有一年春天,他在山中搜寻了几天,也没有挖到一棵天麻,心里十分懊恼。突然灵机一动,何不找块好地,种上天麻,到时就能采挖,免得年年满山跑,也不像今年这样,衣食无着落。主意打定,便种下一片天麻,可是一年过去了,却不见出苗。老人扒开一看,种下的天麻也不见了,整个土地都扒完,也不见麻种的踪影。老人十分纳

天麻

闷,转念一想,恐怕是被人偷去了。

第二年春天种下天麻后,他便在旁边搭了一个棚,日夜守护。到了采挖季节,满以为天麻即可到手,谁知扒开一看,仍是空空如也。老人不禁叹道:"天麻,天麻,真是天生之麻!"这事传扬开去,议论纷纷,说天麻是天赐神物,来去无踪,即呼为"神草",认为这并非人所能种之物。从此,无人再去种天麻了。

因此,天麻又称为神草,又谓赤箭。由于功能熄风、定惊,故又名定风草。天麻为多年生寄生草本,必须和密环菌共生才能发育长大,单独栽种,麻种就会烂掉。古人不知其理,故挖而不见,种而不活,所以才称其为神草。

太 子 参

明代大医学家李时珍历尽磨难,呕心沥血,终于写成了《本草纲目》一书。一天,他带着手稿,日夜兼程来到南京,欲请一个出版商的一位好友帮忙出版。

太子参

他住进一家客店,入夜,忽然听见有一位妇女在呻吟。李时珍闻其声便知其有病。于是立即唤来店小二问道:"隔壁何人患病?为何不去求医?"店小二诉道:"患病的是我的妻子,先生你有所不知,我妻子长年有病,赚来的钱还不够一家七口人的柴米油盐。"李时珍十分同情,便自愿给其治病。李时珍一边搭脉一边问病情,店小二说:"好几天没米下锅了,她只能吃一些番薯干。我们是靠孩子挖来的野菜根充饥的。"李时珍走过去,顺手拈了一株"野菜根",左看右看,然后又尝了尝说:"这是一种药,可治你妻子之病,从哪里采来的?"店小二说:"紫金山。"李时珍不知其为何处,随手掏出一锭银子放在桌子上说:"天明去买点米,把这药煎给你妻子服用,服了就好。"店小二感激得双膝跪地,连声道谢。次日,店小二的妻子果然好了。李时珍请店小二把他带到挖来那种野菜的地方。此处正是紫金山朱元璋太子的墓地,只见四周绿茵如毯,到处是这种药草。李时珍连声道:"好极、好极了!"他如获至宝,挖了满满一担。

后来,李时珍想把这种药草补写进《本草纲目》,因为药草生长在朱元璋太子的墓地,所以就定名为"太子参"。但是又怕此药的灵效一经传出,大家都来太子墓地挖药,触犯了王法。因此,最后还是没有把它写进《本草纲目》。

牛 蒡 子

在民间曾流传着牛蒡斗鼠的神话故事。牛蒡在古时候生长得非常茂盛,遍地皆是。其种子肥厚,富含油性,又香又甜。每当成熟之时,成群结队的老鼠便来收获。吃过牛蒡子的老鼠不但肥大,而且繁殖得很快。

最后,牛蒡所剩无几,连繁殖的种子也不多了。剩下的那些被老鼠咬过的种子,一般的地里无法生长,只有生长在肥沃的地里才行。为对付老鼠保护自己,

牛蒡子

牛蒡开始想办法,它先用苞片把种子包起来,成熟时一下裂开,种子入地繁殖,免遭鼠害。老鼠也不示弱,不等牛蒡成熟就开始吃食。牛蒡又把苞片向外长,并裂成针状,端部带钩。这下可把老鼠治住了,再来吃时,带钩的刺从四周钩住鼠毛,使其不可脱身,只有饿死。从此老鼠不敢再吃牛蒡子了,人们又称牛蒡子为鼠粘子,但是牛蒡子也只能生长在牛粪旁等一些肥地里了。

"白给"就是"白及"

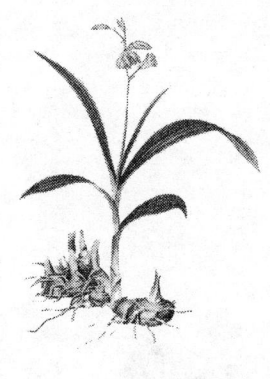

白及

草药白及是伤科常用药,主痈肿疮疽、死肌痱缓,形坚,质粘,可作糊,性涩而收,敛疮生肌,补肺叶破损而止血。其药还有一段动听的故事。

古代有位将官,保护皇帝从关外回京,一路上杀了十几名番将,眼看来到山海关口,突然又冲出几名番将,围拢过来。这将官请皇帝先行一步,自己断后迎敌。最后寡不敌众,被敌人砍了数刀。好在命大,他还稳坐在马背上,冲杀了回来。来到关前,将官一声大吼,马竟跃上城头,番将追来又用箭射,这将官又身中一箭。

皇帝很感激,马上命太医抢救。虽然伤口已愈合,但是肺被箭射穿,呼吸困难,嘴里吐血,很难医治。皇帝下令张贴榜文,征召天下能医之人。一位老农拿着几株叶像棕榈叶,根像菱角肉的草药,献给皇帝道:"把这药烘干研成粉,一半冲服,一半外敷。"将官用药后果然痊愈。

皇帝要封老农做官,他不要,赏他银子他不受。老农笑着说:

"我什么也不要,只请您叫太医把这味药编入药书,公布天下,治救众生。"皇帝赞许,问药叫何名,老农答:"还没有取名,请皇帝赐名。"皇帝想了想,问:"你叫何名?"老农道:"我叫白及。"皇帝笑道:"那就给它取名叫白及吧。"从此,白及这味药就流传了下来。也有人说老农分文不取,送药治病,就叫"白给",后来却写成了"白及"。

白 花 蛇

白花蛇

明嘉靖年间,长沙有个年逾半百的刘姓富豪,膝下只有一女,名叫玉姣,富豪视其为掌上明珠。玉姣自幼聪明、能诗会文,且姿容姣美,故求亲者络绎不绝。可玉姣偏都不中意。富豪心中纳闷,不久便明白了,原来玉姣爱上了家中年轻英俊的长工庞生。富豪气得七窍生烟,将庞生毒打一顿,逐出了家门。玉姣得知庞生被逐,又恨又急,遂去追赶。当她追至后花园时,果见庞生折回等她。她抚着庞生的伤痕,泪如泉涌,庞生十分感动。二人誓愿结为夫妻,并一同逃走。

一路艰辛来到蕲州,玉姣卖掉首饰,请郎中给庞生诊病,郎中一见庞生患有麻风病,拒绝诊治。店主得知,也急忙逐客,玉姣跪下苦苦哀求。店主就让他们住在店后一间下房。因为钱已用光,玉姣只好去乞讨。庞生躺在席上,全身剧痛奇痒,又加饥渴交困,便挣扎着爬起来,摸到屋角旁,朦胧中见一口破酒瓮,里面有一些残酒,随舀了一碗,一饮而尽。说来也巧,庞生一喝这酒,只觉一股清凉直透腹内,遍及全身,便又舀了一碗,更觉痛痒减轻,周身舒服。于是一连数日,饿了就喝,渴了便饮。不久,病竟奇迹般地好了。酒能治麻风病,店主不信,急叫人搬出酒瓮,众人一看皆大吃一惊,只见一条大蕲蛇横卧瓮中,蛇身已快浸化。

恰好李时珍从京城回来,听说此事,连忙赶来察访。夫妻二人惊喜万分,席地就拜,李时珍一时不解其意,急忙扶起二人。玉姣遂向李时珍倾诉了不幸遭遇,恳求他收庞生为徒。李时珍深为感动,便答应了。后来李时珍撰《本草纲目》时,特地写进了蕲蛇酒,人们便都知道了蕲蛇酒能治麻风病。庞生学医十分勤奋,不到十年,便医名远播。乡邻都说李时珍慧眼识珠,收了个好徒弟。据说庞生就是《蕲州志》上记载的庞宪。蕲蛇,又名五步蛇、白花蛇,因始于蕲州而得名。蕲蛇味甘咸,性温,具有祛风湿、散风寒、舒筋活络的功效。

百　　合

百合

相传,古时候,东海边上有一个小渔村遭到海盗的洗劫,村里的男性青壮年全部被海盗掠走,而妇女、儿童则被海盗抛弃在一个孤岛上。海盗离开孤岛时,恰逢狂风大作,贼船被掀翻,海盗们也都被淹死了。这些妇女、儿童被困孤岛,与外界隔绝,也没有粮食。为了求生,只能在岛上四处觅食。一时间,岛上的野菜很快成了稀有食品。人们发现这个岛上长着一种开白色喇叭花的植物,根部有一个白色的、圆圆的像蒜头的东西,吃起来十分爽口,于是竞相挖掘。

吃了一段时间后,原先患有痨病咯血的几个人竟然恢复了健康,变得精神起来。后来,有艘船航经此岛,救了众人,而这种救命的球根植物也被带回陆地栽种。经试验,发现此物竟有润肺止咳、清心安神的功效。因这种植物救治遇难者正好百人,球根又由许多鳞片层层叠合,就取名为"百合"。

百合具有清火、润肺、安神的功效,可以治疗虚烦心悸、失眠多梦。根、花、鳞状茎均可入药,是一种药食兼用的花卉。

当　归

古时娶妻续嗣,当归调血,为女人要药,又有思夫之意,故有"当归"之名,其与唐诗"胡麻好种无人种,正是归时又不归"(《本草纲目·第十四卷·草部·当归》)之意相同。

崔豹《古今注》云:"古人相赠以芍药,相招以文无。文无一名当归,芍药一名将离,故也。"(《本草纲目·第十四卷·草部·当归》)古时没有文字,久别相招信无字,只带一物为当归,见物即知君归意。据《三国志·吴书·太史慈传》中记载,曹操听说太史慈的名声,就给他写信,用箧封住。太史慈打开信后,无一文字,只放有药物当归,太史慈即心领神会。这正是寄信文无,但有当归,而知其义也。故当归又有文无之别名。

相传当归有一段趣事:有一乡村老妪,因儿子出门经商多年未归,甚觉孤苦

当归

伶仃,故请一位老郎中代写信函,招儿子归里。此老郎中不动笔杆子,只是包了一包中药交给老妪,吩咐她托人捎给儿子便可。儿子打开老母亲捎来的包裹一看,即刻收拾行李回到母亲身边。此乃何药,如此巧妙地激发起儿子的思乡之情呢?原来是知母、乳香、当归、熟地四味药材,若拼凑排列起来,便成为"知母乳香,当归熟地"也。真是心有灵犀一点通,儿子怎么能忘养育之恩。

刘 寄 奴

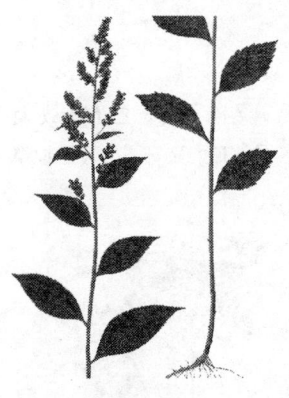

刘寄奴

草药刘寄奴为南朝宋武帝刘裕所发现,因刘裕小名寄奴,故此药被命名为"刘寄奴"。刘寄奴为治金疮之要药,有芳香之气、行散之功,破瘀通经、止血消肿、消食化积,性善走,功同三七。

相传,刘裕少时,一个深秋的傍晚,他从山上打柴回家,突然发现一条巨蛇横躺在路边的草丛中,两眼闪闪发光,张口吐舌,欲害来人。刘裕不慌不忙,张弓向蛇射去,随着弦响,箭中蛇身,那巨蛇带着箭伤逃窜于草丛深处不见了。翌日清晨,刘裕照常上山打柴,爬到半山腰忽然听到树林中传来一阵杵声。寻声看去,只见两位青衣童儿正在捣药,刘裕好奇地上前询问:"为何清晨就来此捣药,派何用处?"青衣童儿答道:"昨晚我家主人,被一个名叫刘寄奴的少年用箭伤了,我们把这草药捣烂是为他治箭伤的。"刘裕说:"那么为什么不去找刘寄奴报仇呢?"青衣童儿道:"此人将来要做皇帝,不能报仇。"听了这番话,刘裕十分惊奇,脱口说道:"我就是刘寄奴。"两个青衣童儿听了,便忽然不见。

几年后,刘裕投军当了兵,由于作战勇敢,又通晓兵法,很快成了将领。每当部下的士兵在作战中受伤,他就命士兵上山采来当年青衣童儿给蛇治箭伤的草药,十分神效。不久,刘裕率兵北伐灭了南燕、后秦,于420年称帝,即南朝宋的开国皇帝——宋武帝。后来人们为纪念他,将当时他给士兵治伤的草药命名为刘寄奴。千百年来以皇帝命名的草药刘寄奴,成了人们治伤的良药。

防　风

相传古时有一位皇帝,为体察民情,微服私访,只带了两名随从。由于奔波劳累,两名随从均感染风寒。一日走到半路,忽刮大风,下起雨来,前不着村,后不着店,不知如何是好。这时,皇帝看见山坡下有一种植物,三尺余高如伞状,便笑指道:"天公为我送来雨伞,何不在此避过风雨?"三人遂钻进草丛,油绿色的枝叶,清香的气味,胜似宫中美景。雨过天晴,草丛显得格外美丽。令人惊奇的是两名随从的咳嗽风寒之病也减轻了许多。

防风

皇帝不禁赞道:"春野无处不是宝,草丛避雨又防风。"从此,人们就把这种能治疗风寒之病的草药叫做防风。

红 娘 子

红娘子

古时有一对夫妻,相敬如宾,生活美满,丈夫忠厚老实,妻子贤惠美貌,生性倔强,喜穿一身红衣,故村里人都叫她红娘子。一位财主的儿子心怀歹意,欲想使坏,红娘子执意不从,财主儿子遂得相思之病,眼前总浮现出红娘子像飞蛾一样在空中飞舞、与之嬉戏的幻觉,致使病情越来越重。财主请来许多郎中诊治却无效果。于是狠心的财主为救儿命,硬把红娘子抢到家中。倔强的红娘子,一头撞死在香椿树上,村民无不愤恨。没几天,财主家园中的香椿村上,落满了很多形似蚕蛾、红褐相间的昆虫,并在园中飞舞。财主儿子见了,犹如看见红娘子,他满院追逐这种昆虫,抓到便一口吞下,没吃几只便中毒而死。村民们一时传开,说这虫是红娘子所变,专门杀死恶人。因此,人们便把这虫叫做"红娘子"。因红娘子有微臭之气,财主家的香椿树也变成了臭椿树。臭椿树又叫樗树,因此红娘子又叫樗鸡。

红娘子色红而入血,形色异而有毒,通瘀破积,是厥阴经之药,外用治瘰疬、癣疮之症。

杜 鹃 花

杜鹃花是我国十大名花之一。其花盛开之季,适值杜鹃鸟啼声阵阵之时,文人们浮想联翩,巧取美名杜鹃花。其花开时节群山尽染、美不胜收,故又俗称映山红、艳山红等。又四月开花时值清明节,上坟扫墓,尽赏其花,人们又称其为清明花。在这花海丛中,彩蝶狂舞、美色耀眼、群蜂梭巡,杜鹃鸟又阵阵啼鸣,使人尽享大自然之风采,故称为虫鸟花。花开最早,又称报春花。

杜鹃花

相传,杜鹃花原先只有白色一种,红色杜鹃花乃染血而成。关于红色杜鹃花有这样一个凄美的故事。从前,有一对恩爱夫妻,新婚不久,丈夫即被应征入伍,数年未归。其妻思夫心切,每日都要登山遥望,后来得知丈夫战死,更是痛不欲生。清明时节,她登高而泣,血泪满面,感动得杜鹃鸟也阵阵哀鸣,血从嘴角淌下,把一朵朵白嫩的花瓣都染成了红色。这正是"鲜红滴滴映霞明,尽是冤禽血染成。羁客有家归未得,对花无语两含情"(杨巽斋《杜鹃花》)。

杜鹃花具有化痰止咳、活血止血、祛风湿的作用,常用来治疗支气管炎、月经不调、闭经、崩漏、吐血、衄血、风湿痛等。

杏　林

据《神仙传·卷六·董奉》载：董奉住在庐山，给人治病不收钱，只要求病人病愈后栽杏树，重病治愈后栽杏树五株，轻病治愈后栽一株。这样，经过数年，总共栽了十万多株杏树，蔚然成林。山中百禽群兽游戏杏下，林中不生杂草，就像耕耘过一样。杏子熟了，董奉便在林中盖了草棚，当成装杏的仓库，并对众人说，买杏不须付钱，只要拿谷子来将一个小容器装满，即可随便取杏。有些贪小便宜的人拿来的谷子少而取走的杏子多，林中群虎便出吼逐之，杏子散落一地，待到家中一看，则如谷子之多少。有人来偷杏，则被老虎逐咬至死，其家人知其偷杏，如数奉还，并叩头致谢，死者则能复活。董奉则以每年用杏换来的谷子，赈济贫穷、供给行旅。每年要用掉三千斛，还剩余很多。"杏林"从此成为中医的代名词。

辛　夷

相传古代有一位姓秦的举人，得了一种怪病，经常鼻流浓涕，腥臭难闻，连妻女都回避他，而且头痛得厉害。他四处求医，总不见效，十分苦恼。

朋友发现他终日闷闷不乐，便劝道："老兄，天下这么大，本地医生治不好，何不到外地求医？"他觉得有道理，外出求医，还可顺便观赏山水，散散心里的郁闷，于是第二天就出了门。

秦举人走了许多地方,鼻病仍然没有治好。后来,到了夷人居住的地方,遇见一位白发老翁,老翁从自己房前一株落叶树上采摘了几朵紫红色的花蕾,让他每天早晚用这药煮鸡蛋来吃,说是一个月就能治好。他服了十几天,果然十分灵验,鼻不流浓涕了,头也不痛了。他从老翁那里要了一包药种,回家以后,便在庭院中种了起来。几年之后,这种树长得郁郁葱葱的。秦举人用这药给人治疗鼻病都很灵验,他也成了当地的名医。人们问这药叫啥名字,因为忘了向老翁询问,他回答不上来。后来,他想此药味辛,且是从夷人那里引种来的,于是就起名辛夷。

辛夷

辛夷具有保护鼻黏膜、减少黏膜分泌物的作用,对多种致病菌有抑制作用,能散风寒、治头痛、通鼻窍。

郁 李 仁

郁李仁又叫常棣、郁里仁、山樱桃等,花实俱香,实如小李,具有润燥通肠、下气行滞、利水消肿的功效。关于常棣,其中还有一段典故。

常棣也叫棠棣,其花有个特点,花萼上承下覆,有亲密之义,常被用来比喻兄弟。郭沫若所写的历史剧《棠棣之花》歌颂了战国时期四大刺客之一聂政的侠义精神,其事迹在《史记》《资治通鉴》等书中均有记载。

聂政年青侠义,因除害而杀人,为躲开仇人的报复,就带着他的母亲和姐姐逃到了齐国,以屠宰牲畜为职业。韩国大夫严仲子与韩国国相侠累廷争结仇,害怕遭其杀害,就逃走了。到了齐国,

郁李

听闻聂政侠名,严仲子献巨金为其母庆寿,并与聂政结为好友,求其为己报仇。但当时聂政并未应允。聂政待母亡故,守孝三年后,回忆起严仲子知遇之恩,便独自一人仗剑来到韩国国都阳翟。

那天,侠累正端坐相府大厅,左右站满侍卫,刀光闪闪,威风凛凛。聂政不慌不忙,直闯进去,以白虹贯日之势,刺杀侠累于台阶上,继而格杀侠累侍卫数十人。因怕连累与自己面貌相似的姐姐,聂政以剑割破面皮,挖去眼睛,拉出肚肠,就这样自杀了。聂政的姐姐聂荣刚强不屈,当她听说韩国国相被人刺死,认不出凶手是谁,官府正在暴尸示众,悬赏访查时,就知道那一定是自己的弟弟,于是哭得透不过气来。她来到韩国的闹市,看到尸首,认出正是聂政,顿时哀痛万分,伏尸痛哭,自杀于聂政尸前。尸体旁的棠棣树也被感动,其花上承下覆,亲密相抱。《诗经·小雅·常棣》云:"常棣之华,鄂不韡韡。凡今之人,莫如兄弟。"

佩　兰

佩兰是一种香草,人们常采此佩戴于身,以避秽气,故曰佩兰。相传佩兰乃一位仙女所遗之药。

这位仙女下凡来到人间,与一位农家青年结为夫妇。仙女名叫佩兰,身体修长,满身清香,为人行善,常到山中采一种香草为当地人治暑湿之病,每治必

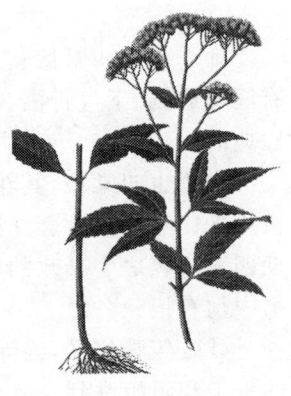

佩兰

验。后来天神得知佩兰下凡,便强行将其带回天界。佩兰临走时教丈夫种植该药为民除疾。丈夫怀念其妻,便将此药取名佩兰。当地人采兰以佩身上,以求仙女保佑。据说,汉代时就有在园中种植佩兰以降神的习俗了。

佩兰又名鸡骨香、水香,为多年生草本,喜温湿、怕旱、怕涝、耐寒。全草可以入药,具有解热清暑、止呕的作用。

金 莲 花

《五台山志》云:"山有旱金莲,如真金,挺生陆地,相传是文殊圣迹。"(《本草纲目拾遗·卷七·花部》)五台山寺庙的僧人常采金莲花,作为礼物饷客,或献茶时放入一朵,花开沸汤中,新鲜可爱。民间则流传着龙须草与金莲花的故事。故事发生在公元前2697年。这一年是我国干支纪年的第一个甲子,黄帝为了纪念打败蚩尤,庆贺胜利,铸就了一只足足有三丈三尺高的大鼎。

到了庆贺的那天,人们成千上万从四面八方涌来,就连天上的许多大神也纷纷降落,赶来参加庆贺。长空悬彩虹,大地放百花,好不热闹。到正午时刻,天地猛然一亮,从半空中飘下来一朵朵五光十色的彩云,等到那些彩云缓缓散去以后,只见一条火鳞金甲、红光闪烁的赤色巨龙徐徐降落下来。

这条巨龙落下来,就把龙头顿在鼎上,龙须一直垂挂到地面。而那赤龙的身子,却仍在空中晃来荡去。这时弦停

金莲花

歌休,舞止声寂。所有的珍禽异兽、神仙臣民都盯着这条赤红的神龙。黄帝见了,心中大喜,知道赤龙是来接自己升天的,就脚踩金色的莲花,缓缓飘起,到赤龙身边,骑到龙背上。赤龙徐徐升向天空。人们见到这样,才知道黄帝要升天了,于是就争着拉龙须,想攀上去。由于攀的人太多,竟拉断了龙须。断了的龙须,落到地上,就长成了今天的"龙须草"。

因为这一年是黄帝主政的,黄帝集天下臣民于此,成仙而去,于是这儿就叫"仙都",这就是今天浙江缙云县的仙都山。在仙都山丹峰几百丈高的峰顶上,到今天还留有黄帝放鼎的遗迹。因鼎过重,陷了下去,成为一个大坑。日子一久,里面积满水,像湖一样,人们就称之为"鼎湖"。这鼎湖里,曾留下黄帝脚踩过的金莲花,之后慢慢蔓延开来,满湖都是莲花,色彩鲜艳、香飘十里,引得人们纷纷争着来采。天神见到,就刮起一阵神风,把金莲花卷上天去了。不料,还有两片花瓣没被收去。一片落到东阳的一座山上去。这金莲花瓣渐渐长大,夜夜在山顶上放出熠熠金光,一闪一耀,很像初绽的花朵。人们惊异极了,就称呼它为"金华"。这座山,就是今天的金华山,金华山下的县叫金华县,也就是今天的金华。另外一片莲花就落在仙都山上,化为向渔亭的基石。

金莲花清热解毒,可用于治疗上呼吸道感染、扁桃体炎、咽炎、中耳炎等。

鱼 腥 草

绍兴的蕺草,是一味著名的草药,也是救荒的野菜。春秋末期,越王勾践被吴王夫差打败抓去当了俘虏,过了三年屈辱的生活,在范蠡、文种等大臣的帮助下,才回到了越国。勾践重返会稽,卧薪尝胆,不忘耻辱,发奋图强,立志报仇复国。不料头一年,就碰上了大灾荒,弄得人们连吃的都没有,日子十分难熬。

勾践没有灰心,亲自爬山越岭,到处去寻草根、挖野菜。有一天,勾践接连三次中毒,头晕眼花,连脸都肿了,但他全然不顾,继续在会稽山上挖野菜。

很多大臣劝他保重身体,勾践却说自己是一个无德无能的人,竟把国家弄到这般破碎不堪的地步,复兴越国的担子靠他一人是不行的,纵然有了他,有了越国,没有百姓,还成什么国家。他号召百姓们要想尽一切办法,度过这饥荒之年,复兴越国。老百姓听了勾践的话,无不感动万分,泪落如雨,齐呼万岁。

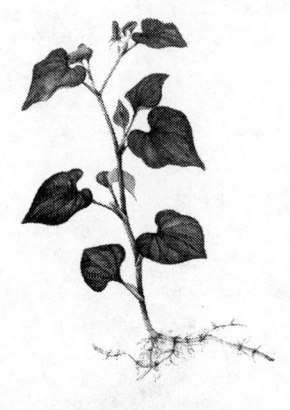

鱼腥草

第二天,勾践再次爬上会稽山,突然发现了一件奇怪的事情,一夜之间,漫山遍野竟长出了绿茵茵的小草,草茎是紫色的,还开出许多小花朵。勾践拔了一根,有一些鱼腥味,煮着吃,虽然苦,却还可口。于是叫百姓一齐来收割。这草说来也怪,割了又生,总也割不完。人们靠着它度过了可怕的饥荒。

这是什么草呢?因为这草有些鱼腥味,所以人们就称它为"鱼腥草",也因为它帮人度过饥荒,所以又呼它为"饥草"。不知道怎么一传两传的,也许后人叫白了口,却叫做"蕺草"。也许是能吃的缘故,不少人又把它叫做"蕺菜"。会稽山也因为生长这种蕺菜,被称为"蕺山"。

直到现在,蕺山还是到处长满了蕺菜。凡是到过绍兴的人,常常爬上蕺山,拔几根这种可爱的蕺菜看看,也有人采一些晒干,再磨成粉,夹在米粉里吃。鱼腥草具有清热解毒、利尿消肿之功,治肺脓疡、热痢、疟疾、水肿、淋病、白带、痈肿、脱肛、湿疹、疥癣等。

威 灵 仙

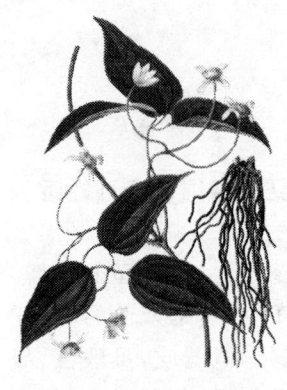

威灵仙

《本草纲目·第十八卷·威灵仙》引苏颂曰:"唐贞元中,嵩阳子周君巢作《威灵仙传》云:威灵仙去众风,通十二经脉,朝服暮效。疏宣五脏冷脓宿水变病,微利,不泻人。服此四肢轻健,手足微暖,并得清凉。"同时记载着这样一则故事:商州有一人患手足不遂,几十年来都不能下地,良医殚技,不能治疗。家人干脆把他放在道旁,以求救者。后遇一新罗僧,看后说:"此疾一药可活,但不知道此地有否?"家人派人到山上寻找,居然找到了,于是照方令病人服之,数日便能行走。后来邓思齐知道了这件事情,就将此事传播开来。

新罗僧高大威严,传此药且疗效灵验,故后人取名为"威灵仙",意指一个威严的仙人所传之灵丹妙药。

禹 馀 粮

禹馀粮为氧化物类矿物褐铁矿的一种矿石,具有涩肠、止血、止带的功效。传因大禹治水时弃其所余粮食于江中而得名。

大禹的父亲名鲧,因用筑堤拦水法治水失败而被舜帝所杀,后舜帝任命大禹接鲧继续治水。大禹用疏导的方法,把滔滔洪水纳入河道里,让水缓缓流入东海,治平天下洪水。他拿着度天量地的"玉简",背着生长不停的"息壤",带着力大无比的"应龙",骑着能漂洋过海的"玄龟",从黄河"龙门"开始,东到太阳出生的"扶桑",南抵沸水横流的"九阳山",西临餐风饮露的"仙人乡",北达终年积雪的"北海"。治水时,大禹亲自领头干活,跟大家同吃同睡,河挖到了自己的家乡,三过家门而不入。这天河道挖到了自己的家门口,媳妇出来去看,只见大禹身上挂着粮袋,手里拿着铁铲,正带领大家拼命地干活。她又气又心疼,想上跟前见见大禹,劝大家休息一下,谁知站在了一块摇摇欲倒的大滚石上。大禹回头一看发现不好,就连忙摆手让她退回。可是媳妇弄错了,误以为唤她,就赶着向前跑,一头栽了下去。大禹眼明手快,跳过去,把媳妇给接住,可是自己身上的粮袋却被石头划破,袋里的粮粒纷纷落到了石缝里。

　　这些粮食落地生根,见风就长,颗颗黄中带红,红里透黑。人们把它挖出来,磨成粉,用于治病,称之为"禹馀粮"。

秦　皮

　　相传一个盛夏的傍晚,钱塘江西溪药王庙门口躺着一个贫苦的老农,只见他浑身溃烂、号哭不止。庙里的大和尚出来问他是怎么回事,老农哭道:"也不知道是怎么搞的,几个月前,我浑身发痒,就用手抓,哪知道越抓越痒,皮肤都抓破了,还流出黄水。黄水流到哪烂到哪,就这样发了癞,皮肤溃烂,还发出臭味。东家认为我没有救了,就把我赶了出来。如今我浑身是病,吃住全无,只好躺在这等死。"那和尚听过,蹲下来反复看了看他的皮肤,问道:"前些

秦皮

日子,你都是起早下田么?"老农说:"我每天太阳升起以前就下田去摘黄花菜了。"大和尚听到这里,吐了一口气,摇了摇头,说:"这不是发癫,而是中了天蛇毒,我有法子把你的病治好。"

大和尚把老农领进庙,安排一间偏房让他住下。然后自己到厨房,用一种树皮煮了一大锅汤,倒进水桶,对老农说:"你想活命,就得把这桶药汤喝光。"老农一听可以活命,于是一口气喝了大半桶,后来又把剩下的全喝了。这样连喝了三天,身上果然不痒了,黄水流得也少了,抓破的癫也结了硬疤,而且渐渐脱落。又过了十几天,竟然全都好了,老农万分感激。老和尚说:"这是因为你趁早下田的缘故,早晨草上的露水多,许多黄花蜘蛛伏在草上,动也不动。但是,只要你碰了它,它就会咬你。黄花蜘蛛有毒,被咬的地方会发痒,你若一个劲地抓,就越抓越痒,皮肤抓破了,流出毒水,毒水流到哪就烂到哪,使得你浑身溃烂发臭,所以就得了这种病。秦皮是清热、解毒的良药,我用秦皮煮汤给你喝,你的病自然就好了。"老农千恩万谢,告别了大和尚。

秦皮性味苦寒,具清热燥湿的功效。老农拂晓下田劳作,被黄花蜘蛛所伤,是中了"湿毒",正合秦皮之功。

桔　　梗

桔梗是名贵中药材,有祛痰止咳、清肺提气的作用,犹以河南商城县的闻名。

相传很久以前,在大别山北麓的商城县有一个商家村,这一年,村里许多人都患了肺热病,男不能耕,女不能织,老人卧床延喘,娃子蜷伏母亲怀中,人人含泪,祈祷上苍救治。一天,村里突然来了一个名叫商凤的姑娘,见此情景十分悲伤,决心为民除疾,降伏病魔。

她身背药篓,踏遍青山采集草药,一天、两天、三天……她带的干粮吃完了,仍忍着饥饿,在悬崖上攀寻。七天过去了,还没有找到能治肺热的草药,极度劳累之下,商凤姑娘昏倒在山上。这时,忽听有人呼唤"凤姑娘",她循声望去,见一位仙翁自云端飘然而下,仙翁言到:"凤姑娘历尽千辛,为民寻药治病,诚心感人,老翁有些药籽,带回去撒在山上,七日后挖出来煎服,百姓病魔即可除。"凤姑娘拜谢老翁后,回到商家村,依言而行,七日后果然挖出了药材。村上人喝了商凤姑娘所制汤药,个个病除身轻,身强力壮。就在这天中午,姑娘乘着一朵白云飘然而去。

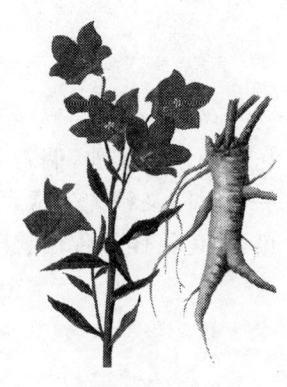

桔梗

人们为纪念她,把这味药材起名叫"商接根",意思是让子孙不忘商凤姑娘保住了商家村的根。"桔梗"便是"接根"的谐音。后人相传,商凤姑娘是玉皇大帝的四女儿,她找到神药后,七仙女拂袖起舞庆贺,自成一圈,在桔梗横断面上留下七个同心圆,就像一朵黄菊花。因此有"'黄菊花心'唯商桔梗独有"之说。这个动人的传说,给商桔梗增添了几分神秘色彩。商桔梗的独特之处还表现在种植上,如移植到其他地方栽培,则肉质不坚实,中间没有菊花心,药效也大大降低。据说在三国时,神医华佗曾多次来此采药,赞曰:"千山万川都有觅,唯有商桔菊花心。"

徐 长 卿

两千多年前,倘若人们进入深井或古墓,突然昏厥,救醒后过一段时间又精神失常,便称作遇上邪魅。巫婆们更是趁机大肆渲染,狐鬼灵怪等传说就随之流行了。

徐长卿

实际上这种病的真正原因是人吸入了过量的一氧化碳、二氧化碳及其他有毒气体。那时候,有一个叫徐长卿的民间医生不轻信这种鬼怪邪说,坚持用一种草药进行治疗,收到了较好的疗效。人们不知道这种药草的名字,便以徐长卿医生的名字命名了。

《神农本草经·卷一·上经》记载徐长卿主治"鬼物,百精,蛊毒,疫疾,邪恶气,温疟。久服强悍轻身"。"鬼物"等指发病的突然,"邪恶气"则指出了发病的真正原因。

徐长卿为多年生草本植物,有特异的芳香气味,具有止痛止痒、祛风化湿、抗菌消炎的功效,主治风湿痹痛、胃痛胀满、牙痛、腰痛、湿疹、荨麻疹等。

海　马

　　从前有一个叫海生的渔夫,出海打鱼忽见一条鳗鱼正在追捕一只漂亮的大红虾。海生不忍红虾遭难,拿起橹向鳗鱼劈去,鳗鱼被击而死。大红虾感恩不尽,竟开口说话。原来她是东海龙王的公主,外出游玩,遭到鳗鱼追逐,死里逃生。公主要送贵重礼物答谢,都被海生谢绝。最后公主只好说:"既然给礼不受,那么以后有什么事需要找我,在此处叫三声就行了。"

　　后来海生的妻子难产,无法可医,就想到了公主的话,遂将妻子难产之事告诉了公主,公主急忙到宫中拿了最好的催生药让巡海夜叉骑上海马去送药,并再三叮咛:"这是答谢恩人的药,不得有误,违者决不轻饶。"忙中必然有错,由于事急,却忘了给海马喂料。跑了一会,海马又饥又渴,四蹄发软,正饿得慌时,却闻到一阵异香,原来是宝药发出的香气。海马转过头趁夜叉没注意,连袋带药全吞到肚子里。海马顿时全身增力,不一

海马

会儿,就到了海生家。可药却不见了,夜叉闻到海马嘴里喷出的药香之气,断定被其偷吃,遂用鞭子抽打海马,打得海马遍体鳞伤。海马忍不住就拼命逃跑了,一不留神,被一礁石裂缝卡住,进退两难。夜叉抓住尾巴硬往外拔,尾巴被拔变得细如蛇尾,好不容易拔出来了,可是海马身子却被卡扁,四腿跟身子挤压在一块,装药的宝袋也和海马长在一起,还发出清香药味。海马自知理亏,跟着夜叉去了海生家向夫妻俩认罪。谁知海马一进门,草屋顿时清香四

溢,正在难产的妻子身子一轻,将孩子生了下来。

由于海马偷吃了宝药,自己也成了药材,海生向公主请求让海马在浅水区自生自长,以便随时救急,造福渔家,公主应允了。从那时起,海马在浅海区繁衍,成了一味贵重的药材。逢到渔妇难产,就煎几只海马服下去,孩子就能顺利地生出。此外,海马还有强身健体、补肾壮阳、止咳平喘等作用,尤其对治疗神经系统疾病更有效。

海　蜇

海蜇又名水母、海蛇等,其伞部白皮称海蜇皮、白皮子、秋风子等,不仅具有消痰行积、止带祛风的功效,还是一道美食。说起来,这还有一段故事。

在波涛汹涌的东海,有千奇百怪的海底动物和珍宝。一天,东海龙王的三公主过生日,老龙王发请帖邀来上界仙翁。龙王娘娘亲自烧炒烹煮。宾主难得一聚,自然皆大欢喜,人人开怀畅饮,酒至半酣,菜已上完。老龙王不知,还一个劲地叫上菜,来宾也要求再吃娘娘做的菜,愁得娘娘搓手跺脚。正在无奈,三公主到来,听母亲一说,也无可奈何。刚巧这时,一个白色蘑菇状的物儿,晃晃荡荡地漂了过来。三公主一见大喜,何不用此做下酒菜,喝令虾兵蟹将把那物捉来,一看无头无脚无内脏。由于席间紧催上菜,也就急忙切成细丝,用盘装好,浇上佐料。说来也怪,盘中的白丝,凡沾上佐料的立即变成红色,好似炒煮过一般。宾客一尝,味美脆滑,席间一片"啧啧"称赞。于是问娘娘是何菜,娘娘也说不出来,就说这是小女献给诸位仙长的,还是请问公主吧。三公主天生聪明,她听见席间"啧啧"称赞声,灵机一动,答道:"这物名叫海蜇。"海蜇从此得名,流传至今,成为人们筵席上的一道佳肴。

黄连姻缘

"良药苦口数黄连,绿花争艳正月间。清热解毒除沉疴,苦尽甜来结姻缘。"这是一首咏黄连的诗,提起这首诗,在民间还流传着一个有趣的故事。

从前,在大巴山深处有一个姓陶的医生,他家有个药园子,栽种着数百种中草药。有个青年帮工替他经管着药园,他忠厚勤奋,起早贪黑在园子里浇水锄地,栽花种药。正月的一天早上,寒霜未化,冷气袭人。小伙在园子的后山上,发现一株油绿的小花,正迎着寒风独自开放,于是把这株野草连根挖起来,种在了院子里,经常浇水施肥。第二年初春,绿茵茵的小花便开满了园子。

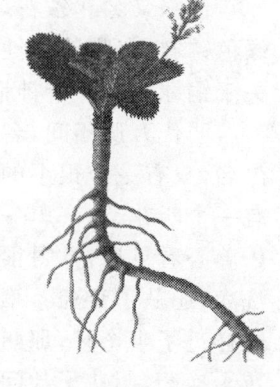

黄连

陶医生有个聪明伶俐的爱女,名叫妹娃。有一天,妹娃突然得了一种怪病,全身燥热,又吐又泄,只两三天就病得不省人事了。这时陶医生去外地行医还未归,家人请了几个医生给妹娃诊治都未见效。青年心中十分焦虑,突然想起园里那株绿色的小花,几个月前喉咙疼痛时,曾偶然摘了一片小叶嚼了嚼,当天喉咙痛的症状就全消失了。这种药能不能治妹娃的病呢?想到这里,他从园里采了一些花和叶子,熬成一碗汤送给妹娃喝。谁知这药还真灵验,妹娃早上喝的药,下午病情就有好转,再服两次,病竟痊愈了。陶医生回来,得知是这位帮工用小草治好了女儿的病,连声赞扬说:"妹娃得的是肠胃热重,一定要用清热解毒的药才能治好,这开绿花的小草看来对清热解毒有特效。"

这位青年帮工名叫黄连,陶医生为了记住这种药,也为了感谢这位帮工,就把这草药叫做"黄连"。还把自己的爱女许配给了黄连为妻。"黄连姻缘"的故事至今还在民间广为流传。

铜　　绿

铜绿又名孔雀石,为铜表面经二氧化碳或醋酸作用后生成的绿色锈衣,有收敛之性,具有退翳、去痛、敛疮、杀虫、吐风痰之功。关于铜绿还有一个神话故事呢。

明代万历年间,名医朱养心在杭州开设药店,起初药店并不大出名,只有一个很小的门面,在杭州城隍山下的大进巷里。一天,有一个叫花子,一瘸一瘸地来到他的药店前,右脚烂得淌脓流血。朱养心看见后,觉得很可怜,就到店里拿了药水,把叫花子的烂脚洗净,还贴了膏药。第二天,叫花子又来了,朱养心又给他换了药。这样过了半个月,那叫花子的脚好多了。这一天,朱养心正要给叫花子换药,叫花子却问道:"老板,你知道这种消肿退炎的法子么?"说着从口袋里掏出了一枚铜钱,这铜钱因为时间久了,上面满是铜绿。叫花子就把铜钱像贴膏药一样放到了烂脚上,脓血从铜钱的方口之中缓缓地流出来,没过多久,在铜钱贴着的地方,疮肉竟然止了血,收了口,长了新肉。朱养心万分骇异。那叫花子说道:"你这老板心肠好,我就把这枚铜钱送给你,算作膏药钱吧。"说完就拄着拐杖走了,从此再也没有回来。

朱养心心想,这真是一枚仙钱,难道叫花子是仙人。后来,他用这枚铜钱给人消肿退炎,很是灵验。这样一来,到他店里看病的人就多了起来,一枚铜钱不够用,朱养心想既然是仙钱,煮水来制膏药,效果应该是一样的。又一试,还是很灵验。他把这种膏药取名叫"铜绿膏"。

朱养心把铜绿膏制成大大小小许多种类,最小的贴在太阳穴上,可以消炎退火,生意十分兴旺。直到今天,有许多老人都还知道,朱养心药店的招牌上画着铁拐李的画像,意思是说这枚铜钱是铁拐李送给他的。

银　　鱼

　　银鱼,又称面条鱼、银条鱼、玻璃鱼、面杖鱼等,因通体晶亮,色白如银而得名,具有补虚、健胃、益肺、利水的作用。相传银鱼是孟姜女变化而来的。
　　孟姜女万里寻夫,哭倒长城,秦始皇勃然大怒,把孟姜女捉来问罪。秦始皇见孟姜女生得细皮白肉,美貌非凡,顿生邪念。要孟姜女做他的妃子,才可免去哭倒长城之罪,还能得享荣华富贵。孟姜女十分生气,但一想不能硬来,便心生一计,对秦始皇说:"要把我接进宫里并不难,只要皇帝亲临我江南家乡,在我背回去的丈夫坟前,御驾亲祭,百官吊奠,了却我与丈夫万喜良的夫妻之情,才能应允。"秦始皇满口答应了。
　　到了御祭这一天,万喜良的坟前站满了文武百官,秦始皇亲自点烛焚香,执壶献酒,进行御祭。孟姜女素衣素裙,浑身雪白如银,在坟前哭得死去活来,直到眼泪哭干,眼中的血流尽,才慢慢立起身来,瞪着两只又大又红的眼睛,指着秦始皇大骂,纵身跳进了坟前的一条大江。秦始皇这才知道中了孟姜女的计,便使人把孟姜女的尸体捞上来,叫人扎了一把铁丝扫帚,在尸体上一番横捅直扫,然后丢进了江中。过了六六三十六天,孟姜女得到江水的滋养,化成了银鱼。银鱼全身雪白就像孟姜女的素衣素裙;通体晶亮,象征孟姜女心地洁净;一双眼睛瞪得大大的,略带一点血丝,象征孟姜女一直在仇恨着无道的昏君。

薏苡仁

薏苡仁别名米仁、六谷米、菩提珠,色白如玉,形似如意,有健脾、补肺、清热、利湿之功,用于治疗泄泻、脚气、湿痹、筋脉拘挛、小便不利等。薏苡仁与汉代名将马援还有一段故事。

薏苡仁

在山水甲天下的桂林漓江边,有一个还珠洞。说起还珠洞,广西民间流传着这样一个有趣的故事。相传在东汉光武帝建武十八年(42年),马援被任命为伏波将军,率领部队赴交趾讨伐叛乱。队伍到了一个名叫浪泊的地方,因气候炎热,许多将士染上了水肿、脚气、吐泻等病症。不得已,马援只好命令部队安营扎寨。正当马援将军不知所措之时,有人教他命将士服食当地盛产的草药薏苡仁,疫情得到控制,将士全部恢复健康。自此士气大振,一举平定了叛乱,出色地完成了任务。

马援将军对薏苡仁有此神功甚为惊奇。他认定薏苡仁能轻身、胜瘴气,遂在大军凯旋之时,用船装载了一车,准备运回京城播种繁殖,以供日后为更多人解除痛苦。

途径桂林时,船停靠于漓江边一座傍水而立的山旁。岸上有人看到船上满载雪白如玉的圆润颗粒,形状酷似珍珠,就说马援贪赃枉法,在广西搜刮了大量的宝物——珍珠运回京城,中饱私囊。马援受此污辱,非常气愤,命令士兵打开船舱,将薏苡仁公之于众,然后将其倒入江中。后来,人们为纪念这位英勇善战、秉公廉洁的将军,就把当年停船地方的那座山定名为"伏波山",山下的岩洞称为"还珠洞"。从此,广西薏苡仁便随着伏波将军的威名流传开来,伏波山和还珠洞更是因为与马援将军有过这段神奇故事而名扬中外。

一枯一碧有科学

茯苓是一种菌类中药,功效广泛,自古即有"四时神药"之称,不管寒、湿、风、温诸疾,都可发效独特功效。现代医学研究证明,茯苓具有增强免疫力、保肝脏、抗肿瘤的作用。但它究竟属于寄生菌,还是腐生菌,生物学界有着不同的看法。有趣的是这种争论在古代诗歌中也有反映。

唐代诗人曹松在《题僧松禅》诗中写道:

空山涧畔枯松树,禅老堂头甲乙身。
传是昔朝僧种著,下头应有茯苓神。

而诗人李商隐《送阿龟归华》则这样写道:

草堂归意背烟萝,黄绶垂腰不奈何。
因汝华阳求药物,碧松根下茯苓多。

曹松与李商隐的诗句,一死一活,一枯一碧,虽一字之差却反映了茯苓在生物学上的不同特征。曹松的诗句说明茯苓生于松树死亡的根部,行腐生生活。李商隐的诗句说明茯苓是寄生松树的根部,靠寄生生活。我国多数生物学著作都认为茯苓是寄生于松树根部的寄生菌,和李商隐的诗意一致。

但科学要以事实为依据,诗的艺术夸张与比拟也要尊重客观规律。《本草纲目·卷三十七·木部·茯苓》记述了古代野生茯苓的寻找方法:"今东人见山中古松久为人斩伐,其枯折槎枿,枝叶不复上生者,谓之茯苓拨。即于四面丈余地内,以铁头锥刺地。如有茯苓,则锥固不可拔,乃掘取之。"古代采药人的经验,从一个侧面说明茯苓是行腐生生活的腐生菌。

1979年,《武汉大学学报(自然科学版)》在当年第三期发表了李益健的《茯苓生物学特征和特性的研究》一文,介绍了茯苓不同方式的接种试验。结果表明,把茯苓菌种接种在活的松树根部,都不能成活,但接种在枯死的松树根部,能很快成活,并迅速生长蔓延。这说明了茯苓不是行寄生生活的寄生菌,而是行腐生生活的腐生菌。根据茯苓的这一生物学特性,可以进行大面积的茯苓人工栽培,以满足医疗需要。

曹松和李商隐的诗不仅描绘了诗的意境,显示出形象美,而且曹松的诗还把深刻的生物学知识寓于诗情画意之中,使读者既可以得到美的享受,又可以受到知识的熏陶。

古医药绝唱《草木传》

一个妖狐变成妙龄女郎,以艳丽的姿色牵动了一个书生的情丝,人鬼相亲,乐极生悲。一天深夜,少女露出青面獠牙,把深缅于温情之中的书生的心掏出来吞了。幸亏一个得道的老者,降服了妖怪,使书生死而复生……这是《聊斋志异》中的名篇《画皮》讲述的故事。

蒲松龄还有一些鲜为人知的医学科普作品:"那一日在天门冬前,麦门冬后,摇了兜铃,忽然闪出两个妇人,一个叫知母,头戴一枝旋复花,搽着一脸天花粉;一个叫贝母,头戴一朵款冬花,搽着一脸元明粉,款动金莲来求咳嗽奇方。黄芪抬头一看,即知头面所有各般枳梖,俱是止嗽奇药,放下兜铃合成一方,便把他热嗽痰喘,一并治去,真可谓国手无双也!"这一出"剧中人物"的道白,出自蒲松龄的《草木传·第一回·栀子斗嘴》。在蒲松龄生活的时代,《草木传》同《聊斋志异》中的名篇一样,为许多人传咏。

蒲松龄博学多才,精通医药,创作了《伤寒药性赋》、《药祟书》和《草木传》等医学作品。在他的著述中,对中医四诊要法、疾病治疗及常用药物知识等,均有独特见解。

知母

蒲松龄自幼热衷科学,屡试不第,在乡里度过四十余年的塾师生涯。《原配刘孺人行实》记载,蒲松龄连破屋里分隔内外的木板都是向堂兄借来的。科举场上不得志,生活上穷困潦倒,使蒲松龄更多地接触民众,对乡民的疾苦更有亲身体会。他在《药祟书·序》中称,传播医药常用知识是为了方便民众求医问药,"疾病,人之所时有也。山村之中,不唯无处可以问医,并无钱可以市药。思集偏方,以备乡邻之急"。

《草木传》中,蒲松龄根据中草药的性味、功能、药效等特点,以奇妙的艺术手法,运用生、旦、净、丑等戏剧角色塑造出不同性格的"人物",使药物拟人化,故事情节化,成功地把中医药知识搬上了戏剧舞台。

从《草木传》的构思和内容来看,蒲松龄以独特的艺术风格、新颖的题材、通俗的话语、特有的戏曲形式,通过"剧中人物"的道白、说唱、赋诗等,介绍了五百余味中药的实用知识。读来让人兴致盎然、酣畅淋漓、掩卷拍案,可谓我国古医药学中的"绝唱"。

神奇的舞草

西双版纳勐仑植物园中有一种形似花生样的植物,当它"听"到优美悦耳的音乐时,就会"情不自禁"地摇摆跳动,翩翩起舞。如果音乐铿锵激昂,它的舞姿就欢快婀娜;音乐忧郁低沉,舞姿则缓慢、柔软无力,人们称这种植物为舞草。

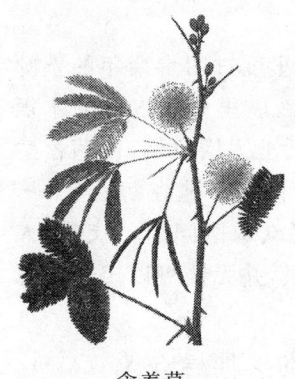

含羞草

我国古籍中曾记载四种舞草,即风流草、虞美人、怕老婆草和含羞草。风流草属豆科植物,又称鸡毛草。生长于我国南方,印度、菲律宾、越南等国也有。为落叶小灌木,高约十五厘米,复叶互生,侧生两枚叶较小,花似蚕豆花,紫红色,对阳光敏感,一经照射,两片小叶会自动缓慢收拢,然后迅速下垂,像钟表样沿椭圆形曲线不停地运动,直到太阳落山才停止,属热感运动。

虞美人又称丽春花,属罂粟科植物,高约五十厘米,茎叶有毛,叶互生,长椭圆形。宋代张洎《贾氏谭录》记载:"褒斜山谷中有虞美人草,状如鸡冠,大而无花,叶相对。行路人见者,或唱《虞美人》,则两叶渐摇动如人抚掌之状,颇应节也。或唱其他辞,即寂然不动也。"属于振感运动。

清代清凉道人在《听雨轩笔记·卷三》中记载:"广西思恩府有怕老婆草,其草每株发十余叶,中抽一心,长二寸许,其上开淡黄花,若蒲公英然,叶类凤尾,细叶对生于茎上,喜生于阴湿处,墙角路隅皆有之。人每俯身离草尺许,大声叱之,则其叶对对相合,良久始开,女人叱之则否。予笑谓同人,此直怕老公耳,非怕老婆也。

常深思之而不得其故。一日偶呵之以气,而其叶亦合,因以铁箸夹炭火,自上微熨之,亦然,始悟其一遇阳气即能合并,初不由于喝叱也。"至于说"女人叱之则否"则是一种误解,可能女人声音细小,未达到使它闭合所需的能量。

"有草名含羞,人岂能无耻?鲁连不帝秦,田横刎颈死。"这是陈毅元帅的《含羞草》,诗中举鲁仲连不帝秦,田横不称汉臣的典故,告诫人们应有高尚的品格。含羞草是一种叶椭圆形互生的草本植物,可供药用,有镇静、消炎、杀菌的功效。当触动或大声喝叱,其叶合拢,过一会儿又回复原状。原因是叶柄颈部有一薄壁细胞组织——叶枕,对刺激反应极为敏感。叶枕充满水分,当触动或大声喝叱时,其上部细胞里的细胞液被排到细胞间隙,造成膨压降低,于是上部像泄了气的皮球瘪了,下部像打足气的球鼓起来,即下垂合拢。过一段时间,当叶枕细胞充满液体,膨压增大,即恢复原状。清代植物学家吴其濬在《植物名实图考·卷三十·群芳类·喝呼草》中描述含羞草:"手拂气嘘,似皆知觉;大声啊喝,即时俯状。"这种神奇的功能,为含羞草长期对外界恶劣环境的一种适应。含羞草生长于旷野之中,长年累月遭受狂风暴雨的洗礼,当闭合时,可免受损伤,能保持其叶的完整性,有利于进行光合作用和生存。

第六篇　百草与文学名著

第一章 《红楼梦》中百草情

薛宝钗服冷香丸

《红楼梦》中的显赫人物薛宝钗,为人处世圆滑,她自幼有一个病根:"从胎里带来的一股热毒。"(《红楼梦》第七回)病轻时,"也不觉什么,不过只喘嗽些"(《红楼梦》第七回);病重时,则突然"满面通红,身如燔灼,话都不说……连手也不能摇动,眼干鼻塞"(《红楼梦》第九十一回)。治疗这种病:"也不知请了多少大夫,吃了多少药,花了多少钱,总不见一点效验儿。后来还亏了一个和尚,专治无名的病症,因请他看了……说了个海上仙方儿,又给了一包末药作引子,异香异气的。"(《红楼梦》第七回)这个有名的"海上仙方",就是"冷香丸","犯了时吃一丸就好了"(《红楼梦》第七回)。

"冷香丸"的配料和服法很特殊:"要春天开的白牡丹花蕊十二两,夏天开的白荷花蕊十二两,秋天的白芙蓉蕊十二两,冬天的白梅花蕊十二两。将这四样花蕊于次年春分这一天晒干,和在末药一处,一齐研好;又要雨水这日的天落水十二钱……还要白露这日的露水十二钱,霜降这日的霜十二钱,小雪这日的雪十二钱。把这四样水调匀了,丸了龙眼大的丸子……用一钱二分黄柏煎汤送下。"(《红楼梦》第七回)。其实中医药书里并没有"冷香丸"这个名字,虽然曹雪芹说是"癞头和尚"开的一个"海上仙方",实际上是其独创罢了。

且不论"冷香丸"是否真的存在,但从它能治薛宝钗的病症分析,是对症用药的。从中医学角度看,薛宝钗的病无非是"痰水"所致,诸药配合,共凑甘寒降火、润肺化痰、止咳平喘、芳香宣散之效,则是可以的。若从西药学分析薛宝钗的病症,突然"满面通红,身如燔灼,话都不说……"很相似神经官能症,笔者在行医工作中曾用各种花,如桃花、梨花、合欢花等治疗此症,不能说百治百效,但效果是很好的。

益气养荣补脾和肝汤

《红楼梦》中的少妇秦可卿,原是被遗弃于养生堂的孤儿,本来体质柔弱,进入贾府后不善调摄,医不得法,"经期有两个多月没来"(《红楼梦》第十回),贾珍托冯紫英请来太医张友士诊脉辨证,开了个气血平补的方子:

人参二钱、白术二钱(土炒)、云苓三钱、熟地四钱、归身二钱(酒洗)、白芍二钱(炒)、川芎钱半、黄芪三钱、香附米三钱(制)、醋柴胡八分、怀山药二钱(炒)、真阿胶二钱(蛤粉炒)、延胡索钱半(酒炒)、炙甘草八分,引用建莲子七粒去心、大枣二枚。(《红楼梦》第十回)

香附

此方药虽只有十六味,但应用土炒、酒洗、炒、醋炒、蛤粉炒、酒炒、蜜炙、去心等诸多制作方法,这虽说是张太医的处方,但也正是曹雪芹对中药炮制精通之处,说明曹雪芹阅读了大量有关中药炮制的书籍,具有深厚的中药知识功底。我们知道,中药炮制是祖国医药学宝贵遗产中重要的组成部分,源远流长,如在《神农本草经》、《金匮玉函经》中都有记载。南朝宋人雷敩专门总结了这方面的经验,完成《雷公炮炙论》三卷。此后,随着中医药学技术的不断提高,逐渐发展形成了专门的中药炮制学。

虎 狼 药

在一个寒冷冬天的夜里,丫头晴雯只穿着小袄,离开温暖的熏笼跑到屋外同麝月开玩笑闹着玩。"忽听一阵微风,只觉得侵肌透骨,不禁毛骨悚然"(《红楼梦》第五十一回),次日便觉"鼻塞声重,懒怠动弹"(《红楼梦》第五十一回)。贾宝玉忙命人请了一位不知姓名的医生诊治,认为是"外感内滞……吃两剂药疏散就好了"(《红楼梦》第五十一回)。方子上开有紫苏、桔梗、防风、荆芥、枳实、麻黄等药。贾宝玉看了药方,视枳实、麻黄为"虎狼药"竟弃之不用。

紫苏

为什么视枳实、麻黄为虎狼药呢?贾宝玉有一个奇怪的论点,就是说女子清爽男子浊,付之于医药实践,便错误地认为,对女子用药应当柔和清淡,对男子则不妨猛烈重浊。以性别来论用药,尽管男女体质不同用药时有轻重之分,但宝玉的观点实在令人啼笑皆非。贾宝玉所指的虎狼药实属偏见,患什么病,有什么症,就用什么药,这才符合事实,素常人们常说的所谓"好药"、"毒药"是相对而言的。药再好价格再高,不治病那就不是好药,只要对症,即使"毒药"也是良药。晴雯患的是外感内滞,从主要症状来看,外感为主,滞次之。按治疗原则,应当急则治其标,先把外感症状治好,医生用麻黄、紫苏、防风之类的药是对的,顾及内滞,加枳实理气行

枳实

滞也是可以的,但枳实用量与配合原则,书中没有记载,妥当与否,难以判断,但治法上是切实可行的。

后来,又请王太医为晴雯诊治,此人处事圆滑,善于揣摩病者主人的心理,投其所好,开了一个方子果然没有枳实、麻黄等药,倒有当归、陈皮、白芍等药。这是一个补散兼施的方子,晴雯服后,非但风寒未净,反致外感留恋,遗患于后。晴雯终因在一场意外的打击下,重病后被逐而亡(王夫人硬说她死于女儿痨)。晴雯的死,实际上很可能是外感与治疗不当所致,贾宝玉也承认:"因为没穿衣服着了凉,后来还是从这个病上死的。"(《红楼梦》第一百〇九回)

曹雪芹把"心比天高,身为下贱"的晴雯这个丫头的病描写得曲曲折折,还让贾宝玉把枳实、麻黄当成女子禁用的"虎狼药",目的是体现贾宝玉对晴雯的关心,而他用药"理论"正确与否却并不是重点,这一点大家要明白。

龟大何首乌

贾宝玉曾给林黛玉开了一个方子,并说:"太太给我三百六十两银子,我替妹妹配一料丸药,包管一料不完就好了。"(《红楼梦》第二十八回)这方子中,有一味药叫"龟大何首乌"(《红楼梦》第二十八回),即何首乌像乌龟那么大。

何首乌原名交藤,后来才改名叫何首乌,名字为什么要改?这里有一段带点儿神话色彩的趣闻。

古时候,有一姓何名首乌的人,他的父亲名叫延秀,爷爷叫能嗣(本名田儿)。田儿从小身体虚弱,直到五十八岁还没有生育子女,因为仰慕道术,就跟随师父在山上修炼。有一天,他不小心喝醉了酒,便躺在山野里睡觉,突然发现不远处有两株藤本植物,苗蔓相交,久而方解,解了又交。他对这种奇怪现象感到十分惊讶,天刚亮,就把根挖了出来,带回来看,却没有人认识这是什么东西。后来从山里来了一位老人,田儿让他辨认,老人说:"你既然没有子女,这恐怕是一种'神仙之药',为什么不把

何首乌

它吃了?"他听了老人的话,就把这无名药研成末,空腹用酒送下,每次服一钱,就这样,过了几个月,身体渐渐强壮起来。他又把药末加至二钱,坚持不断服用,一年后"旧疾皆痊,发乌容少。十年之内,即生数男"(《本草纲目·第十八卷·草部·何首乌》),于是改名"能嗣"。能嗣让延秀服用,延秀又叫首乌服用。结果能嗣、延秀均活了一百六十岁方离开人世,首乌非但生了好几个孩子,而且到了一百三十岁高龄时,头发还是乌黑乌黑的。有个叫李安期的,本来和首乌是好朋友,"窃得方服,其寿亦长"(《本草纲目·第十八卷·草部·何首乌》)。从此,方子传了出去,就这样,人们辗转服用,并以"何首乌"为药名。

现代药理研究证实,何首乌含蒽醌衍生物(以大黄酚及大黄素为主)和卵磷脂等主要成分,这是构成人类神经组织、血球以及其他细胞所必需的原料,不但能阻止胆固醇在肝内沉积、缓解动脉硬化的形成,而且还对心脏有明显的强心作用。

贾宝玉要何首乌,还特别强调"龟大"二字,道理何在?《本草纲目》记载:"五十年者如拳大,号山奴,服之一年,发髭青黑;一百年者,如碗大,号山哥,服之一年,颜色红悦;一百五十年者,如盆大,号山伯,服之一年,齿落更生。"(《本草纲目·第十八卷·草部·何首乌》)总之"大而佳"(《本草纲目·第十八卷·草部·何首乌》)。

林黛玉喝合欢花酒

合欢

《红楼梦》第三十八回叫《林潇湘魁夺菊花诗,薛蘅芜讽和螃蟹咏》,说的是史湘云在诗社做东,借薛宝钗花了二十多两银子请贾府上下的头面人物品尝螃蟹。酒酣蟹足之后,诗词从小姐们口里吟出。结果李纨笑道:"等我从公评来。通篇看来,各有各人的警句。今日公评:《咏菊》第一,《问菊》第二,《菊梦》第三,题目新,诗也新,立意更新,恼不得要推潇湘妃子为魁了。"(《红楼梦》第三十八回)

作诗之前,林、薛二位姑娘吃罢螃蟹后,黛玉道:"我吃了一点子螃蟹,觉得心口微微的疼,须得热热的喝口烧酒。"(《红楼梦》第三十八回)宝玉忙道:"有烧酒。"(《红楼梦》第三十八回)便令人"将那合欢花浸的酒烫一壶来"(《红楼梦》第三十八回)。黛玉"也只吃了一口便放下了"(《红楼梦》第三十八回)。宝钗"也走过来,另拿了一口杯来,也饮了一口,便蘸笔至墙上把头一个《忆菊》勾了,底下又赘了一个'蘅'字"(《红楼梦》第三十八回)。

曹雪芹笔下的林黛玉喝合欢花酒,真是药症相符:我们知道,林黛玉在贾府中过的是寄人篱下的痛苦生活,又时常担心与宝玉的忠贞爱情得不到贾府最高统治者批准,整天闷闷不乐、多愁善感。林黛玉所写的三首诗,借物抒情,用菊比喻自己的身世和气质是再恰当不过的了。《咏菊》的后半首这样写道:"满纸自怜题素怨,片言谁解诉秋心。一从陶令平章后,千古高风说到今。"(《红楼梦》第三十八回)多么自然,多么有感染力!饱满真实地表达了林黛玉的思想感情以及孤标傲世、幽怨之心。而合欢酒疏肝理气、安神活络,可以治疗郁结胸闷、失眠健忘等,尤其用合欢花浸的酒,具有安神解郁、醒脾健胃的作用。这完全符合药理药效作用,不得不说曹雪芹的医药知识真是广阔。伟大的现实主义作家,为了塑造林黛玉这一他心目中永不磨灭的艺术形象,不仅把诗写得恰如其分,而且还让患肝郁气滞症的林妹妹喝解郁健胃的合欢花酒。就连喝酒这个微不足道的细节,曹雪芹也那样殚精竭虑地琢磨和掂量,让它为塑造人物最大限度地发挥了作用。

贾宝玉喝桂圆汤

贾宝玉随贾母等至宁府赏梅,一时倦怠欲睡中觉,便歇息在贾蓉媳妇秦可卿屋里,"那宝玉刚合上眼,便惚惚的睡去,犹似秦氏在前,遂悠悠荡荡,随了秦氏,至一所在。但见朱栏白石,绿树清溪,真是人迹希逢,飞尘不到。宝玉在梦中欢喜"(《红楼梦》第五回)。至此,贾宝

桂圆

玉"游幻境指迷十二钗,饮仙醪曲演红楼梦"。在这一回中,曹雪芹虽然给我们虚构了一个"太虚幻境",但他并没有忘记"那宝玉恍恍惚惚,依警幻所嘱之言,未免有儿女之事"(《红楼梦》第六回),所以紧接着写道:"彼时宝玉迷迷惑惑,若有所失。众人忙端上桂圆汤来,呷了两口,遂起身整衣。"(《红楼梦》第六回)

秦可卿本是遗弃于养生堂的孤儿,她从抱养她的寒儒薄宦之家进入贾府以后,就在贾珍、贾蓉等一些人形兽类的勾引胁迫下,过着糜烂透顶的腐朽生活。由于"擅风情,秉月貌"(《红楼梦》第五回),淫欲过度,她当然会气血亏损、心脾俱伤。为了补养身体,她

家中备有补气血、益心脾的桂圆汤,这是不奇怪的。贾宝玉在她的房中经过一番梦幻之后,又和警幻仙姑之妹兼美有回"儿女之事",待他迷迷糊糊地醒来,已是劳心伤脾了。这时,富有经验的秦可卿,忙让众人端来桂圆汤让宝玉喝,以便使他迅速解除大脑的疲劳,这是多么恰当啊!读此,笔者深为曹雪芹的匠心独创而感叹不已。

桂圆又名龙眼,主要成分含葡萄糖、蔗糖、蛋白质,功能补益心脾、养血安神,用于心脾虚损、气血不足所致的失眠、健忘、惊悸、怔忡及病后体虚、产后调补或脑衰退等。这样的药性功能,对秦可卿、贾宝玉来说,当然是大有好处的。

白玉钏亲尝莲叶羹

《红楼梦》第三十五回有这样一段:为了一件小事,金钏儿蒙冤被王夫人打了几下后赶出贾府,一气之下,投井而死。他的妹妹玉钏儿奉命给宝玉送莲叶羹,由于误会,玉钏儿不理宝玉。后几经周折,误会消除,玉钏儿便亲尝起莲叶羹来。

提起莲叶,使人想起唐代著名诗人李商隐的《赠荷花》:"世间花叶不相伦,花入金盆叶作尘。唯有绿荷红菡萏,卷舒开合任天真,此花此叶长相映,翠减红衰愁杀人。"显而易见,诗人即称颂了莲花,又赞美了莲叶,读罢让人回味无穷。

莲叶色青气香,不论鲜干,皆可入药。能清热解暑,又能生发元气,健脾开胃。临床用于治疗暑湿泄泻、眩晕头痛、水气浮肿、吐血、崩漏、便血等,并具有降低血脂作用。

曹雪芹关于"白玉钏亲尝莲叶羹"这一细节描写再一次证明:贾宝玉这位侯门公府之家的公子,偏偏秉"天分中生成一段痴情"(《红楼梦》第五回),自幼便同情弱者、钟爱洁者、尊重女性。他的眼光从来就向着下层,并寄希望于贫寒微贱的人家,这也是曹雪芹世界观的体现。他在"日望西山餐暮霞"(敦诚《赠曹芹圃》)、"举家食粥酒常赊"(郭诚《赠曹芹圃》)的贫寒逆境中,凭着"晨风夕月,阶柳庭花"(《红楼梦》第一回),用生命写成的《红楼梦》,真称得起"传神文笔足千秋"(永忠《因墨香得观〈红楼梦〉小说,吊雪芹三绝句》)了。

秦可卿吃枣泥馅山药糕

大年初一刚过,凤姐儿遵贾母之命,吃罢早饭,独自来到宁府,"看见秦氏的光景,虽未甚添病,但是那脸上身上的肉全瘦干了"(《红楼梦》第十一回)。闲话中,秦可卿说道:"好不好,春天就知道了。如今现过了冬至,又没怎么样,或者好的了也未可知。婶子回老太太、太太放心罢。昨日老太太赏的那枣泥馅的山药糕,我倒吃了两块,倒像克化的动似的。"(《红楼梦》第十一回)

秦氏因与公公乱伦被人知晓,忧愤成疾,一病不起。久之,当然是损伤脾胃、不思饮食,吃了贾母送来的"枣泥馅的山药糕"后,自述克化的动,是符合药理的。大家都晓得大枣具有补脾健胃、益气生津、调和营卫、解药毒等功效,可治脾胃气虚的饮食减少之症;而山药更是补药,具有补肺健脾、益肾固精等功效,可治疗食欲不振、消化不良、腹泻、久痢、虚劳咳嗽、乏力之症。因此,秦可卿吃的"枣泥馅的山药糕"确实是药膳中的佳品。

自古桃花尽是情

《红楼梦》中的代表人物林黛玉,她那多愁善感的悲剧个性来自于其不幸的身世,即由父母娇生惯养的骄傲小公主沦为寄人篱下的飘零孤女。她托身贾府以后,依人为生的悲剧生涯使她不能高兴度日。曹雪芹笔下的贾府,表面上是一个宗法森严、温情脉脉的贵族世家,但骨子里却是尔虞我诈、人情势利,正像王熙凤嘴里所说的"'坐山观虎斗'、'借剑杀人'、'引风吹火'、'站干岸儿'、'推倒油瓶不扶'等,都是全挂子的武艺"(《红楼梦》第十六回)那样。黛玉的人生追求和个性要求,势必与环境发生剧烈的冲突,她更不能节其流阻其波,因而时时、处处、事事从心理上、感情上都与周围格格不入。虽有贾母爱怜、宝玉体贴,贾府人还不敢明目张胆地给以白眼,但终不免招来"孤高自许,目无下尘"(《红楼梦》第五回)这类众口刺耳的言语,使她背上沉重的精神包袱,又不能语告言诉,只能怀着满腔的积郁与悲愤,临风洒泪、借花抒情、对月伤怀。在暮春季节,桃花落地,伤悲的林黛玉避开众人,来到山坡之旁,面对花开花落,感悟伤怀,打开了感情的闸门,在呜咽悲泣声中,唱出了一曲哀怨绝伦的《葬花吟》:"花谢花飞花满天,红消香断有谁怜?"(《红楼梦》第二十七回)在这首词里,她托桃花咏怀,以散落飘零的桃花来象征感叹自己的身世,又以惜花葬花来寄寓自己"质本洁来还洁去,强于污淖陷渠沟"(《红楼梦》第二十七回)的那种孤标傲世、坚决不向世俗投降的高洁情怀与骨气。在这里,桃花与人融为一体,"葬花"实即"葬侬","赏花"实乃"伤己"。

不过,从唐诗宋词到元曲名画,以花卉为题材者不计其数。从古至今,不知有多少人写花、画花、咏花、种花。花成为文人墨客笔下最广泛的一种题材。人们给花寄以最深刻的寓意,用花来描绘人间的悲欢离合,以花来抒发内心的情感。对桃花的吟咏,最早的诗集《诗经·周南·桃夭》中就有"桃之夭夭,灼灼其华"的美丽诗句。唐宋以后,更是佳语连篇,层出不穷。如李白的"桃李出深井,花艳惊上春"(《中山孺子妾歌》),杜甫的"红入桃花嫩,青归柳叶新"(《奉酬李都督表丈早春作》),王昌龄的"桃花四面发,桃叶一枝开"(《古意》),秦观的"碧桃天上栽和露,不是凡花数。乱山深处水萦洄,可惜一枝如画为谁开?"(《虞美人》),以及崔护的"去年今日此门中,人面桃花相映红。人面不知何处去,桃花依旧笑春风"(《题都城南庄》)等诗人感叹之名句。

桃花虽鲜艳好看,但花期早且持续时间较短。桃仁入药,味苦而性平,临床上常用于活血祛瘀、润肠通便、止咳平喘,同时具有清热消肿之功效。

秋风万里芙蓉国

《红楼梦》第七十八回,贾宝玉祭丫头晴雯,洒泪泣血、一字一咽、一句一啼撰写《芙蓉女儿诔》祭文,其中一段精彩文字是这样写道:"忆女儿曩生之昔,其为质则金玉不足喻其贵,其为性则冰雪不足喻其洁,其为神则星日不足喻其精,其为貌则花月不足喻其色。姊妹悉慕媖娴,妪媪咸仰惠德。"在这篇祭文中,曹雪芹借贾宝玉之口,用最美好的,对"心比天高,身为下贱。风流灵巧招人怨"(《红楼梦》第五回)的晴雯加以热情的颂扬,同时毫不掩饰自己对惯用鬼蜮伎俩陷害别人的邪恶势力的痛恨,这是曹雪芹思想中最为闪光的部分之一。

自古赞芙蓉的美妙词句很多。如屈原《九歌·湘君》有"采薜荔兮水中,搴芙蓉兮木末"。苏东坡咏之曰:"千林扫作一番黄,只有芙蓉独自芳。唤作拒霜知未称,细思却是最宜霜。"(《和陈述古

芙蓉

拒霜花》)五代后蜀主孟昶,在成都城上遍种芙蓉花,每到秋天,四十里高下,芙蓉盛开,玉蕊凝霜,如锦似绣,因而成都有锦城和蓉城之美誉。唐末诗人谭用之有"秋风万里芙蓉国"(《秋宿湘江遇雨》)的诗句,赞扬湘江两岸芙蓉之美,湖南遂有"芙蓉国"的别称。

芙蓉药用价值较高。芙蓉的叶、花皆具清肺、凉血、散热、解毒之功。《本草纲目》记载,芙蓉可治大小痈疽、肿痛恶疮,具有消肿、排脓、止痛之功效。相传芙蓉花还可做燃料,唐朝大诗人白乐天《长恨歌》中就有:"云鬓花颜金步摇,芙蓉帐暖度春宵"的描写。

贾宝玉祭晴雯之文,借芙蓉来指桑骂槐,虽祭晴雯,意在骂世,悲愤横溢,读之令人痛快淋漓、拍案叫绝!

咏　梅

梅花不仅是著名的观赏花卉,而且还有较高的实用价值;梅子更是美味可口,能生津止渴、清香开胃、散瘀化瘀。《红楼梦》作者曹雪芹能诗善画,当然忘不了咏梅抒情。第五十回,李纨、宝玉一干人等在芦雪庵联句,宝玉"落了第",被罚往栊翠庵折红梅花,大家又叫新来的岫烟、李纹、宝琴每人再作一首七律,按序用"红梅花"三字做韵,同时专命折得红梅的宝玉作《访妙玉乞红梅》诗。

其中,邢岫烟的诗(得"红"字)是:

桃未芳菲杏未红,冲寒先已笑东风。魂飞庚岭春难辨,霞隔罗浮梦未通。绿萼添妆融宝炬,缟仙扶醉跨残虹。看来岂是寻常色,浓淡由他冰雪中。

李纹的诗(得"梅"字)是:

白梅懒赋赋红梅,逞艳先迎醉眼开。冻脸有痕皆是血,酸心无恨亦成灰。误吞丹药移真骨,偷下瑶池脱旧胎。江北江南春灿烂,寄言蜂蝶漫疑猜。

宝玉的诗:

酒未开樽句未裁,寻春问腊到蓬莱。不求大士瓶中露,为乞嫦娥槛外梅。入世冷挑红雪去,离尘香割紫云来。槎枒谁惜诗肩瘦,衣上犹沾佛院苔。(以上三首诗均见《红楼梦》第五十回)

邢岫烟诗中的红梅冲寒开放,与春花难辨,虽处冰雪之中,而颜色不同寻常,暗含她虽"家贫命苦","竟不像邢夫人及他的父母一样,却是温厚可疼的人"(《红楼梦》第四十九回)的身世。李纹姐妹遭遇不幸,或是表达丧父之痛,"寄言蜂蝶"莫作轻狂之态,可见其自恃节操,性格上颇有与李纨相同之处。而宝玉自称"不会联句"(《红楼梦》第五十回),又怕"韵险"(《红楼梦》第五十回)做限题、限韵诗,每次落第。这首随心所欲而作的诗给人以耳目一新的感觉,处处流露其性情。"入世"、"离尘"令人联想到他的来历与归宿。不求"瓶中露",只乞"槛外梅",宝玉后来离家出走,并非真正地为了修炼成佛,而是逃避现实,"蹈于铁槛之外"(《红楼梦》第六十三回)。

吟　菊

林黛玉不仅爱菊,而且善于吟菊。《红楼梦》第三十八回,有菊花诗十二题,咏物赋事。结果,林黛玉的《咏菊》、《问菊》、《菊梦》三首诗一举夺魁,独占鳌头。其《咏菊》曰:

无赖诗魔昏晓侵,绕篱欹石自沉音。毫端蕴秀临霜写,口齿噙香对月吟。满纸自怜题素怨,片言谁解诉秋心?一从陶令平章后,千古高风说到今。

其《问菊》曰:

欲讯秋情众莫知,喃喃负手叩东篱。孤标傲世偕谁隐,一样花开为底迟?圃露庭霜何寂寞,鸿归蛩病可相思?休言举世无谈者,解语何妨片语时。

其《菊梦》曰:

篱畔秋酣一觉清,和云伴月不分明。登仙非慕庄生蝶,忆旧还寻陶令盟。睡去依依随雁断,惊回故故恼蛩鸣。醒时幽怨同谁诉,衰草寒烟无限情。

林黛玉这三首诗借吟菊之"品质",暗合自己的身世与气质,借物抒情充分,自然而真实地表达了自己的思想感情。

自古至今,文人画家素来把菊、梅、兰、竹并列,号称"四君子"。历代曾出现过大量歌颂菊花的文学艺术作品。如屈原《离骚》中有

"朝饮木兰之坠露兮,夕餐秋菊之落英";汉武帝刘彻《秋风辞》有"兰有秀兮菊有芳";陶渊明更喜菊,有"采菊东篱下,悠然见南山"(《饮酒二十首·其五》)的佳句;清代扬州八怪之一的郑板桥亦酷爱采菊,其诗"菊花盘里是明珠,金碗红心翠叶铺。凉气未来霜未落,秋风富贵尽堪图"(《菊花》),至今仍脍炙人口。人们爱菊,是因为既欣赏它那千姿百态的花姿,更喜欢它那姹紫嫣红的色彩和清隽优雅的香味。尤其在那百花凋谢的秋冬季节,唯独菊花傲霜怒放,它那种不畏寒冷,不与万卉同枯的风格,充分体现了"羞随众草后,故犯早霜开"(司马光《野菊》)的不凡气概。

菊花除可供观赏外,更为实在的是可以食用和入药。如杭州的白菊,为驰名中外的菊花茶,味清香,是夏令佳品。《神农本草经·卷二·上品·菊花》记载:"菊花,味苦,平。主风,头眩肿痛,目欲脱,泪出,皮肤死肌,恶风湿痹。久服,利血气,轻身,耐老延年。"

草 芍 药

《红楼梦》中大观园这个"世外桃源"式的女儿国中,须眉之气出以脂粉精神最典型的要推史湘云了。她父母双亡,由叔父抚养,婶母待她并不好,这点与林黛玉颇为相似。她心直口快,豪爽开朗,爱淘气,又不大瞻前顾后。她和宝玉有时亲热,有时恼火,但作为朋友襟怀坦荡,"从未将儿女私情略萦心上"(《红楼梦》第五回)。庆祝宝玉生日那一回,她喝醉了酒,"卧于山石僻处一个石凳子上,业经香梦沉酣,四面芍药花飞了一身,满头脸衣襟上皆是红香散乱,手中的扇子在地下,也半被落花埋了,一群蜂蝶闹嚷嚷的围着他,又用鲛帕包了一包芍药花瓣枕着"(《红楼梦》六十二回)。

史湘云的坎坷命运,在《红楼梦》十二支曲之一《乐中悲》中讲得非常明白:"襁褓中,父母叹双亡。纵居那绮罗丛,谁知娇养?幸生来,英豪阔大宽宏量,从未将儿女私情略萦心上。好一似,霁月光风耀玉堂。厮配得才貌仙郎,博得个地久天长,准折得幼年时坎坷形状。终久是云散高唐,水涸湘江。这是尘寰中消长数应当,何必枉悲伤!"(《红楼梦》第五回)。从这支曲子中不难看出史湘云个人生活的变化。

  古人云:"群花品种牡丹为第一,芍药为第二,故世以牡丹为花王,芍药为花相。"芍药和牡丹是一对姐妹花,色态很相似,但一个是草本,一个是木本,所以历史上又叫芍药为"草芍药"。芍药的品种现有近两百个,芍药根可入药,名曰白芍,有镇痛解热、养血平肝、敛阴收汗的作用。

艳 冠 群 芳

  《红楼梦》第六十三回,写宝钗抓签,有一段这样的文字:"宝钗便笑道:'我先抓,不知抓出个什么来。'说着,将筒摇了一摇,伸手擎出一根,大家一看,只见签上画着一支牡丹,题着'艳冠群芳'四字,下面又有镌的小字一句唐诗,道是:'任是无情也动人。'"这句花签诗句出自唐代罗隐《牡丹花》诗:"似共东风别有因,绛罗高卷不胜春。若教解语应倾国,任是无情亦动人。芍药与君为近侍,芙蓉何处避芳尘。可怜韩令功成后,辜负秾华过此身!"此诗切合宝钗灵魂冷漠而又能处处得人好处的性格特点。但作者引此句的真实用意,还在于诗的末联二句。用韩弘借比宝玉,但宝玉"悬崖撒手"(《红楼梦》第二十一回脂批)后,宝钗也就像被韩弘所弃的牡丹一样,只能"辜负秾华"寂寞地了却"此身"。

  唐朝时期牡丹是皇宫中珍贵的花卉。唐明皇李隆基对牡丹颇为爱好,他在兴庆宫沉香亭前种牡丹数株,花开时与杨贵妃欢宴花下,命诗人李白进《清平调词三首》,供"梨园子弟"共赏。李白奉诏,即兴挥笔:"名花倾国两相欢,长得君王带笑看。解释春风无限恨,沉香亭北倚阑干"等千古绝句,以牡丹来比喻杨贵妃的美貌。

现今,人们晓得牡丹不仅是名贵的观赏花木,而且经济价值较高,花可酿酒,根可入药,牡丹皮有泻伏火、散瘀血、止吐衄之效。

《红楼梦》与肺结核

纵观《红楼梦》一百二十回,书中所描述的主要人物,不论主子、奴婢,其命运和结局几乎都和"红楼梦"相关联。何以如此?《红楼梦》并非梦,实为当时社会的写照。曹雪芹所处的时代正是全世界结核病流行之时,不仅《红楼梦》,凡是以20世纪中叶前为时代背景的很多悲剧作品,如《家》、《寒夜》、《秋海棠》、《茶花女》等,都跟肺结核有关。

《红楼梦》中人物患痨病的林黛玉自不必多说,且论"贾赦发往台站效力赎罪"(《红楼梦》第一百○七回),一日来信说,得了"痨病"(《红楼梦》第一百一十七回),如是去晚了或许就见不着了。甄士隐元宵佳节观灯,丢失的幼女英莲,后卖入贾府为薛蟠做妾,因"干血之症"(《红楼梦》第八十回)死去。一个外号叫"多浑虫"的厨子,是因"酒痨"(《红楼梦》第六十四回)死去的。尤二姐吞金自杀,贾母道"谁家痨病死的孩子不烧了一撒"(《红楼梦》第六十九回),说明原有痨病。宝玉房中的丫头晴雯,一身重病,死后,王夫人道:"女儿痨死的,断不可留!"(《红楼梦》第七十八回)史湘云的丈夫也是因"痨病"(《红楼梦》第一百一十八回)去世的。痨病,即今之结核病,大多指肺结核而言,多有咯血之症。

黛玉因父亲林如海病重,登舟回扬州去了。宝玉因思念姐妹,又忽在梦中听说秦氏死去,心中似戳了一刀,不觉"哇"的一声,喷出一口血来。贾瑞垂涎凤姐已久,凤姐毒设相思局,冻了他两夜不算,最后还饱尝一桶尿粪,十冬腊月,哪经得住!于是"嗽痰带血"(《红楼梦》第十二回)。凤姐去瞧探春,碰上秦氏阴魂,心下发虚,又赶上锦衣军抄宁国府和贾母病逝,这位脂粉队里的英雄,到底支撑不住了,口吐鲜血,一病不起。

如此说来,《红楼梦》里的人物患肺结核的竟有十人之多,贾府上下四百余口人,平均每百人差不多有三人是肺结核。据统计,新中国成立以前,全国每百人中有肺结核六人,与之相比,贾府还较为逊色。

尤二姐和晴雯死后,贾母和王夫人都认为痨病死的不可留,令人送出立即焚化。黛玉和秦氏死后未做如此处理,是由于身份、地位所致。肺结核何以总是在家庭中广泛传播,原来系家庭之间接触最为密切且多在室内之故,即所谓"兄弟子孙骨肉亲属,绵绵相传"(《普济方·劳瘵门·总论》)是也。贾府中上述诸人的肺结核也该是如此传染的。

林黛玉生活在优裕的环境中,为何没把病治好呢?正如黛玉自己所说:"从会吃饮食时便吃药,到今日未断,请了多少名医修方配药,皆不见效……如今还是吃人参养荣丸。"中医认为,肺结核系虚劳所致,"法当补虚以复其元,杀虫以绝其根"《医宗必读·虚痨》。人参、燕窝、银耳等虽属上等补品,却是不能"杀虫以绝其根"的。直至20世纪中叶,先后出现了一系列强有力的抗结核药物,才真正起到了"杀虫"之能。

百草药美容

爱美之心,人人有之,今人如此,古人亦如此。《红楼梦》中荣宁二府的公子、小姐乃至丫环都有搽香的习惯,而且多是自己制作的香脂,涂于脸上、手上或撒在衣饰上,保护皮肤和美容的同时避身上人味汗气。这些香脂多用百草的花粉精制而成,这花粉精制品不仅美容保护皮肤,甚至还可以食用,贾宝玉就经常趁人不备去偷吃胭脂。香脂所用的麝香还具有健身的功效。

历史记载,早在唐代我国已有百草药物化妆品和百草中药美容剂。唐代的人,尤其女性,十分注重仪容外表,贵族阶层盛行使用面脂、手膏、口脂等药物化妆品。

面脂主要由珍珠、麝香、丁香等中药和动物脂肪(白鹅脂、白羊脂等)制作而成,其脂洁白如雪,香气袭人。

手膏主要由桃仁、杏仁、橘仁、麻仁等中药和动物脑(牛脑、羊脑等)制作而成。涂于手面,以保护皮肤,供皮肤保持湿润不裂。同时还可治疗一些皮肤病,如皮肤干裂症。

口脂主要用朱砂、紫草、丁香等药物制成,其中又有紫口脂、朱色口脂、肉色口脂等不同颜色的,主要用于化妆品。

古代有一种化妆品叫玉容粉非常有名气。它不仅可以预防和治疗粉刺、雀斑及面部色素沉着,还可以减少面部皱纹,使面部皮肤光滑柔软、细嫩润泽而有弹性,由白芷、白附子、滑石粉各十五克,密陀僧、冰片各六克,荷花瓣(晒干)六十克,绿豆两百克共研细末,早晚洗面后搽用。由于密陀僧等有毒性,这个美容粉是绝对不能吃下肚的。

现代市面上有很多化妆品都是用化学制剂制成的,对皮肤刺激很大甚至造成疾病。若都用百草中药这个宝物研制更多的花粉胭脂、中药化妆品,肯定是东方特色的美容剂,一定能以它悠久的历史、特殊的功效走向世界、誉享全球。

第二章 《西游记》中的百草诗

《西游记》可以说家喻户晓,人人皆知。作者塑造了形象逼真的大闹天宫的孙悟空、撒谎贪吃的猪八戒、良莠不辨的唐僧等许多神魔人物。吴承恩为人们虚构的许多故事。如《大闹天宫》、《真假美猴王》等使人观后赞叹不绝。然而,《西游记》中丰富的百草知识,却很少被人提起。

《西游记》第六十九回,作者借沙僧之口说:"大黄味苦,性寒,无毒;其性沉而不浮,其用走而不守;夺诸郁而无壅滞,定祸乱而致太平;名之曰'将军'。此行药耳。"这说得真像一位医家言语。特别是对马兜铃,他借太医院官之口曰:

兜铃味苦寒无毒,定喘消痰大有功。通气最能除血蛊,补虚宁嗽又宽中。

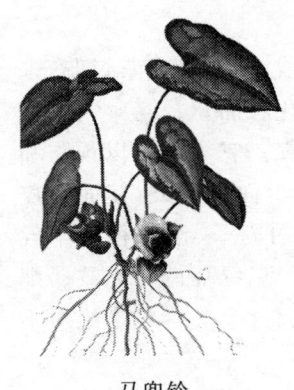

马兜铃

这听起来言简意赅,便于诵记,药效一清二楚。更有趣的是:作者把延年益寿、补虚的百草药都搬上他笔下那些王国的国王、魔鬼、妖怪的筵席,山药、黄精、茯苓、枸杞、龙眼、胡桃、枣、银杏、苡仁、瓜仁、莲肉、柿饼、扁豆、蘑菇、香芋、木耳等都出现在宴席上。

吴承恩还别具匠心,巧妙地运用百草名,组成百草药名诗,抒发主人公的感情。如在第二十八回写道:

石打乌头粉碎,沙飞海马俱伤。人参官桂岭前忙,血染朱砂地上。附子难归故里,槟榔怎得还乡?尸骸轻粉卧山场,红娘子家中盼望。

这首诗不但描述了一场惊心动魄的激烈战斗,而且还将儿女之情描写得细致入微,读起来饶有兴趣。在第三十六回又写道:

自从益智登山盟,王不留行送出城。路上相逢三棱子,途中催趱马兜铃。寻坡转涧求荆芥,迈岭登山拜茯苓。防己一身如竹沥,茴香何日拜朝廷。

此首诗描述唐僧去西天取经的决心和途中遇到的种种艰辛,作者通过百草知识寓于文学之中,读后使人回味无穷。

第三章 《镜花缘》中百草趣

《镜花缘》之来龙去脉

百草在《镜花缘》中充满着美的趣味。《镜花缘》这部文学名著由两部分组成。第一部分是第一回到第五回。这个部分主要叙述:武则天夺取了唐帝国的政权,废了她的儿子唐中宗,改国号为周,自己做了中国历史上仅有的一个女皇帝。唐室旧臣徐敬业、骆宾王等人起兵,企图恢复唐帝国,但全部失败。在残冬的一天,大雪严寒,武则天乘醉下诏,要百花齐放。总管百花的女神,名百花仙子,其日恰好出游,不在洞府。众花神无从请示,只好开花。玉皇大帝因百花仙子并未奏闻请旨,竟然"任听部下,逞艳于非时之候,献媚于世主之前"(《镜花缘》第六回),于是把百花仙子和其他九十九位花神,都贬降凡尘。百花仙子降生为秀才唐敖之女,取名小山。唐敖进京应试,中了探花,谁知却因当初曾和徐敬业等结拜为异姓弟兄,经人告发,致被革去探花,仍然降为秀才。唐敖受了这个打击,失望异常,整日处事消极颓废萎靡。他的妻弟林之洋系商人,经常跑海外经商,恰好这时又需出海一趟。于是唐敖就和他结伴同行,想借游览来抒散郁闷。一路上,经过许多国家,见识了许多奇风异俗、奇人异事和神怪的草木虫鱼鸟兽。后来唐敖吃到了"朱草"(《镜花缘》第九回),"入圣起凡"(《镜花缘》第九回),进入小蓬莱山上,再没有回家。唐小山得知父亲失踪的消息,就逼着林之洋带领她到海外去寻访,按照上次路线,遍历艰险,终未能见。一日走到小蓬莱,从一个樵夫的手中得到唐敖的信,信中要她改名"唐闺臣",约她中过才女,再行相聚。蓬莱山上有泣红亭,亭中有碑,上镌一百名花神所主管的花名和降生人世后的名姓,从"司曼陀罗花仙子第一名才女'蠹书虫'史幽探"(《镜花缘》第四十八回)起,到"司百合花仙子第一百名才女'一卷书'毕全贞"(《镜花缘》第四十八回)止,其中有"司百花仙子第十一名才女'梦中梦'唐闺臣"(《镜花缘》第四十八回)。每人名下,都注有事迹。唐闺臣就把碑文全部抄下,上船回国。

第二部分是从五十一回到第一百回。这个部分叙述:武则天开科考试才女,录取了一百人,名次恰如泣红亭中碑文所载。才女们举行了多次庆祝的宴会,在宴会中,书画琴棋、音韵算法、各样灯谜、诸般酒令以及双陆、马吊、射鹄、蹴球、斗草、投壶各种百花戏之类纷纷登场。后来分别散去。唐闺臣再去小蓬莱寻父,也入而不返。这时候,徐敬业、骆宾王等人的儿子,和剑南节度使文芸联合一起,起兵反对武则天。才女章兰英等数十人,因夫妻、姻亲关系,参加军中,有的殉难而死。大军终于打败了武家军的酒、色、财、气四座关,武则天失败,唐中宗复辟,仍尊武则天为"则天大圣皇帝"。武则天又复下诏,宣布明年仍开女试,并命前科录取的才女重赴"红文宴"(《镜花缘》第一百回)。

作者李汝珍博识多通,于学无所不窥,同时又是一位"读书不屑章句帖括之学"(《李氏音鉴·余集序》)的人,因此一生没有得到什么"功名"。有人说,他曾经做过医生,这也无可考证。但从《镜花缘》中所载的一些药方来看,他即使没有做过医生,至少也是懂得医药的。

枯枝牡丹和洛阳牡丹

牡丹皮是一种珍贵药材,枯枝牡丹和洛阳牡丹原属同种,后因故变种而来,这其中还有一个动人的典故呢!这是《镜花缘》第四回和第五回中的故事。话说武则天赏雪心欢,又同上官婉儿赌酒吟诗。上官婉儿每作雪兆丰年诗一首,武后即饮一杯。上官婉儿诗兴大发,兴致还不到一分,武后酒意已十分。正饮得高兴,只觉阵阵清香扑鼻,武后朝外一望,原来庭前有几株蜡梅开了,不觉赞道:"这样寒天,蜡梅忽然大放,岂非知朕饮酒,特来助兴?如此殷勤,自应懋赏!"武后醉眼蒙眬,想使四季名花莫不齐放,普天之下尽是万紫千红,那才称得锦绣乾坤、花团世界。不独名传千古,也显得我通天手段,武后立即吩咐预备金笺笔砚,提起笔想了想,在那笺纸上,醉笔草草写了四句:

明朝游上苑,火速报春知:花须连夜发,莫待晓风催!

写罢,由太监加盖御宝,即发上林苑张挂。

众花仙子见到武则天御旨,忙去请示百花仙子,谁知这日百花仙子出外因天晚落雪尚未回洞。当时牡丹仙子得了此信,又不知百花仙子下落,即同兰花仙子冒雪分头到百草、百果各位仙姑洞中寻访,毫无踪迹。天已夜晚,雪飘不止,只得回洞。次晨,除牡丹仙子未开花外,其他众花齐开,只见满园青翠夺目,红紫迎人,武后十分欢喜。当发现唯牡丹尚未开放时,武后龙颜大怒,即下令烧炭火千盆,先把牡丹千株枝梗炙枯,不可伤根,炙后如放叶开花,即将炭火撤去,如再不开,立将各处牡丹,一总掘起,用刀斧捶为齑粉。牡丹仙子无奈只该开花,霎时,各处牡丹大放,连那炭火炙枯的,也都照常开花。

如今世上所传的枯枝牡丹,淮南下仓最多。无论何时,将其枝梗摘下,放入火内,如干柴一般,登时就可着火。这个异种,大约就是武则天留下的"甘棠遗爱"("甘棠遗爱"是个故事传说,周大臣姬召公到南国巡察,曾在一棵甘棠树下休息。他走后,人民因为怀念他,就特别爱护那棵甘棠树。后来,一般用"甘棠遗爱"这四个字去恭维地方官。这里是从反面说的,讽刺的意思)。

武后见牡丹已放,怒气虽消,心中究竟不快,本应尽绝其种,但念其素列药品,尚属有用之才,所以贬去洛阳,所有皇宫内院牡丹四千株,即命兵部派人解赴洛阳。因此天下牡丹,至今唯有洛阳最盛。

单方治大病

厌火国热得厉害,古人云:"寿麻之国,正立无影,疾呼无响,爰有大暑,不可以往。"唐敖一行正在进行,忽听有人喧哗,突然一人晕倒,众人发慌,特来向多九公讨药。多九公忙从箱中取出一撮药末道:"你将此药拿去,再取大蒜数瓣,也照此药轻重,不多不少,一齐捣烂,用井水一碗和匀,澄清去渣,灌入腹中,自然见效。"众人照此方法,登时配好,给病人灌了下去。不多时,病人苏醒过来,平复如常。林之洋问:"九公:这是甚药,怎般灵验?"你道是何妙药,原来却是"街心土"。(以上对话见《镜花缘》第二十六回和第二十七回)

何为"街心土"?即是灶膛中的柴火灰,在民间有用街心土开水冲服治疗妊娠呕吐的,虽一文不值,却是济世仙丹。

大黄治烧伤

唐敖一行行了几日,到了厌火国,遇到一群人,生得面如黑墨,形似猕猴,说起话来唧唧呱呱。见讨不到钱物,这伙人便个个口内喷出烈火,霎时烟雾弥漫,一派火光,直向对面扑来。林之洋胡须被烧得一干二净,痛得利害,求助同行人中绰号"多不识"的多九公。多九公道:"可惜老夫有个妙方,连年在外,竟未配得。"唐敖道:"是何药品?何不告诉我们,也好传人济世。"多九公道:"此物到

大黄

处皆有,名叫'秋葵',其叶宛如鸡爪,又名'鸡爪葵'。此花盛开时,用麻油半瓶,每日将鲜花用筋夹入,俟花装满,封口收贮,遇有汤火烧伤,搽上立时败毒止痛。伤重者连搽数次,无不神效。凡遇此患,如急切无药,或用麻油调大黄末搽上也好。"过了两天,果然痊愈。(以上对话见《镜花缘》第二十六回)

大黄又叫将军、川军等,气味俱厚,苦寒泄降。据现代药理研究,大黄抗菌作用较强,对痢疾杆菌、伤寒杆菌、金黄色葡萄球菌等疗效很好,因此外敷治烧伤是有道理的。

平 安 散

话说唐敖一行走到炎火山,古人谓:"炎火之山,投物辄燃。"正如《西游记》中的火焰山。众人被这暑热熏蒸,头上只觉昏晕,求多九公把街心土见赐一服。多九公道:"唐兄不过偶尔受些暑气,只消嗅些'平安散'就好了。"即取出一个小瓶。唐敖接过,揭开瓶盖,将此药末倒在手中,嗅了一会,打了几个喷嚏,登时神清气爽,道:"如此妙药,九公何不将药方赐我?日后传人,也是一件好事。"多九公道:"此方用西牛黄肆分,冰片陆分,麝香陆分,蟾酥壹钱,火焇参钱,滑石肆钱,煅石膏贰两,大赤金箔肆拾张,共碾细末,越细越好,磁瓶收贮,不可透气。专治夏日受暑,头目昏晕,或不省人事,或患痧腹痛,吹入鼻中,立时起死回生。如骡马受热晕倒,也将此药吹入即苏,故又名'人马平安散'。"(以上对话见《镜花缘》第二十七回)

从平安散方剂分析,作者李汝珍的中药知识真算是内行,方剂内芳香开窍之类的药对暑气之病必有速效。

百草妙方治痢疾

唐敖一行走进巫咸国,四面一望,遍地青枝绿叶,大小不等,大树是桑,小树木棉,一派胜景。古人传说:"巫咸之人,采桑往来。"可惜如此好桑,却是有桑无蚕,但有木棉生产。唐敖由于患痢疾,顾不得观赏巫咸国的奇风异俗,奇人异事,又向多九公要药治痢。多九公即取一包药,唐敖只服一副,病竟痊愈。再三拜谢道:"九公此药,不啻仙丹!是何妙品,如此神效?"多九公叙说了曾祖为治高祖母此病到处求治无效,后到深山拜请山中方丈渔翁传了此方才治愈。多九公边说边写出妙方药物:"苍术(米泔浸陈土炒焦)叁两,杏仁(去皮尖,去油)贰两,羌活(炒)贰两,川乌(去皮,面包煨透)壹两伍钱,生大黄(炒)壹两,熟大黄(炒)壹两,生甘草(炒)壹两伍钱,共为细末。每服肆分,小儿减半,孕妇忌服。赤痢,用灯心叁拾寸煎浓汤调服;白痢,生姜叁片,煎浓汤调服;赤白痢,灯心叁拾寸,生姜参片,煎浓汤调服;水泻,米汤调服。"(以上对话及妙方见《镜花缘》第二十七回)

可以看出,作者广收民间验方。从验方配制中可得知,作者虽不是医者,但对用方的君臣佐使很有见树,方能立见奇效。

痈疽妙方

唐敖一行人到歧舌国,一位相当于翻译角色的通使问:"国主因敝邦水土恶劣,向来人民多患痈疽,意欲奉恳大贤赐一妙方,可肯赐教?"多九公说:"金银藤乃疮毒要药,不知贵处可有?"通使道:"敝地此物甚多,因过于寒凉,人皆不用。"多九公道:"这是医家不能深究药性,岂可尽信。昔人言:'忍冬久服,常年益寿。'若果寒凉,岂能如此?况古本《本草》言:'忍冬味甘性温。'近世《本草》虽有'微寒'之说,不过因其清热败毒,岂是泄火大凉之物。"(以上对话见《镜花缘》第三十回)

忍冬即金银花。作者是否行过医,从史书上已不可考证,但他的本草学知识却十分渊博。在上述对话之中,道出了中药药理学中一个尚有争议的重要理论问题,即药物的性味是对药物功效的

荆芥

概括。历代本草著作对某些中药的性味看法不一,实际上是由于对该药物的功效持不同见解引起的。例如中药荆芥,近世多称性温,归入辛温解表药中,但古文本草著作却言性寒,主治热疾。李时珍《本草纲目·第十四卷·草部·假苏》即称荆芥"散风热,清头目,利咽喉,消疮肿"。目前,临床上确也使用荆芥治疗热痰,尤其风热目疾用得最多。可见药物性味不是一成不变的,也在发展变化之中。《镜花缘》作者李汝珍已经发现这个问题,故说"近世《本草》虽有'微寒'之说,不过因其清热败毒"而已,这是颇有见地的。

斗百草令除旧套

作者李汝珍在写下棋、灯谜等各种游戏时,也没忘记从中草药名中寻找乐趣。他在《镜花缘》第七十七回《斗百草全除旧套,对群花别出新裁》中描写众才女制作中草药对的情景,别有情趣。

紫芝四处一望,只见墙角里长春花盛开,遂指着道:"头一个要取吉利,我出长春"。窦耕烟道:"这个名字竟生在一母,天然是个双声,倒也有趣。"这时掌浦珠道:"这两字看着虽易,其实难对。"众人都低头细想,突然陈淑媛说:"我对半夏,可用得?"春辉忙接道:"长春对半夏,

金线草

字字工稳,竟是绝对。妹子我就用长春别名,出个金盏草。"邺芳春遥指北面墙角道:"我对玉簪花。"窦耕姻指着外面道:"那边高高一株,满树红花,叶似碧萝,想必是观音柳。"邺芳春指着一株盆景道:"我对罗汉松。"春辉道:"以罗汉对观音,以松对柳,又是一个好对。"作者还叙述其他好对子,如慈姑花对黄芩的别名妒妇草,金雀花对淡竹叶的别名竹鸡草,牵牛对丹参的别名逐马,苍耳子对白头翁,狗耳草对鸡冠花,龙须柏对凤尾松等。这些草药及其别名都可在本草书中找出,可见作者李汝珍对本草的深厚功底。

中医学奇观

读过《镜花缘》的人,都会被作者渊博的学识所折服。作者不仅描绘了几十个国家的风土人情、趣事、异闻、神奇的草木虫鱼鸟兽,以及琴棋书画、星象占卜、音韵算法、猜灯谜等,同时该书中医内容比较全面,内外妇儿诸科无一不有,涉及的病症包括中暑、痢疾、跌打损伤、胎漏(先天流产)、腹胀、痘疹、小儿惊风、便血等,论述中医理论头头是道。例如在第九十五回《因旧恙筵上谈医,结新交庭中舞剑》中,作者借史胜和卞璧之口先批评时医不辨寒热的陋习,接着对小儿惊风的医理做了精辟论述:"小儿惊风,其症不一,并非一概而论,岂可冒昧乱投治惊之药。必须细细查他是因何而起。如因热起,则清其热;因寒起,则去其寒;因风起,则疏其风;因痰起,则化其痰;因食起,则消其食。如此用药,不须治惊,其惊自愈,这叫做'釜底抽薪'。再以活蝎一个,足

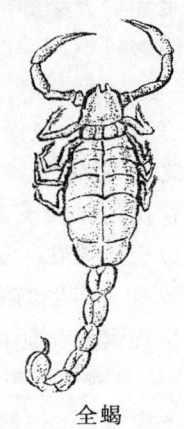

全蝎

尾俱全的,用苏薄荷叶四片裹定,火上炙焦,同研为末,白汤调下,最治惊风抽搐等症。盖蝎产于东方,色青属木,乃足厥阴经要药。凡小儿抽搐,莫不因染他疾引起风木所致,故用活蝎以治其风,风息则惊止。……如无活蝎,或以腌蝎泡去咸味也可,但不如活蝎有力。"好一个辨证施治和辨病用药结合的例证。即使一个有名望的中医先生听后也无比赞绝,真乃奇观。

第四章 《三国演义》中的中医药

看三国说"风疾"

在《三国演义》第七十八回《治风疾神医身死,传遗命奸雄数终》中,罗贯中不惜笔墨,详细叙述了曹操的"病案",这在三国人物中,是很特殊的待遇,不仅有文字价值,在医学上也是值得研究的课题。

中医所说的"风疾",包括现代医学上的脑出血、脑血栓、脑供血不足和部分脑肿瘤。在一千七百多年前,没有现代化检查设备,华佗能够将本病诊断为脑涎风,并提出利斧劈颅是唯一的治疗方法,实在是高明。

书中记载,曹操病重时,曾见伏皇后、董贵人等浑身血污,立于愁云之中,隐隐闻索命之声……这与曹操的无神论并不矛盾,恰恰说明曹操的风疾头痛,是脑肿瘤引起颅内压增高的结果,肿瘤的发生部位很可能在大脑颞叶。现代医学研究证明,这个部位的肿瘤会导致病人产生幻视、幻听、幻嗅、疑神疑鬼的精神症状。人的大脑按生理解剖功能可分为额叶、顶叶、颞叶和枕叶等。曹操临终前症状,是大脑功能失调的表现。曹操死前没有偏瘫、失语,风疾经秋历冬至春,长达四个多月,是慢性患病过程。由于肿瘤不断增大,颅内压不断增高,导致头痛越来越重,最后脑功能衰竭而亡。

治疗脑瘤,目前较好的办法是手术,从今天医学角度来看,倘若曹操接受华佗的治疗,说不定真的会出现奇迹,可惜他迟疑自误了。

趣说"神医"与"神将"

东汉末年的华佗和曹操都是安徽亳州人,华佗注重医术,手到病除,在山东、河南、江苏、安徽等江淮流域,享有"其验若神"之美称。

华佗曾为广陵太守陈登配过汤药,令他瞬间吐出很多寄生虫。又曾为人剖腹切脾,切除一半"坏死"的脾脏,过了一段时间便痊愈。当时全凭触感诊断,以中草药作为麻醉剂。华佗敢于动如此手术,确是中外古代医学史上罕见的奇迹。

关羽这位勇智双全的将军,之所以能结识华佗,应归缘于曹操。从此,"神医"、"神将"扬名三国,堪称双绝。《三国志·卷三十六·蜀书·关羽传》中栩栩如生地描绘道:"羽尝为流矢所中,贯其左臂,后创虽愈,每至阴雨,骨常疼痛,医曰:'矢镞有毒,毒入于骨,当破臂作创,刮骨去毒。'"以渲染故事的传奇色彩。其实"破臂作创,刮骨去毒"并非华佗所为。综观华佗与关羽的史传便不言而喻,华佗是于建安十三年(208年)便被曹操杀害。而关羽的这次"手术",是在建安二十四年(219年),即曹操、刘备樊城大战时,距"神医"离世已有十一年。

观古今于须臾,抚四海于一瞬。再说素以行医为本的华佗,虽崇敬关羽的英雄气概,却从未加入"拥刘抑曹"的行列。之所以被曹操杀害,乃因华佗名声颇大,又因曹操听人扬言欲治他的头痛病必须劈开颅骨,因而引起了这件"疑杀"案。

至于为关羽破臂刮骨的医者究竟是谁,至今仍是个谜。罗贯中借花献佛,幻为华佗,可能也是因华佗为人剖腹切脾而联想成真,并非绝对无影造西厢也!

曹操的养生观

　　在《三国演义》中,曹操是一位又奸又雄的政治家和军事家。他说:"宁教我负天下人,休教天下人负我!"(《三国演义》第四回)他既有滥斩无辜之不义,更有消灭十七路诸侯、统一北方的雄才大略和功绩!

　　然而,曹操亦是一位诗人、养生家。从他写的《龟虽寿》一诗中,可窥其豪情壮志、豁达乐观和许多可取的养生观点。《龟虽寿》曰:"神龟虽寿,犹有竟时;腾蛇乘雾,终为土灰。老骥伏枥,志在千里;烈士暮年,壮心不已。盈缩之期,不但在天;养怡之福,可得永年。"其中,更有对人体保健养生的精辟见解。曹操认为:"神龟"寿命虽长,但终有一死。"腾蛇"能腾云驾雾,也难免要化为尘土。虽说千里马已老,终日伏在马棚里,但它的志向仍是驰骋沙场。有雄心壮志的人尽管年迈,仍要奋斗终生。人寿的长短,不单纯受自然规律的支配,如能经常注意调养身心,保持乐观情绪,坚持身体锻炼,是可延年益寿的。

　　曹操写此诗时年已五十三岁,但他不怕衰老,仍"志在千里"决心实现统一中原的宏图大业。曹操一生处于乱世,征战南北,过着刀光剑影、腥风血雨的生活。由于胸怀壮志,充满积极乐观的养生态度,深信人寿的长短虽有先天的因素,但更重于后天保持"养怡之福",因而享年六十五岁,这在一千七百多年前东汉末年三国时代也算是高寿了。

诸葛亮巧用百草

《三国演义》第四十三回,曹操屯兵百万于长江北岸,企图南伐孙权、北吞刘备,诸葛亮出使东吴,与东吴主降派展开了针锋相对斗争。孔明博学多识,舌战群儒,力排众议,促成了三国鼎立局面的形成。其中,诸葛亮与孙权的谋士张昭在辩论中,就有一段关于医理的精辟论述。孔明云:"人染沉疴,当先用糜粥以饮之,和药以服之;待其腑脏调和,形体渐安,然后用肉食以补之,猛药以治之,则病根尽去,人得全生也。若不待气脉和缓,便投以猛药厚味,欲求安保,诚为难矣。"对于重病之后,形体瘦弱而病邪未尽者,虚不受补,攻之不可。诸葛亮认为,先宜扶正固本,待气脉和缓,正气渐复,方可用厚味补其虚,猛药攻其邪。诚然,诸葛亮在这里仅是借医理而喻军事。然而,他的这种治疗方法却贯穿着祖国医学"治病求本"的辨证施治原则,可资临床借鉴。

读过《三国演义》的人,都知道诸葛亮曾给东吴大将周瑜治过"病"。赤壁大战前夕,周郎欲用火攻破曹操。然而,时值腊月,西北风不止,东南风难得,周瑜积郁成疾,口吐鲜血,不省人事,遂请名医调治,却心中呕逆,药不能下,服清热凉血止血药亦全然无效。鲁子敬乃请诸葛亮为周瑜治病,孔明入帐问安视疾,周瑜曰"人有旦夕祸福",诸葛亮以"天有不测风云"对之。一语道破周瑜吐血的病因是苦于无东风,精神抑郁,肝气郁结,肝火犯胃,灼伤胃络,迫血妄行而致病。诸葛亮认为,治本之法须先理其气,再投凉药止血,气若顺,自然可愈。针对病因,孔明写下一方,共十六字:"欲破曹公,宜用火攻;万事俱备,只欠东风。"(《三国演义》第四十九回)答应祭东风助周瑜破曹,使周郎病体霍然而安。诸葛亮论医之处颇有科学道理,其辨证施治观点也是可取的。

曹孟德借酒试皇叔

　　《三国演义》第二十一回，曹操为了试探刘备，特意在府中备下小宴，命许褚、张辽引数十人将刘备请来。刘备面如土色，曹操曰："今见此梅，不可不赏。又值煮酒正熟，故邀使君小亭一会。"玄德这时心神定了下来，随至小亭，已设樽俎，盘置青梅，一樽煮汤。二人对坐，开怀畅饮，于是天南海北地叙谈起来了。

　　用酒待客，是一种加深友谊的重要手段，因此酒与人民生活结下不解之缘。酒和医药也有着密切联系，古人常常用酒治病，并出现了药用的酒类——"醴醪"。后来人们索性把酒与药分开而单独饮酒用，但仍保留了数以百种的药酒古方和品种。如滋补身体的人参酒、补益杞酒、参桂酒、十全大补酒、地黄酒、三鞭酒、万年春酒等，还有治疗风湿痹痛、伤骨损筋等疾病的虎骨木瓜酒、史国公酒等。

　　祖国医学认为，酒可宜引药势，调和气血，舒筋活血，抵御寒湿。《汉书·卷二十四下·食货志》亦曰："酒，百药之长。"《诗经》亦赞说："十月获稻，为此春酒，以介眉寿。""春酒"是冬酿春熟的酒，"介"意为"助"，"眉寿"即"长寿"，意思是说吃了冬酿春熟的酒，可以促使长寿。陶弘景亦说："大寒凝海，唯酒不冰，明其热性，独冠群物。药家多须，以行其势。"（《本草经集注·卷第七·米食部·酒》）李时珍也认为面曲之酒，少饮则和血行气，神壮御寒。由此看来，适量饮酒能够促使血液循环，增进食欲，消除疲劳，振奋精神，增强生命的活力。文人笔下总以夸张的手法形容"酒逢知己千杯少"，也说明了它促进友情的作用。可是《三国演义》中曹孟德与刘备煮酒论英雄并非真的"酒逢知己千杯少"，而是曹操借酒试探刘备胸中是否有"复兴汉室"的野心，想让刘备酒后吐真情。可是具有高度警惕的刘皇叔,却酒在肚里,事在心头,未敢多饮。曹操以手指玄德后自指曰:"今天下英雄,唯使君与操耳。"玄德闻言,吃了一惊,手中所执双箸不觉落地。这席酒宴起了双方试探外交的作用,也是酒对人类的又一种社会作用。

从诸葛亮气死周瑜说起

《三国演义》中有这么一段情节,东吴都督周瑜因气量狭小,嫉贤妒能,欲加害刘备、诸葛亮。但事与愿违,结果搬起石头砸了自己的脚,最终导致气欲攻心,吐血身亡。

小说中的这段情节难免有其夸张之处,然而从医学观点看,却有一定道理。人情绪的变化对身体健康大有影响,过分的愤怒和极度的悲伤对身体都有一定的损害。祖国医学非常重视七情变化。《黄帝内经·素问·举痛论篇》强调"百病生于气也,怒则气上,喜则气缓,悲则气消,恐则气下,寒则气收,炅则气泄,惊则气乱,劳则气耗,思则气结",并指出怒伤肝、喜伤心、思伤脾、悲伤肾。由此可见,七情过盛,情绪的变化超过一定期限度,便会干扰自身的生理功能,导致患病或加重病情。

国外的两位医生曾将某大学的三十名学生按性格特点分为两组。甲组性格狂躁,多愁善感,遇事举棋不定,喜怒无常。乙组性格开朗,举止大方,遇事小心谨慎,沉着稳重。二十年后,两位医生对这两组学生的健康状况进行了调查,甲组学生患有心脏病、精神病、癌症等疾病的达百分之七十七,而乙组则为百分之二十五。为此,他们得出结论:性格狂躁、喜怒不定的人和性格开朗、沉着稳重的人相比较,其患重病或不治之症的比例要高出百分之五十以上。

可见,要想有一个好身体,除加强锻炼外,自身的修养也是至关重要的。年轻人的情绪往往波动较大,对外界的刺激和干扰很敏感,倘若不以宽阔的胸怀、高尚的情操和应有的理智去克制,而一味纠缠、无故烦恼,其结果是很不利于身体健康的。宋代诗人苏东坡主张"卒然临之而不惊,无故加之而不怒"(《留侯论》),这是一种高明的健身之道。

第七篇　神奇的东方树叶

颂茶诗语

茶语清心,呷茶味深。茶心如醉,看透人间。心态自然,饮得痛快。喝得洒脱,眼明心亮。苏轼诗云:"且将新火试新茶,诗酒趁年华。"(《望江南·超然台作》)唐代诗人元稹曾写过一首咏茶宝塔诗,堪称独具一格,这诗的名字叫《一字至七字诗·茶》:

茶。香叶,嫩芽。慕诗客,爱僧家。碾雕白玉,罗织红纱。铫煎黄蕊色,碗转曲尘花。夜后邀陪明月,晨前命对朝霞。洗尽古今人不倦,将至醉后岂堪夸。

中国是茶叶的故乡,是世界上最早种茶和饮茶的国家之一。迄今约有四千余年历史了。因此茶文化,也是全球首屈一指。这是中华民族的自豪。

"茶圣"陆羽《茶经·六之饮》载:"茶之为饮,发乎神农氏,闻于鲁周公。"但是,唐朝之前,人民饮茶,只是粗喝,如同煮树叶般。真正茶文化的兴盛应始于唐代。唐代随着"贞观之治"、"开元盛世"的到来,经济繁荣,社会稳定,饮茶之风盛行。很多名人雅士纷纷投身到茶文化的发展中,推动了茶在东方的深度发展。唐代大诗人白居易是茶诗写得最多的人。他不仅嗜茶,而且亲自在庐山种过茶,自称"别茶人",即善于鉴别品尝茶的高手。他在庐山种茶时写有《香炉峰下新置草堂,即事咏怀,题于石上》一诗,留下了全国十大名茶"庐山云雾"种植的最早记录。唐代佛道盛行,很多高僧、道士也是茶道中人。因此,除宫廷饮茶、文人饮茶外,还有一个僧道饮茶群。例如僧人释皎然,不仅品茶,还喜欢写茶诗,他在《饮茶歌请崔石使君》一诗中,把饮茶分三个层次:涤寐、清神、悟道。这是我国最早提出"茶道"概念的文字记载,弥补了"茶圣"陆羽《茶经》中没有明确提出的"茶道"概念的缺憾。

唐代诗人写了诸多与茶相关的诗作,除白居易的《琴茶》外,李白的《答族侄僧中孚赠玉泉仙人掌茶》和杜牧的《题茶山》等也较为有名。然而,茶诗中排次第一的,当属"茶仙"卢仝的《七碗茶歌》。这是卢仝收到好友孟简送来的新茶后情不自禁所作,原名《走笔谢孟谏议寄新茶》,后人称《七碗茶歌》,真乃笔酣墨畅,淋漓尽致。全诗共两百六十二个字:

日高丈五睡正浓,军将打门惊周公。口云谏议送书信,白绢斜封三道印。开缄宛见谏议面,手阅月团三百片。闻道新年入山里,蛰虫惊动春风起。天子须尝阳羡茶,百草不敢先开花。仁风暗结珠琲瓃,先春抽出黄金芽。摘鲜焙芳旋封裹,至精至好且不奢。至尊之余合王公,何事便到山人家。柴门反关无俗客,纱帽笼头自煎吃。碧云引风吹不断,白花浮光凝碗面。一碗喉吻润,两碗破孤闷。三碗搜枯肠,唯有文字五千卷。四碗发轻汗,平生不平事,尽向毛孔散。五碗肌骨清,六碗通仙灵。七碗吃不得也,唯觉两腋习习清风生。蓬莱山,在何处?玉川子,乘此清风欲归去。山上群仙司下土,地位清高隔风雨。安得知百万亿苍生命,堕在巅崖受辛苦!便为谏议问苍天,到头还得苏息否?

这《七碗茶歌》前十句,叙述孟简遣人送来新茶以及茶的生长情况等,写得有声有色。作者正在熟睡香梦之时,有人叩打门环,惺忪起床接见来客,是孟简遣来送书信和包裹的人,白绢包着的礼物由于怕丢失,上斜封三道印,见物如见朋友面,打开后,新鲜茶香扑鼻而来,内装三百片新茶。《七碗茶歌》后九句,都是写作者对饮茶的感受。七碗茶,碗碗相连,如珠落玉盘,气韵非凡,声声酣畅,天然妙合。"一碗喉吻润",可想象茶进口刹那间,他品味出新茶所带来的激荡于内心深处的炽热情感。两碗茶后开始提升对茶的认知,别开生面地营造出新天地,解郁去愁,破除孤闷。三碗后搜肠荡腹,情不自禁地发出满腹经纶的自我感叹。四碗茶后,毛孔疏散,微汗即出。作者借此发泄内心世界的不平事。五碗茶后已进入无我之境,轻飘飘,仙境行。六碗似如"通仙灵"。七碗不能再喝了,玉川子(指卢仝本人。卢仝祖籍范阳,即今河北涿州,为"初唐四杰"之一卢照邻的嫡系子孙。卢仝曾在济源王屋山的九里沟隐居。九里沟因一道水沟穿山而下,沟长约九里而得名。九里沟有一眼泉水,泉水清澈见底,甘甜无比,名曰玉川泉。卢仝常来此取水煎茶,于是自号玉川子)想乘两腋习习清风而去蓬莱山。读《七碗茶歌》,使人感到作者用真景物抒发真情感,超我无我,真乃仙人也。

　　卢仝的一生,不过四十年,在后人看来,《七碗茶歌》足以和陆羽的《茶经》媲美。《茶经》的问世把陆羽誉为"茶圣",《七碗茶歌》为后人营造出品茶的高雅意境,因此卢仝被称为"茶仙"。卢仝为茶文化的传播做出了不可磨灭的贡献,把茶道的精髓用诗的语言阐述得出神入化,淋漓尽致,从而开拓了品茶的意境,并且概括了茶人品茶时由物质享受到精神享受的升华过程。他的这种咏叹,在后世引起了强烈的共鸣。文人骚客频频向这位"茶仙"致敬。当年魏文帝曹丕曾作诗:"与我一丸药,光耀有五色。服药四五日,身体生羽翼。"(《折杨柳行》)宋代大文豪苏东坡却作诗道:"何须魏帝一丸药,且尽卢仝七碗茶。"(《游诸佛舍,一日饮酽茶七盏,戏书勤师壁》)范仲淹在《和章岷从事斗茶歌》中将卢仝和陆羽相提并论:"卢仝敢不歌,陆羽须作经。森然万象中,焉知无茶星。"大诗人陆游在《老学庵北窗杂书·其四》中也说:"小龙团与长鹰爪,桑苎(陆羽的别号)玉川俱未知。"而梅尧臣更是认为"诗仙"李白的《答族侄僧中孚赠玉泉仙人掌茶》比卢仝的《七碗茶歌》稍逊一筹:"莫夸李白仙人掌,且作卢仝走笔章。亦欲清风生两腋,从教吹去月轮旁。"(《尝茶和公仪》)卢仝的《七碗茶歌》成为唐宋之后诗人论茶离不开的典故。如苏轼写饮茶之后的心情:"清风击两腋,去欲凌鸿鹄。"(《寄周安孺茶》)南宋诗人杨万里云:"不待清风生两腋,清风先向舌端生。"(《陈蹇叔郎中出闽漕别送新茶李圣俞郎中出手分似》)明代胡文焕云:"我今安知非卢仝,只恐卢仝未相及。"(《茶歌》)清代

汪巢林云:"一瓯瑟瑟散轻蕊,品题谁比玉川子。"(《幼孚斋中试泾县茶》)

回味人生,边饮边唱皆是好。诗人白居易一生好茶,《何处堪避暑》中写道:"游罢睡一觉,觉来茶一瓯。眼明见青山,耳醒闻碧流。脱袜闲濯足,解巾快搔头。如此来几时,已过六七秋。从心至百骸,无一不自由。拙退是其分,荣耀非所求。虽被世间笑,终无身外忧。"诗人以茶来陶冶性情,在忧愤苦恼中寻求一条自拔之道,这就是他的爱茶品茶境界。白居易不仅饮茶,自己还开辟茶园,亲自种茶,《庐山草堂记》记载,草堂边有"飞泉植茗",在《重题》中也写道:"药圃茶园是产业,野鹿林鹤是交游。"这样看来,饮茶、植茶是回归大自然的情趣,诗人热爱自然,向往田园生活,到了如痴如醉的地步。

卢仝烹茶图

在台湾故宫博物院挂着一幅《卢仝烹茶图》,这幅图是宋末画家钱选因对卢仝崇拜有加,根据自己的想象,以《七碗茶歌》的意境创作的,画中人物器具与烹茶神态栩栩如生。明代画家丁云鹏更是以卢仝为题材创作了传世名作《玉川煮茶图轴》,现存于北京故宫博物院。画面是花园的一角,两棵高大芭蕉树下的假山前坐着一位手持羽扇的人,那就是卢仝,另外一位老仆人提壶取水而来,还有一位老仆人双手端来捧盒,卢仝身边石桌上放着待用的茶具,他左手持羽扇,轻扇风炉,双目凝视熊熊炉火上的茶壶,静静地聆听着壶中欲沸还未沸的清泉之水,而且壶中松风之声隐约可闻,壶中茶烟袅袅升起。那种悠闲自得的情趣,跃然画面。台湾故宫与北京故宫这两张画,画意大同小异,都活灵活现地表现出"茶仙"卢仝的烹茶功夫。

甚至有人根据《七碗茶歌》之意,刻出印章。清代,钱塘江壶艺大师陈曼生随身携带一枚小印章,上面"纱帽笼头自煎吃小印"一行字,就取自《七碗茶歌》。民国初年,北京中山公园的著名茶楼"来今雨轩"有一茶联:"三篇陆羽经,七度卢仝碗。"如同很多酒肆把"太白遗风"的招牌挂在门口一样。也有许多老茶店和茶馆的招牌上写着"陆卢遗风"四个大字,把"茶圣"陆羽和"茶仙"卢仝尊为行业之神。

卢仝故里的碑名之威

卢仝故里碑

835年,长安发生"甘露之变",卢仝受到牵连。贾岛在《哭卢仝》诗里写到:"长安有交友,托孤遽弃移。"也就是说卢仝临刑前,长安的好友去送别,卢仝委托友人照顾自己的孩子。卢氏后人将卢仝的尸骨偷运回河南省济源安葬,后担心受到连累,安葬之后,就举家南迁了。《卢氏族谱》说,南迁之后,卢姓一族分为两支,一支定居于江南,另一支则在明代辗转返回济源定居。在济源市思礼村头,有一块石碑,上书"卢仝故里"四个大字。石碑两侧各有一行小字:"贤才工诗与日月同辉,德泽润野使荟草争妍。"这块石碑立于清朝末年,为当时的广东道监察御史刘迈园所题。据《济源县志》记载,刘迈园毕生以品茶为乐,有一年回故乡济源探亲,想拜谒卢仝。当得知卢仝墓冢已经被平,石碑等物也无踪影时,刘迈园大怒:"世人尚还尊敬先贤卢仝,你们是后裔,竟不尊敬先祖,真乃大不孝也,不懂事理。"于是,挥笔写下"卢仝故里"四个大字,便离开了。当地士绅将刘迈园的墨宝刻成石碑,立于村头,重新为卢仝修墓刻碑。此后"卢仝故里"之名始从历史烟云中走了出来。

就这块卢仝故里碑,在抗战时期还发生过一件事儿。1941年,日军占领济源县城,开始对周围乡村进行扫荡。一天,当一队日本兵进入思礼村时,带队的日军军官看到村头的石碑,大感兴趣,忙叫过来翻译询问。当得知这块碑上书写的是"卢仝故里"后,立刻整理军帽,恭恭敬敬地对着石碑鞠了三躬,然后带着鬼子兵匆匆离去,思礼村因此避免了一场灾难。可见"茶仙"卢仝在茶道十分盛行的日本具有很高的威望,很受尊崇。

水 磨 官 茶

隋唐五代时期,河南的光州、申州、怀州等地都生产茶,其中申、怀二州的茶还被列为贡品,尤其光州所产的茶叶不仅数量较大,而且质量上乘,被陆羽称为淮南道所产最好茶叶之一。由于文人墨客的大力推崇,茶已经不是简单意义上的解渴饮料了,而是上升到文化的程度。上至天子,下至普通百姓,无不以饮茶为雅事。然而,这也给老百姓带来了无尽的苦楚。卢仝在《七碗茶歌》中就把矛头直指天子,抨击了贡茶制度的弊端。

统观中国的历史,老百姓总是受剥削和受压迫的,隋唐茶农把贡茶献给官方,而到宋代更是如此。当时流行末茶,即把茶磨碎之后饮用。东京汴梁即设有水磨茶场,专门从事茶叶加工,同时也允许私人经营。元丰六年(1083年)因浚蔡河切断水口,原来设在城东汴河岸之官茶磨坊缺乏水源,于是在通津门外置水磨石盘,利用汴水推力加工末茶,官府把水磨委托给60户茶铺,每户年出息5000贯,共纳30万贯,而且"不许在京卖茶人户等擅磨末茶出卖,许诸色人告首,依私腊茶科罪支赏"(《续资治通鉴长编·卷三百四十三》)。京城末茶市场由官府指定的60户茶磨户垄断,使大部分卖茶人失去生活依靠。至元丰七年六月,开封府界各县茶铺及诸路"在京茶铺之家请买水磨末茶货卖,别无头畜之费,坐获厚利"(《续资治通鉴长编·卷三百四十六》),要求按在京水磨茶铺的方式,请买水磨官末茶,同时禁止私磨及诸路末茶入京畿界货卖,使开封府诸县成为官末茶专卖区。王安石变法失败以后,水磨茶法废置,末茶加工由官权改为通商,茶农的茶税反而加重。以后,末茶的消费量逐渐减少。

如今,末茶的流通变得更是少有,市场上也很难买到,人们也基本不饮用末茶。不过,还有用小纸袋把末茶装入封住外系一细线的,客人把茶袋放进杯中,细线露在杯外冲饮。

茶艺高手曹雪芹

《红楼梦》作者曹雪芹是否茶艺高手,有关资料还没见到,然而,从《红楼梦》中人物饮茶的方方面面,可间接知道曹雪芹的确是一名茶艺高手。如果不是个饮茶高手,怎么能有声有色地描写出《红楼梦》中那些饮茶人物呢?

《红楼梦》第四十一回中有这样情景:妙玉说宝玉"岂不闻'一杯为品,二杯即是解渴的蠢物,三杯便是饮牛饮骡了'。你吃这一海便成什么?"言外之意这种饮法就是俗语说的"牛饮"。真正的饮茶方法该是"妙玉执壶,只向海内斟了约有一杯。宝玉细细吃了,果觉轻浮无比,赏赞不绝"。用水泡茶,要沏出色、香、味俱全的好茶,必须具备众多沏茶条件,好茶要有好水,怪不得当林黛玉问"这也是旧年的雨水"时,妙玉冷笑道:"你这么个人,竟是大俗人,连水也尝不出来。这是五年前我在玄墓蟠香寺住着,收的梅花上的雪,共得了那一鬼脸青的花瓮一瓮,总舍不得吃,埋在地下,今年夏天才开了。我只吃过一回,这是第二回了。你怎么尝不出来?隔年蠲的雨水那有这样轻浮,如何吃得。"陆羽《茶经·五之煮》中说:"其水,用山水上,江水次,井水下。其山水,拣乳泉、石池漫流者上;其瀑涌湍漱,勿食之。"这就是说泉水沏茶最好。"西湖龙井"即是地名、泉名,又是茶名。在杭州西湖南烟霞洞西有一座古寺,曰龙井寺,原名龙泓阁,是一泓出自山岩中的涓涓泉水,其旁有巨石,高约五米许,状如游龙。传说在明朝期间系人掘井抗旱而得此石,取名叫神运石,此井即名龙井。周围生产的茶叶遂称龙井茶。如果用虎跑泉水沏饮,则汤清、茶香、味甘,品质达到最佳。

这样看来,妙玉沏茶用的梅花雪水,确实算不上佳品,怪不得林黛玉"吃完茶,便约着宝钗走了出来"。《红楼梦》中贾府最高统治者贾母很会品茶。贾母道:"我不吃六安茶。"妙玉笑说:"知道。这是老君眉。"贾母接了,又问是什么水。尽管六安茶、老君眉属于名茶之类,贾母也只是吃半盏,便笑着递与刘姥姥说:"你尝尝这个茶。"而饱经风霜又很世故的刘姥姥一口吃尽,笑道:"好是好,就是淡些,再熬浓些更好了。"贾母众人都笑起来。

栊翠庵品茶,曹雪芹通过对名茶、名水及珍贵茶具的描写,什么"瓟斝"、"点犀盉"、"绿玉斗",以及贾母等人用的"海棠花式雕漆填金云龙献寿的小茶盘"、"成窑五彩小盖钟"等,绘制了贾府饮茶的场景,就是来自苏州带发修行的尼姑妙玉,对刘姥姥喝过一口茶的成窑杯子也嫌脏要砸碎,"斟了一盉与黛玉。仍将前番自己常日吃茶的那只绿玉斗来斟与宝玉"。斝、盉、斗均是珍贵茶具,这就是说古人饮茶,除选用上等茶叶和水外,还要配以精制美观的茶具,以便衬托出茶汤色泽,保持茶香,增加品饮的情趣。也说明曹雪芹具有饮茶的内行功底,是个茶道高手。

我国的茶具向来以制作技艺精湛、造型丰富多彩、色彩古雅淳朴著称于世,融诗、文、画、雕、塑于一炉,构思新颖、题材广泛、出神入化、巧夺天工,极富有民族特色。雅人墨客们对自己心爱的茶具常有赞叹不绝的美句,如郑板桥《紫砂壶》赞曰:"嘴尖肚大耳偏高,才免饥寒便自豪。量小不堪容大物,两三寸水起波涛。"

中 华 名 茶

中国的茶叶品种繁多,质量好,属世界之首。我国茶叶有绿茶、黄茶、黑茶、白茶、青茶、红茶和花茶之分。绿茶、黑茶、黄茶都先用高温杀青,破坏鲜叶中的酶活性,抵制茶素的酶性氧化。揉捻和干燥后,采取不同措施抑制或促进茶素的非酶性氧化,形成条状茶。我国茶叶按制造过程分为毛茶、精茶和再加工茶,如花茶、砖茶、速溶茶等。各种茶叶独具特色,五彩缤纷,美不胜举。

龙井茶是我国名茶珍品,在世界多数国家和地区很受欢迎。古往今来,一些文人墨客常用美称"黄金芽"来表达对它的喜爱。"滇红"是南方红茶的简称,在抗日战争期间兴起,属大叶种,所含多酚类物质比其他品种丰富,加工过程中所产茶红素和茶黄素较多,咖啡因、水浸出物较高,因此香馥味浓,汤色红艳。产于安徽的祁门功夫红茶,简称"祁红",外形条索紧细,色泽乌黑,汤色红艳明亮,微有兰花香气。在国际市场很有声誉。安徽还有一种名茶屯绿,产于屯溪、休宁、歙县等,开汤泡茶后散发出馥郁鲜柔之香气,品尝时有一种鲜醇滋味,后味较强,汤色清碧,叶底肉厚翠绿,十分壮观。

碧螺春茶世人皆知。该茶产于江苏吴县太湖之滨的洞庭山上,通常采用刚刚开展的嫩叶为原料,叶形卷如雀舌,称为"雀舌"。高级碧螺春500克要用雀舌数万颗。茶农以精湛的传统手工工艺制作,揉中带炒、炒中带揉,茶叶白毫披露,卷曲似螺,清香袭人,可谓色、香、味皆佳。

更具有传说特色的名茶铁观音,世人甚爱饮用。传说清朝乾隆年间,一茶农发现有一株茶树的叶片闪闪发光,油绿肥壮,就把它挖回精心栽培,因叶片分量比其他茶叶重,顺口说它重如铁,又因原来长在观音寺前,所以叫铁观音。铁观音是乌龙茶中的珍品,产于福建省安溪县。

白毫银针茶是白茶中的佳品,多产于福建政和、福鼎等县。开汤后杯中出现条条嫩芽,亭亭玉立,香气清鲜,滋味醇香,味温性凉,饮后有健胃提神之效,祛温退热之功。

信阳毛尖是河南名茶。这种茶外形美观,茶条紧细,色泽碧绿,圆直匀整,白毫显露,肉质泡汤呈深绿,清而不混,香气醇真,后味有甘,饮后全身爽感,清脑提神。北方人夏天饮用最佳。值得让人高兴的是,近年来信阳红已问世。2011年在上海东方明珠塔下"信阳红风暴"正式启动。自此河南茶品中又多了一员新贵。

普洱茶成新宠

云南普洱闻名于世。20世纪90年代以来,随着台湾、香港等地茶商陆续进驻内地茶叶市场,在他们的大力宣传和推广之下,喝普洱正在慢慢成为人们茶饮的消费主流,"喝熟茶,藏生茶,品老茶"受到越来越多的消费者认可和接受。古老的普洱茶焕发出勃勃生机,逐渐成为淘茶客的新宠。

按照传统的说法,普洱茶生茶应属绿茶,熟茶应归到黑茶类。新鲜的茶叶采摘后以自然的方式陈放,未经过渥堆发酵处理的为生茶,经过完全发酵的为熟茶。现已将普洱茶定义为云南一定区域内大叶种茶制成的紧压茶及散茶,即普洱茶是一种特种茶,不属于任何一种茶类。当然,生茶、熟茶味道各有不同,变幻无穷。普洱茶的美还体现在茶汤之美、甘醇之美、古老之美、神秘之美和形韵之美。普洱茶长期存放,饱经沧桑,茶汤愈发澄澈,甘醇绵滑。

由于普洱茶有生熟、新老之分,因此在品尝时感觉十分不同。一般来讲,生茶至少要存放四十年以上才称为"老",而熟茶则至少要存放二十年以上才称得上"熟"。品老茶味,只能意会,不能言传,要靠自己慢慢感觉。被誉为"普洱茶第一人"的邓时海认为品茶有三部曲:闻茶香,没有咸、酸、腥、泥等杂味;口感舒服、滑顺;回味生津,有茶气由身体内向上蒸发。一个人对某种茶越喝越想喝的可视为好茶。再好的茶,没有保存好就要变味。藏茶要选择生茶,苦涩、味道浓的生茶有利于"藏"。如何"藏"?邓时海归纳了四点:保持空气洁净,摆放紧凑密集,常温、干仓储存;包装以竹叶、棉纸、糯米纸为宜,忌用胶袋;尽量将同种类、同年份的普洱茶摆放在一起。需要注意的是,保存环境要有足够的水汽令其发酵,相对湿度宜在60%~80%,不能太大,否则茶会产生霉味。

当下,人们对健康非常重视,而普洱茶以其强大的保健养生功能、丰富斑斓的民族文化内涵和收藏投资三大深层次的价值赢取了人们芳心。从健康考虑,普洱茶喝熟茶、老茶为宜,生茶性寒,易伤脾胃,而熟茶、老茶性温,有补气安神、降血压作用,并能调节脂肪代谢。

神奇的东方树叶

凡读过《镜花缘》的人们都会交口称赞作者李汝珍在音韵和考证方面的成就,其实他对茶叶的名称、来源、功效也做过一番考证,并提出了自己的见解。

在第六十一回《小才女亭内品茶》中,一群才女讨论着茶的话题,才女红红说:"妹子记得六经无茶字,外国此物更少,故名目多有不知。令尊伯伯既有著作,姐姐自必深知,何不道其一二,使妹子得其大略呢?"才女紫琼道:"茶即古'荼'字,就是《尔雅》'荼苦槚'的'荼'字。《诗经》此字虽多,并非茶类。至荼转茶音,颜师古谓汉时已有此音,后人因茶有两音,故缺一笔为茶,多一笔为荼,其实一字。据妹子愚见：直以'古音读荼，今音读茶'最为简截。至于茶之名目：郭璞言早采为茶，晚采为茗；《茶经》有一茶、二槚、三蔎、四茗、五荈之称；今都叫做茶，与古不同。若以其性而论：除明目止渴之外，一无好处。《本草》言：常食去人脂，令人瘦。倘嗜茶太过，莫不百病丛生。"既然不提倡过量喝茶，李汝珍就找出柏叶、槐角来做茶的代用品。为了让人信服，他论古谈今，说得头头是道。紫琼说："世人只知菊花、桑叶之类可以当茶，那知柏叶、槐角之妙。按《本草》言：柏叶苦平无毒，作汤常服，轻身益气，杀虫补阴，须发不白，令人耐寒暑。盖柏性后凋而耐久，禀坚凝之质，乃多寿之木，故可常服。道家以之点汤当茶，元旦以之浸酒辟邪，皆有取于此……至槐角按《本草》乃苦寒无毒之品，煮汤代茗，久服头不白，明目益气，补脑延年。盖槐为虚星之精，角禀纯阴之质，故扁鹊有明目乌发之方，葛洪有益气延年之剂。当日庾肩吾常服槐角，年近八旬，须发皆黑，夜观细字，即其明效。"作者有破有立，不是空谈之辈。文章有理有据，令人不得不信服。

茶韵联趣

今日中国，太平盛世，人民安居乐业。那么，人们都希望尽量把每天的日子过得逍遥自在一些。因此，喝茶的人越来越多，茶馆、茶社、茶楼自然也随之多了起来。而那些经营茶品的铺面的对联，内容丰富，意蕴深邃，很有趣味。

焦作这样的中小城市，有几家专营绿茶的店家，店主为突出其绿色特点，选写店铺的对联。综观赤橙黄绿青蓝紫七种色彩，其中"绿"深受欢迎，它不仅是春天的使者，也是生命的象征。其中有一家选写了这样的茶联："春风又绿江南岸，明月何时照我还。"这两句是王安石七绝《泊船瓜洲》中的后两句，前两句是："京口瓜洲一水间,钟山只隔数重山。"这首诗写得相当好,其中"春风又绿江南岸",南宋洪迈在《容斋续笔·卷八·诗词改字》中说:此句"初云'又到江南岸',圈去'到'字,注曰'不好',改为'过',复圈去而改为'入',旋改为'满',凡如是十许字,始定为'绿'"。是的,这个"绿"字化静为动,堪称神来之笔,把看不见也摸不着的春风转化为鲜明的视觉形象,写出了诗人对春天的企盼和向往,也表达了诗人美好的愉悦之情。这位店主正是借用诗人的这两句诗来体现自己的特色。

还有一家绿茶店对联:"嫩绿柔香远更浓,春来无处不茸茸。"出自明人杨基的《春草》。"嫩绿柔香"以形体色泽的美化来展现所卖之茶的品质,又以"茸茸"显现出茶叶的美妙,使行路之人不由自主地想进店看看。

浙江湖州八里店有一茶亭,亭柱上有一副茶联:"四大皆空,坐片刻无分尔我;两头是路,吃一盏各自东西。"此联有景有情,还很形象,又蕴含佛学禅理。

浙江杭州的秀萃堂有一对联:"泉从石出情宜洌,茶自峰生味更圆。"把该茶馆龙井茶的茶、泉、味都点了出来,让人对秀萃堂更加神往。

有的茶联里旧语新词合用,妙若大成。如湖南长沙的天心阁茶楼有一副对联:"天下有情人都成眷属,心头无限事齐上眉梢。"此联嵌入茶社名"天心"二字,上联取自西湖月老祠的名联:"愿天下有情人,都成了眷属;是前生注定事,莫错过姻缘。"下联则是自出机杼,别撰新辞。天心阁茶楼开张于20世纪抗战初期,当时有许多流亡学生聚集长沙,常有一对对男女学生前来品茶说爱。茶楼老板题此一联,很有情味。

还有一些茶联读起来好像押韵的民歌。福州路旁一个茶店有一联语:"山好好,水好好,开门一笑无烦恼;来匆匆,去匆匆,下与相逢各西东。"这副联给人一种轻松活泼的感觉,与饮茶小憩的心情正相吻合。

民国初年,四川成都有一家茶馆兼营酒水,因经营不当,生意十分萧条。后来老板请当地一位文化名流为茶馆写了一副对联:

"劳心者,劳力苦,苦中作乐拿壶酒来;为名忙,为利忙,忙里偷闲喝杯茶去。"对联悬挂于店铺两旁,引得过往行人交口称赞,茶馆从此兴旺起来。

当代,有些茶社更会用茶联来吸引客人。2000年,焦作有家中华茶楼,生意不是很好,老板四处寻找能人出谋献策,最后找到了人称"点子王"的能人窦某。窦某给老板出主意,让老板在茶楼两边用郑板桥的书体雕刻巨幅对联,上联:"祖先留下一座桥,一边大来一边小;小的比大大的多,大的比小小的多。"窦某还特嘱写横批:"猜谜者免费名茶一壶。"说来真灵,不到一个月,中华茶楼的生意就红火起来,客人之多,让老板始料不及。有时客人为争座位还会吵起架来,老板还要亲自出面左劝右劝方可平息。此茶楼的兴旺之势,当时在焦作市首屈一指。细细想来,这副对联的选择是极具心思的,窦某真不愧是个能人。首先,从外形看,对联采用郑板桥书体,巨大醒目,不仅利用了名人效应,同时与对联内涵相适应,人们只要提到怪才郑板桥的名字,就自然想起他的名言"难得糊涂",借用"难得糊涂"来猜谜语,不是更有一番韵味吗?这是多么诱人呀!当然不能真糊涂,真的糊涂就猜不出谜底了。其次,若了解这副对联的出处、时间和地点就会感到它是非常大气的,也可以说这个谜语蕴有政治内涵和祖国的荣光。这谜面出于周总理之口。1971年,中美建交前,美国国务卿基辛格并从巴基斯坦悄悄飞往中国,为尼克松总统访华打前站。周总理接待基辛格,在饭后茶论中,我们敬爱的周总理以风趣的语言说出这个谜面让基辛格猜一物。据说当时基辛格未猜出谜底,回国后翻阅汉语资料,请教汉学专家才猜出谜底,乃当今代表科技巅峰的计算机的祖宗——古老的中国算盘。再次,利用了人们的好奇心和占小便宜心理,把茶联的横批作为广告形式展现出来,知谜底或不知谜底的都会在闲暇之时约会几位朋友前去猜谜,还得到名茶一壶,何乐而不为呢?当然一壶茶是不够饮的,那就要再来一壶。难怪茶楼的经营会越来越好了。

从《清明上河图》看宋代茶艺

北宋大画家张择端的《清明上河图》清晰而形象地描绘了北宋时期都城东京以及汴河两岸的繁荣景象和自然风光,其中就有挂着招牌的茶肆,市民们坐在其中边喝茶边观看表演,悠然自得。这说明饮茶在北宋时期已经成为普通市民生活的重要组成部分。

据南宋吴自牧《梦梁录·卷十六·茶肆》记载:"大街有三五家开茶肆,楼上专安着伎女,名曰'花茶坊',如市西坊南潘节干、俞七郎茶坊,保佑坊北朱骷髅茶坊,太平坊郭四郎茶坊,太平坊北首张七相干茶坊,盖此五处,多有吵闹,非君子驻足之地也。"宋代茶文化已跳出唐茶宫廷之风,扎根于民间。茶肆客人五花八门,林林总总,上至王公贵人,下至凡夫俗子。就连皇帝也以品茶为乐,显示茶艺。宋徽宗就是如此,亲自动手撰写《大观茶论》一书,全书共二十篇,对茶的产地、采制、烹试、品质、斗茶风尚等均有详细记述,全面介绍和反映了北宋以来我国茶业的发展状况。宋代著名学者蔡襄所著《茶录》,分《论茶》和《论茶器》两篇,八百余字,极具文化和科学价值,是继"茶圣"陆羽《茶经》之后最有影响的论茶专著之一。

宋代饮茶之风浓盛,茶艺自然随之达到登峰之极,虽然继承了唐代之风,然而更注重茶本身的文化,并不断细化,演化出十多种特色茶艺。比如试茶,就是品赏茶色、香味等。蔡襄《北苑十咏·试茶》写道:"兔毫紫瓯新,蟹眼青泉煮。"苏颂诗中也写道:"沙头寺院看花日,湖上楼台试茗天。"(《冬日北庭怀余杭旧僚属》)而代表宋茶特色茶艺的,当属点茶、分茶和斗茶。

点茶在宋时期十分兴盛,注重意境,包括调膏、注水、击拂等一套茶技。蔡襄《茶录·点茶》中说:"茶少汤多,则云脚散。汤少茶多,则粥面聚。"因此调膏十分讲究,茶和汤的比例掌握是一大要诀。蔡襄认为："候汤最难，未熟则沫浮，过熟则茶沉。前世谓之蟹眼者，过熟汤也。沉瓶中煮之不可辨，故曰候汤最难。"(《茶录·候汤》)击拂为点茶最为关键的一步，所谓击拂就是用茶筅旋转打击和拂动茶盏中的茶汤，使之泛起汤花。僧人释德洪在《无学点茶乞诗》中描述了点茶的妙处："政和官焙来何处，雪后晴窗欣共煮。银瓶瑟瑟过风雨，渐觉羊肠挽声度。盏深扣之看浮乳，点茶三昧须饶汝。"当时，文士点茶、僧人点茶、官员点茶、城市乡村无不点茶，就连赏给献茶役夫的茶资和小费也称为"点花茶"。

分茶也是宋代很兴盛的茶艺。有人说所谓分茶是均茶的别称，就是将茶分给亲朋好友品赏，这是不对的。分茶始于宋初，又称"茶百戏"。陶谷《清异录·茗荈门·茶百戏》记载："茶至唐始盛。近世有下汤运匕，别施妙诀，使汤纹水脉成物象者，禽兽虫鱼花草之属，纤巧如画。但须臾即就散灭。此茶之变也，时人谓之茶百戏。"如此看来，分茶不仅是茶艺，而且是一种表演了。谁能在茶汤表面分出诗画一般的景象，谁就是茶艺内行高手。一般人是很难做到的，因此后世不乏有人质疑分茶存在的。其实分茶并非高不可攀，也确实存在。《清异录·茗荈门·生成盏》中记有一个名叫福全的僧人，精于分茶，"长于茶海，能注汤幻茶，成一句诗"，不仅能在茶汤表面作画，还能幻化文字来成一句诗。福全自夸他的分茶技术：

生成盏里水丹青，巧画工夫学不成。欲效当时陆鸿渐，煎茶赢得好名声。

南宋大诗人杨万里在《澹庵坐上观显上人分茶》一诗中也描写了一位高僧的分茶技巧：

分茶何似煎茶好，煎茶不似分茶巧。蒸水老禅弄泉手，隆兴元春新玉爪。二者相遭兔瓯面，怪怪奇奇真善幻。纷如擘絮行太空，影落寒江能万变。银瓶首下仍尻高，注汤作字势嫖姚。不须更师屋漏法，只问此瓶当响答。紫微仙人乌角巾，唤我起看清风生。京尘满袖思一洗,病眼生花得再明。汉鼎难调要公理,策勋茗碗非公事。不如回施与寒儒,归续茶经传衲子。

这位显上人实在堪称宋代分茶专家,其造诣之深令人叹为观止。

宋代茶艺之中最受后人推崇的应是斗茶。白居易《夜间贾常州崔湖州茶山境会想羡欢宴因寄此诗》中有诗句:"青娥递舞应争妙,紫笋齐尝各斗新。"有学者将此视为最早的斗茶。斗茶风气起于唐,但作为一种茶艺应形成于宋。范仲淹《和章岷从事斗茶歌》中描述了斗茶的起因和过程:

年年春自东南来,建溪先暖冰微开。溪边奇茗冠天下,武夷仙人从古栽。新雷昨夜发何处,家家嬉笑穿云去。露芽错落一番荣,缀玉含珠散嘉树。终朝采掇未盈襜,唯求精粹不敢贪。研膏焙乳有雅制,方中圭兮圆中蟾。北苑将期献天子,林下雄豪先斗美。鼎磨云外首山铜,瓶携江上中泠水。黄金碾畔绿尘飞,紫玉瓯心雪涛起。斗茶味兮轻醍醐,斗茶香兮薄兰芷。其间品第胡能欺,十目视而十手指。胜若登仙不可攀,输同降将无穷耻。吁嗟天产石上英,论功不愧阶前蓂。众人之浊我可清,千日之醉我可醒。屈原试与招魂魄,刘伶却得闻雷霆。卢仝敢不歌,陆羽须作经。森然万象中,焉知无茶星。商山丈人休茹芝,首阳先生休采薇。长安酒价减千万,成都药市无光辉。不如仙山一啜好,泠然便欲乘风飞。君莫羡花间女郎只斗草,赢得珠玑满斗归。

斗茶又称茗战。斗茶主要是比汤色和汤花,即茶水颜色和茶汤泛起的茶沫。斗茶时用黑色碗最宜,辨别汤色和汤花时,黑白相衬最为明显。开封博物馆现在还藏着宋代斗茶专用的碗兔毫盏。斗茶之前需要煎水,工具和瓶以及茶炉燃料都是很讲究的。斗茶多为两人对抗"厮杀",常为三斗二胜,计算胜负的单位术语叫

"水",两种茶叶的好坏为"相差几水"。

饮茶、品茶还是一种修身养性、陶冶情操的方式,且茶叶提神、清脑、消食、治病。然而,斗茶过于超出正常物质范畴时,就会引发玩物丧志效应。这引起了苏轼的注意和反思,《荔枝叹》中他以荔枝联想到斗茶:

> 雨顺风调百谷登,民不饥寒为上瑞。君不见武夷溪边粟粒芽,前丁后蔡相笼加。争新买宠各出意,今年斗品充官茶。吾君所乏岂此物?致养口体何陋耶?洛阳相君忠孝家,可怜亦进姚黄花。

诗中所说的"前丁"、"后蔡"指的就是丁谓和蔡襄,他二人管理贡茶,受到皇帝重用。苏轼对这种依靠茶来取悦皇上而升官发财的做法表示强烈不满。另外一位诗人晁冲之也作诗《陆元钧宰寄日注茶》批判斗茶:

> 君家季疵真祸首,毁论徒劳世仍重。争新斗试夸击拂,风俗移人可深痛。

第八篇　百草美食

牡丹美食名天下

千里做官只图吃穿,人皆以食为天。而屈指数来这都与百草相关。随着时代进展,人们对于饮食要求更标准化,饮食烹饪方法也多样化,有烩、蒸、煮、炖、煎、腌等。尽情享受百草食品美味,不仅营养机体,还能从中吃到百草美食的文化。

牡丹以雍容的风姿,多彩的花色,卓越的神韵,以及刚直的性格,受到人们的喜爱,成为中华民族的象征。洛阳人民在长期操作实践的基础上,经过精心研究和挖掘整理推出了具有鲜明地方特色的新型宴席——牡丹宴。

牡丹宴中的主要菜肴大都冠以牡丹芳名,以它的根、叶、花为制作辅料,以其雍容华贵、国色无香、倾国倾城之姿容为造型,有些还蕴藏着有趣的历史典故,在一饱人们口福的同时,又给人以精神享受。牡丹作为菜肴,春宜酸,夏宜苦,秋宜辛,冬宜咸,因此牡丹宴又分春宴、夏宴、秋宴、冬宴,具有鲜香清淡、色形典雅、四季分明、质味适中的特点。如春宴香酥牡丹花、天女散花,酸味初露、青翠艳丽;夏宴丹皮三丝卷、丹籽银耳汤,清淡稍苦、绚亮淡雅;秋宴丹皮煨鲍鱼,微辣适中,七色调和;冬宴丹皮炖圆鱼,味浓略咸、赤橙紫黄。

牡丹菜谱摘抄

春宴菜单之一

凉菜：一拼盘、鸟语花香、六围碟。

热菜：八个，红丹鲍鱼、丹蕊炒蚂蚁、牡丹扒肘、四宝通牡丹、胭脂绣球、迎宾洛阳红、鲜贝羹、香酥牡丹花。

汤：二个，天女散花、氽丸子。

面点：四个，牡丹烧麦、夹河蛋糕、鸡蛋灌饼、韭菜肉丝面。

春宴菜单之二

凉菜：一拼盘、金谷春晴。

热菜：八个，玉珠双珍、富贵双鸽、五洲红、香蕉牡丹春卷、月色牡丹、洛鲤赏花、牡丹扣鲜贝、甘草黄。

汤：二个，丹蒂红枣汤、稠满汤。

面点：四个，牡丹包、清汤猫耳朵、芝麻酥、春饼。

夏宴菜单之一

凉菜：一拼盘、蝴蝶戏牡丹、六围碟。

热菜：六个，孔雀猴头、飞龙丹皮三丝卷、丹皮八宝鸡、姜茸牡丹茄、炸三腰、雨苗壮。

汤：二个，丹籽银耳汤、牡丹豆腐汤。

面点：三个，牡丹长生糕、九龙灌顶饺、杂面条。

夏宴菜单之二

凉菜：一拼盘、牡丹迎宾、六围碟。

热菜：八个，牡丹芙蓉猴头、丹皮凤翅、乐天琵琶、蓝田玉、牡丹三元、青龙卧墨池、蝴蝶牡丹花、二乔争艳。

汤：二个，丹子红枣汤、清汤竹笋。

面点：四个，牡丹酥、芝麻甜咸饼、糯米糕、葱油汤面条。

秋宴菜单之一

凉菜：一拼盘、洛浦秋风。

热菜：八个，牡丹酿蟹、菜心扒葵菜、贵妃红、孔雀大虾、荷叶秋月、绿叶牡丹、酒醉烩蝎、牡丹花菇。

秋宴菜单之二

凉菜：一拼盘、秋蟹映月、六围碟。

热菜：八个，牡丹虾球、牡丹酿竹笋、丹皮炝牛鞭、炸藕夹、牡丹花菇、菊花石榴鸡、通心河党、甘草黄。

汤：二个，洛阳海参、奶汤炖肚片。

面点：四个，菊花酥、三鲜牡丹、煎饼、羊肉面。

冬宴菜单之一

凉菜：一拼盘、国色天香、六围碟。

热菜：八个，丹皮炖圆鱼、绿叶牡丹、牡丹腐乳肉、牡丹凤尾笋、雪星送碳、贵妃凤翅、罗汉大虾、百花迎牡丹。

汤：二个，洛阳燕菜、三鲜羹。

面点：四个，四羹饺、浆面条、双府饼、三顶色。

冬宴菜单之二

凉菜：一拼盘、旭日东升、六围碟。

热菜：八个，丹皮扒鱼翅、玲珑牡丹、洛阳牡丹脯肉、纸包鸡、牡丹香菇、茵陈蒸兔肉、牡丹鱼、牡丹核桃雪泥。

汤：二个，牡丹酥、一品饺。

面点：二个，娇容三变、炸全枣。

以上菜谱都是以牡丹为主要原料的，就菜命而言已是很美妙了，看菜单或听报菜名后，食欲会大增，心情十分舒畅。

几道百草特色菜

蒸 白 蒿

白蒿,又名茵陈,多年生草本植物,叶子羽状分裂,裂片条形,密生白毛,花绿黄色,生草有香气,有发汗、利尿、利胆、退黄等作用。

早春采集的最好。人们不仅把白蒿当作药品,还常常把它加工成菜品。随着生活水平的提高和保健意识的增强,白蒿越来越受到人们的宠爱。

主料:白蒿500g。

配料:面粉500g,大蒜30g。

调料:精盐10g,香油50g,味精5g。

制作方法:先将白蒿洗净放在盆里,加面粉、精盐搅拌均匀。将搅拌后的白蒿上笼,大约蒸30分钟后取出,放在盆里。把大蒜捣成泥加入香油、盐、少量凉开水,味精调成汁浇洒在加工好的白蒿上,搅匀后即可食用。

特点:色泽白中透绿,口感绵软,咸鲜可口。

炒 马 齿 苋

马齿苋在路边、荒野都可以找得到,生命力极强。马齿苋含有丰富的营养成分,味微酸,性寒,有抗菌、止血、清热解毒、散血消肿作用。人们常采集食用,吃法很多,曾帮助老百姓度过荒年。尤其是采回家洗净与面粉一起做小熬饼,特别好吃。为此还流传顺口溜:"马齿苋做熬饼,人吃多了脸发红。"因为马齿苋吃多了,去甲肾上腺素的作用会使人心跳加快,面部充血变红。马齿苋为杂生草类植物,叶缘呈小椭圆形,茎为稍红色。如今城里人,尤其饭店、宾馆的大厨们把马齿苋做成了一道好菜。

主料:鲜马齿苋 500g。

配料:大蒜 30g,葱白 10g。

调料:盐 5g,白糖 1g,花椒面 1g,味精 2g,淀粉 1g,花生油 500g(约耗 50g)。

制作方法:将鲜马齿苋摘去杂枝老根,洗净,择成 2cm～3cm 长段。花生油少许放入热锅中。油热后,将切成茸的大蒜、葱白放入锅中,煸炒出香味,放入马齿苋和调料,翻炒几下,出锅装盘。

特点:脆嫩爽口,味道鲜美。

脆皮山药卷

山药健脾胃、益肺肾、补虚赢,是多年生草本植物,叶对生,呈三角形,节状长叶,开小花,块根圆柱形。尤以温县所产怀山药质量最佳。

主料:怀山药 500g。

配料:枣泥 100g,糯米粉 50g,精面粉 100g,发酵粉 5g。

调料:糖粉 50g,油 250g。

制作方法:将山药洗净,上笼用旺火蒸熟后取出剥皮,用刀压成细泥,然后拌入搅拌粉,用刀反复擦匀。将枣泥团成条(约 2.5cm 长),包在山药泥中成卷形(长约 4cm,直径约 2cm)20 个。把精面粉加水调成面糊,加入发酵粉搅匀。在炒锅内放入油加热,待油七成热时,将山药卷挂上糊逐个投入油锅中,炸成金黄色捞出,装盘撒上糖粉即成。

特点:色泽柿黄,外脆里软,香甜可口。

八 卦 山 药

八卦是我国古代研究天文地理的符号,每一卦形代表一定的事物。"八卦山药"借用八卦图的形式制成,既显示我国古老的民族风格,又使菜肴色形美观,细腻软润,香甜爽口,别具风味。

主料:山药 500g。

配料:枣泥 250g,江米粉 50g,红绿丝 20g,葡萄干 50g,橘子瓣 50g,熟莲子 100g,红樱桃 16 个。

调料:白糖 150g,花生油 25g,水淀粉 20g。

制作方法:将山药洗净,上笼蒸热,剥去皮,捣成泥,放入江米粉拌匀,捻成圆形。将枣泥包在加入江米粉的圆形山药中间,捻成1.5cm~2cm厚等边八角形状放在盘中。把红绿丝切碎放在中间,摆放成太极图案。用葡萄干将圆形山药分成8份,将莲子一分为二切开,切面朝里,粘贴在圆形山药的四周,橘子瓣、红樱桃间隔摆放在盘周围,上笼蒸透取出待用。锅放火上,加清水、白糖烧滚。勾水淀粉成汁,淋入花生油,浇在山药上即成。

炸 金 环

主料:洋葱 500g。

配料:鸡蛋 2 个,面粉 50g,面包渣 100g,水淀粉 25g,黄瓜,心里美萝卜。

调料:食盐适量,味精少许,菜油 1000g。

制作方法:除去洋葱老皮洗净,切成一定厚度的空心圆圈,粘面粉入盘。把鸡蛋、面粉、精盐调成糊。锅上火放油烧五成热,把粘上面糊和面包渣的洋葱下锅,炸成金黄色。捞出放在盘中,用黄瓜、心里美萝卜点缀成形。

特点:外酥里嫩,清香可口。

山 药 杨 梅

主料:怀山药 500g。

配料:心里美萝卜 250g,干淀粉 50g,熟面 50g,蛋清 1 个。

调料:白糖 100g,醋 25g,菜油 1000g。

制作方法:将山药去皮洗净,上笼蒸熟制成泥,面粉上笼蒸熟过箩,把制好的山药泥加入熟面 50g,白糖 100g 放在一起用刀拍成泥,挤成杨梅大小的丸子。心里美萝卜刹成茸,用糖醋腌制半个小时,再用净布包好挤干水分,放入盘中。用少许干淀粉拌匀,将挤好的丸子滚上萝卜茸。将制成的山药丸子放入抹油盆里上笼蒸10 分钟取出,上面插上带叶的香菜即成。

特点:色泽鲜红,形似杨梅,酸甜可口,补中益气,强筋健脾。

二 菊 争 艳

主料:精鱼肉 300g,牛筋 300g,菊花若干。

配料:葱姜末 5g,蒜末 5g,芹菜叶 7 片。

调料:番茄酱 50g,白糖 100g,醋 50g,花生油 1000g,干淀粉 250g,清汤 100g,精盐 15g,味精 5g,料酒 5g,水淀粉 20g。

制作方法:将鱼肉改刀切成菊花形,共 8 朵。牛筋切成 7cm 长的段,改刀将其中 6cm 切成丝,共切 8 段,用开水烫一下成菊花形。菊花鱼用干淀粉抖散备用。精盐、味精、料酒、水淀粉、葱姜末兑成咸鲜汁。炒锅上火,放入咸鲜汁,汁沸放入菊花、牛筋,点明油翻锅盛在盘中。锅放火上,放入花生油,油热六成下入菊花鱼炸透,捞出摆放在菊花牛筋周围。锅中放底油,下入蒜末、番茄酱、白糖、醋兑成糖醋汁,沸汁浇在菊花鱼上,摆上芹菜叶即成。

特点:菊花鱼色红味酸甜,菊花、牛筋色白咸鲜色泽分明,似两种盛开的菊花争艳。

荷花猴头菇

主料:水发猴头菇 400g。

配料:鸡脯肉 250g,蛋清 2 个,水淀粉 25g,火腿 35g,香菜 2 棵。

调料:味精 5g,精盐 2g,料酒 5g,食用油 50g,清汤 100g。

制作方法:将发好的猴头菇顺毛片成 24 片,用清汤煮一下,捞出用净布挤干水分,蛋清、水淀粉、盐少许,打成糊状,将猴头菇放入入味。锅放火上加清水,待水即将沸起时,逐片下锅内滑制,将滑过的猴头菇逐片放好,把鸡脯肉剁成茸,加蛋清、味精、精盐调成鸡肉馅,用竹片在猴头菇上抹匀。火腿切成菱形片,在每片猴头菇上摆成荷花形状,放上香菜叶,入笼蒸约 10 分钟取出,装盘摆成形。锅放火上,添入清汤,加精盐、味精、料酒,勾入水淀粉,加食用油,汁浓起锅,均匀浇在猴头片上即成。

特点:造型逼真,鲜嫩爽口。

牡丹腐乳肉

民国初年,在洛阳老城北关有一专门做豆腐乳的,味香色美,很受街坊四邻和洛阳群众的欢迎,生意非常兴隆。由于腐乳是用牡丹花的叶榨出的卤汁制成,故取名牡丹腐乳。当时,驻扎在洛阳西工兵营的北洋军阀吴佩孚非常喜欢吃牡丹腐乳,每餐必用之。他曾有一嗜好,爱吃红烧肉,但常吃未免也有些乏味。一天就餐毕,桌上剩下了大碗红烧条子肉,厨师无意将吃剩下的腐乳和条子肉倒在了一起,第二天加热后,又端了上去。吴佩孚吃了一口,感到味道不同寻常,极为可口,便问此菜中加了何物,经厨师回想,才知道肉中有腐乳。此后,吴佩孚每逢吃肉就让加些腐乳。这道菜经厨师精心制作和改进,色泽鲜艳,醇香肉烂,饱而不腻,久吃不厌。吴佩孚将这道菜随口取名为"牡丹腐乳肉",此菜很快在洛阳一带广为流传,深受民众的喜爱。

主料:带皮五花肉 500g,牡丹腐乳 30g。

配料:白糖 20g,水淀粉 20g,牡丹叶 5 片。

调料:料酒 10g,八角 2 枚,味精 5g,葱 50g,姜 15g,盐 5g,清汤 50g。

制作方法:先把肉放在沸水中焯过,刮净皮面,另起汤锅放清水适量,八角 1 枚,葱 20g,姜 5g,待水烧沸后放肉煮至六成熟时捞出晾凉,切成 3mm 厚的大片。将牡丹腐乳、白糖、料酒、味精、精盐调匀和切好的肉按顺序拌匀,皮朝下排放在扣碗内,放入八角、葱、姜上笼蒸至熟烂。将蒸好的扣碗去掉八角、葱、姜,汤汁滗入炒锅内,肉反扣在盘中。炒锅加清汤适量和原汁勾水淀粉薄芡,浇在扣肉上。采摘数片牡丹叶,将腰剪开,消毒后,点缀在四周,菜型似一朵盛开的牡丹花。

特点:色艳味美,肥而不腻。

绿叶牡丹花

主料:大虾 20 只。

配料:哈密瓜 1 个。

调料:生油 1000g,葱姜汁各 5g,细盐 10g,味精 5g,淀粉 100g,高汤 150g。

制作方法:将哈密瓜肉改切成牡丹形大花瓣,摊开置入盘中央,瓜皮在水锅中焯水后,刻成牡丹花叶 5 片,等距离围在大花瓣外。将大虾洗净后去头、中段的壳,留尾壳,顺虾形片成两片(不要片透),用细盐、味精、葱姜汁、淀粉上浆。锅烧热,放生油,油五成热时将加工好的虾倒入滑油,用漏勺捞起。锅内留油少许,把虾球倒入高汤,细盐、味精调好味,勾芡,浇上明油,出锅浇在盘内大花瓣上即成。

特点:造型雅致,虾球微红,味鲜质嫩。

茵陈蒸野兔肉

野兔性味甘凉,具有补中益气、凉血解毒的功效。用兔肉、茵陈加适当面粉蒸食,不仅是一道美味佳肴,而且有一定的食疗作用。

主料:野兔1只约1500g。

配料:鲜茵陈500g,玉米面150g。

调料:盐20g,味精10g,五香粉15g,葱姜蒜各50g,香油100g。

制作方法:将野兔肉切成薄片,用凉水浸泡后,沥干水分。茵陈用水泡净。将野兔肉、茵陈、玉米面、盐、味精、五香粉兑入盆内拌匀,然后上笼蒸25分钟。用香油将葱姜蒜煸炒出香味,拌入蒸好的茵陈兔肉中,拌匀即成。

特点:清香软烂,营养丰富。

煎 藕 饼

煎藕饼原为河南民间风味小吃,经历代厨师不断改进,成为豫菜中的名品。成菜外形似鼓,色泽柿黄,外焦里浓。蘸以白糖,香甜可口。

主料:鲜藕1000g。

配料:糯米面100g,猪肥肉腰25g,豆沙馅100g。

调料:花生油150g,白糖100g。

制作方法:把藕洗干净,截去藕节,去皮擦成茸,用净布挤去水分,放在盘里。猪肥肉腰剁成茸,用糯米面将藕茸搅成软硬适度的糊,分成18份。捏成直径3.5cm的圆饼,放在抹过油的盘里。炒锅放在火上,擦净,下入花生油,烧至三成熟时,将藕饼逐个放入锅内,煎成微黄,翻身煎另一面,两面煎透后,盛在盘内。全部煎完后,外带白糖碟上桌即可。

特点:外形似鼓,外焦里嫩,香甜可口。

百草佳肴传说

刘　秀　羹

刘秀起兵讨伐王莽,由于寡不敌众,被王莽打败。这一天,刘秀逃到邙山岭上的一个村庄,人困马乏,又饥又饿,见村头小院里有一位老大娘,便向她讨了点吃的。那位老大娘刚好做了一锅羹,就给刘秀盛了一碗。刘秀实在太饿了,接过碗呼呼噜噜一口气把羹喝下肚。只觉得这饭味美可口,又香又甜,却不知道是用什么做成的,只知道汤中一个个颗粒,好像面疙瘩中间有一道指甲印。正要发问,忽听人喊马嘶,王莽又追来了,于是匆忙向大娘道了一声谢,就又逃走了。

后来,刘秀在洛阳当了皇帝,锦衣玉食之余又想再喝一碗曾经救难的那一碗羹,人们问他什么名字,他说不出来,问是什么样子,他只说是面疙瘩当中掐了一道指甲印,御厨听了莫名其妙,只得按刘秀说的方向到邙山岭上那个山村去查访。终于寻到了那位大娘。大娘这才知道当年路过她家的那位人是当今皇帝,便笑着说:"啥面疙瘩汤当中掐了一道指甲,当年皇上喝的就是麦仁汤啊!"说着,她又从瓦缸里挖了满满一篮子麦仁送给御厨说:"托皇上的福,今年风调雨顺,新麦又下来了,这一篮刚碾成的麦仁献给皇上尝个鲜!"

从此,麦仁羹传入宫中,成了御膳中的佳品,也成了洛阳城中的地方风味小吃——刘秀羹。

红嘴绿鹦白玉汤

爱新觉罗·弘历,庙号高宗,年号乾隆。这位皇帝不仅文武全才,倜傥风流,而且还是美食家。相传乾隆六下江南,想来洛阳一带转转。这一次他轻装简从,不声不响,悄悄进入洛阳城内,找个小店住下。

游了洛阳各景后,乾隆忽然想起偃师县令是他亲笔御点的状元,便带着几名侍卫来瞧瞧县令的政绩。这位"天子门生"着实为天子争气,乾隆触目所见,百姓安乐,市场繁荣,风气良好,不禁龙心大悦。遂到县衙和县令见面。县令诚惶诚恐,急召城内最好的厨师前来衙内做菜,尽力侍奉。中午的宴席,乾隆倒也满意,县令略略放心。到了晚上,乾隆玩起花样,笑着对县令说:"爱卿啊,明天早上,朕只要一碗汤,其他一概不用。"

"禀万岁,微臣照办就是。"县令说。

"不过……"乾隆拉长了声音,"此汤要色鲜味美,又稀又稠,甜中有咸,咸中有甜,厨下仅放蔬菜,不放任何佐料,厨师也不许夹带佐料进去。"

"这……"

"还有,这汤的名字务必好听,俗中含雅,雅中含俗,雅俗共赏。"

"那……"县令想出语又止。

"办不到吗?"乾隆又问。

"办得到,办得到。"县令回答着,额头上都渗出了一层汗。

乾隆说:"那就跪安吧。"

县令磕头后,迅速退出。

回到后衙,县令忙将厨师们传来,将皇上出的这道难题点滴不漏说给了他们,厨师们不禁犯愁。俗话说:"巧媳妇难做无米粥。"没有佐料,却想有滋有味,这汤如何做呢?

过了好一阵子,一位年青的毛厨师站起来说:"大老爷,明早上,我去做这碗汤吧。"

"你!你能做?"县令惊奇地问。

"能!"毛厨师肯定地回答。

"怎么做?"

"待万岁走了后,小的再回禀。"毛厨师神秘地回答。

第二天天明,毛厨师走向厨房,侍卫检查了一下,果然没有任何夹带,而厨房中也只有菠菜和豆腐。

红日冉冉升起,书房中,县令略怀不安地和乾隆说着话。毛厨师笑微微地托着一碗汤走进门。

"什么汤?"乾隆劈头就问。

"禀万岁。"毛厨师跪下笑道,"红嘴绿鹦白玉汤。"

"嗯。"乾隆点点头,"呈上来。"

毛厨师把汤碗放在案上,乾隆举目审视,只见清洌洌的汤中漂着红嫩嫩的菠菜根儿,上面连着碧绿绿的菠菜叶儿,又白又薄的豆腐,伴着红红绿绿,十分好看。从碗中升起的热气含着诱人的清香扑面而来,乾隆不禁深深呼吸了一下,拿起筷子,尝一根菠菜根儿,咸中透甜,吃一块白豆腐,甜内含咸,喝口汤,爽利,滋润,有一点鸡汤味,细品后还有点淡淡的酒香。乾隆连夸好喝。

送走乾隆后,毛厨师揭开了谜底。原来头天夜里他把各种佐料配好,投入滚水锅中,找来一块干净的生白布投入滚水煮后捞出,在火上烘干让妻子将白布缝在贴身衬衫上,瞒过了侍卫的眼睛,到了县衙厨下,将白布取下来又放滚水中,各种佐料自然就溶入汤水内,皇上出的难题就这样解决了。

油香的由来

油香是回族民间传统风味食品,有悠久的历史文化积淀。相传油香在元代从古波斯的布哈拉和伊斯法罕传入中国,原为古波斯部分地区的待客食品。穆罕默德在麦加时,受到当地人民的热烈欢迎。圣人一视同仁,牵着自己的骆驼,说骆驼走在谁家门前停下,就住在谁家。后来骆驼走到一老汉家门前。老汉家境贫寒,没有山珍海味,就端上一盘子油香。圣人饱餐后,非常满意,夸奖老汉好手艺。此后,穆斯林遇到传统节日、婚丧嫁娶都有吃油香的习俗。

油香,色红质软,味美醇香,大致分为烫面、发面两种。其做法是,在发酵面里掺入适量干面用盐、碱、矾、水中和,调少许香油、鸡蛋和薄荷叶粉,制成大小相等的面团,擀成圆饼状,用刀在中间穿二至三个孔,放入油锅内炸熟。炸油香时,一般请年长和有经验者掌锅。下锅前,要道一声"太思米"。吃油香时,要将面子拿在上面,顺着刀口掰着吃,也有切成四瓣用筷子夹着吃的。如果身边有人,应分成若干份分享。

结 束 语

李时珍,本草著。中草药,皆百草。种类多,品种异。
能治病,很神奇。抓把草,病就去。千年史,变宝库。
西洋人,常疑虑。使其认,不容易。总有时,自来取。
百草名,很有趣。有由来,有典故。命何名,依产地。
带川字,产于蜀。带广字,属粤地。带香字,气味取。
带颜色,容易记。如红花,和白芨。看形态,冬虫草。
神话来,很异奇。举个例,你清楚。益母草,茺蔚子,
救母病,称孝子。刘寄奴,有仙气。每个名,都有据。
看时令,察四季。古贤人,聪明智。每株草,性格异。
辛甘酸,带苦咸。俱五味,存真谛。用途广,勿轻觑。
有发散,有收敛。可败火,能调补。升与降,看浮沉。
升属浮,如发汗。降属沉,如平喘。猛峻者,常有毒。
副作用,别小视。配伍好,疗效高。互照应,要协调。
禁配伍,莫疏忽。用药量,有幅度。量适宜,疾病除。
毒性强,须熟记。弱毒性,也须记。用百草,有方剂。
抓要点,掌握熟。配方制,定记住。君为主,臣为辅。
佐与使,作协助。方组成,像队伍。剂类型,数浩繁。
量大小,有限度。如何用,遵医嘱。不留心,会失误。
严慎行,少事故。吾抛砖,引翠玉。

后 记

在本书完稿之时,我总觉得对百草文化之言有未尽之感。书的前面有《百草说》:"开天辟地先育我,兄弟姐妹尤其多。自然世界若缺席,人类动物难存活。"这些心语不是吹牛,也不是自我夸耀,而是实实在在的大实话,是有科学依据的。研究发现,生活在300万年前至350万年前的早期人类,主要以草类获得营养物质。牛津大学的茱莉亚·李素普教授发现生活在非洲乍得湖附近大草原的南方古猿骨骸中的碳13含量异常,推断南方古猿是以莎草和短草为食的典型物种。

百草种类虽然庞杂,但与大自然相比,仍属弱势物种。好在百草具有顽强的生命力,"野火烧不尽,春风吹又生"。百草对生存条件要求不高,只要有丁点营养,就能生根、发芽、开花、结果。每看到人们践踏小草和小草挣扎生存的情景时,就情不自禁吟出《小草》:"遍野山川长小草,含笑不语像小丫。寒冬摧残皆枯萎,春雨点滴绿先发。踏践凌辱不惧怕,只叹人间道德差。弱势无奈何处诉?晨曦泪珠洒地下。"欲以此提醒人们都来爱护小草吧。

百草不会言语,不懂人话,但善解人意,为人类而生,为人类献身,供人食用、欣赏,又能净化尘埃,保护人类健康。如吊兰就是这样。我为它而感动,从心底吟出《望江东·赞吊兰》:"嫩绿细叶下垂散,不言语,非娇艳。更像山村小英莲,白花绽,淳朴憨。居家荣称环保员。吸甲醛,自枯干。真乃草木胜人贤,舍自己,人类安。"

在本书将要出版之时,我要谢谢老伴杜松苗、侄儿宋连成、外孙女赵锦锦帮助整理材料,使书得以顺利完成。

农 子

2012年12月于静心斋